北洋简史

王静 著

华文出版社

图书在版编目（CIP）数据

北洋简史 / 王静著. -- 北京：华文出版社，2024.4
　　ISBN 978-7-5075-5954-5

　　Ⅰ.①北… Ⅱ.①王… Ⅲ.①北洋军阀史 Ⅳ.①K258.2

中国国家版本馆 CIP 数据核字（2024）第 075556 号

北洋简史

作　　者：	王　静
策划编辑：	杨艳丽
责任编辑：	杨艳丽　袁　博
特约编辑：	郭俊萍
版式设计：	关国焕
出版发行：	华文出版社
地　　址：	北京市西城区广安门外大街 305 号 8 区 2 号楼
邮政编码：	100055
网　　址：	http://www.hwcbs.cn
电　　话：	总编室 010-58336210　编辑部 010-58336191
	发行部 010-58336267　010-58336202
经　　销：	新华书店
印　　刷：	三河市航远印刷有限公司
开　　本：	880mm×1230mm　1/32
印　　张：	11.25
字　　数：	360 千字
版　　次：	2024 年 4 月第 1 版
印　　次：	2024 年 4 月第 1 次印刷
标准书号：	ISBN 978-7-5075-5954-5
定　　价：	68.00 元

版权所有，侵权必究

第一章　北洋集团的崛起

小站练兵　　　　　　　　　　002

袁世凯的戊戌抉择　　　　　　010

北洋"龙虎狗"　　　　　　　015

北洋实业开拓者周学熙　　　　020

彰德会操　　　　　　　　　　027

铁良筹谋夺兵权　　　　　　　032

徐世昌上任东三省　　　　　　038

第二章　袁世凯东山再起

晚清宪政鼓吹者——杨度　　　046

袁世凯赋闲养寿园　　　　　　052

弃子清王朝　　　　　　　　　061

袁汪"联手"　　　　　　　　067

良弼之死　　　　　　　　　　072

清帝逊位　　　　　　　　　　077

蔡元培北上迎袁　　　　　　　083

第三章　阴谋帝制

唐绍仪出走天津　　　　　　　090

宋教仁遇刺　　　　　　　　　097

李烈钧通电讨袁　　　　　　　103

熊希龄"被逼"签字　　　　　109

"民国奇耻"　　　　　　　　115

"文人政客"造势复辟　　　　121

第四章　袁世凯的末路

"飞将军"潜回云南　　　　　130

冯国璋与"五将军密电"　　　136

刺杀陈其美　　　　　　　　　143

"关门皇帝"的最后一搏　　　148

袁、段的最后"蜜月"　　　　154

黎元洪继任大总统　　　　　　159

第五章　段祺瑞控制北京政权

飞扬跋扈的秘书长徐树铮　　　166

"螳螂捕蝉 黄雀在后" 172

梁启超筹谋改组国会 179

"文治"总统徐世昌出山 186

火烧赵家楼 192

"水晶狐"的文统末路 198

"花国选举"斗艳 204

第六章 争夺北京政权

"中州王"力擒"北洋虎" 210

吴佩孚的"民主"尝试 216

"东北王"火中取栗 222

"法统重光" 228

"好人"的乌托邦理想 234

三度入狱的财长罗文干 240

"东北王"重整旗鼓待时机 246

贿选闹剧 251

"中国最强者"的覆灭 256

第七章　奉张主阁北京

冯玉祥雷霆驱溥仪	**264**
郭松龄喋血巨流河	**270**
日落西山"北洋虎"	**276**
天津蔡园"群英会"	**282**
刘海粟的一封公开信	**288**
铁肩辣手　寸管如戈	**294**
奉张"反赤"	**298**
"钊实当负全责"	**303**

第八章　北伐

"外交史上第一人"	310
张作霖命丧皇姑屯	316
中交两行移沪	323
美国人的算计	329
张学良"老虎厅"杀杨、常	335
"都是钱闹的"	341

参考文献　347

第一章

北洋集团的崛起

小站练兵

中日甲午一役,操练洋枪洋操30余年的中国海陆军一败涂地,朝野上下震动,于是有了"绿营不足恃,急欲编练新军,从北洋试办入手"[①]之议。作为清廷少数熟稔西洋军制的大臣之一,袁世凯进入了高层视野。

袁世凯(1859—1916),字慰亭,号容庵;河南项城人,又称袁项城;青年时代因科场蹭蹬转而立下从戎之志,遍读兵书战策,希望借"军功"走上仕途。1881年,靠着嗣父袁保庆的关系,袁世凯投到庆军统领吴长庆门下。1882年,朝鲜发生"壬午政变",袁世凯随庆军开赴朝鲜,因在朝鲜平内乱、练新军中表现颇有"才能",博得李鸿章"知兵"之肯定,委以经略驻朝总理交涉通商事宜,并以道员升用,加三品衔。

1894年7月中日甲午战争前夕,袁世凯化装后搭乘美国商轮从汉城逃回天津。战争爆发后,袁世凯被派赴东北前线协助筹拨粮饷、联络各军。1895年中国战败后,一度不得志的袁世凯改投荣禄门下,正巧赶上清廷整顿武备。积累了朝鲜练兵经验,且一向自诩学习军事"比起做文章来,到底容易多了"[②]的袁世凯,很快就得到荣禄的信任。

在荣禄的推荐下,袁世凯争取到觐见光绪帝的机会,并把握住了机

[①] 袁世凯:《与兄世敦世廉书》,载平如衡编《袁世凯家书》,上海中央书店,1936,第30页。
[②] 袁静雪:《我的父亲袁世凯》,中国人民政治协商会议全国委员会文史资料研究委员会编《文史资料选辑》第74辑,文史资料出版社,1981,第128页。

小站练兵园（早期照片）

会。光绪帝委其北洋练兵大臣重任且给予"一切饷章，著照拟支发"[1]的大力支持。1895年12月16日，"新建陆军"成立，袁世凯正式开始了世人称之为"小站[2]练兵"的统兵之路，这也是他获取兵符、建立个人班底、"并得武卫右军全体之归心"[3]的重要开端。

客观地讲，袁世凯的军事思想在当时还是比较进步的。他以德国陆军制度为蓝图编练新建陆军，以督练处为总部，下设参谋营务处、执法营务处、督操营务处、稽查营务处管理军队日常事务，同时附设粮饷局、军械局、洋务局、军医局、转运局、教习处等机构保障军队后勤供应。

新建陆军营制共分为左右两翼，每翼设步、骑、炮、工四个兵种，

---

[1] 刘锦藻：《皇朝续文献通考》第219卷，清光绪三十一年（1905）乌程刘锦藻坚匏庵铅印本。

[2] 见文后小常识。

[3] 袁世凯：《与徐菊人书》，载平如衡编《袁世凯家书》，上海中央书店，1936，第31页。

仿照德、日陆军建制改编的北洋新建陆军

以步兵为主；装备配以当时最先进的德国曼利夏步枪、马枪和格鲁森快炮，单兵也配置了齐全的工具、帐篷、望远镜、电话机、修理枪炮小机器等基本军需。

除了完备的军事制度和优良的军械外，训练也很重要。兵法云：战必以练兵为先，而练兵之法重在肃整。袁世凯首先从裁汰冗兵入手，在湘、鄂、豫等地，按照年龄、身高、体能和品行等新标准严格招募精壮新兵。当然，光有蛮力也不成，袁世凯还鼓励有文化者从军，以为新军军官储备人才。除了学习兵法、枪炮使用、测绘、战术、地理等军事知识，袁世凯还要求这些新兵掌握礼仪、德文和号乐等知识。

袁世凯信奉，练兵就是一手拿着钱和官，一手拿着刀，服从就有官和钱，不从就吃刀。袁世凯在钱上不亏待属下，他向户部申请提高军饷标准，亲自点发士兵军饷，杜绝以往清军克扣军饷的陋习。袁世凯还允许兵丁服役满三年，就可享受三个月的带薪年假。甚至连士兵的家属，袁世凯也会关照地方给予照顾。

当然，对于违反军纪的士兵，袁世凯也不会手软。他亲自担任督练官，编写《行军暂行章程》《简明军纪廿条》等章程，制定严刑峻法，其中18条斩律及2条重责军律严明了军

《时报》1909年1月3日刊登的袁世凯照

纪；编制《劝兵歌》，规范士兵日常行为，训练士兵绝对服从命令，树立了他的军中权威。经过这一改造，新建陆军沙场点兵时，"操法灵熟，步武整齐，旗帜之鲜明，号衣之洁净，楚楚可观"[①]。与淮军旧勇骄惰浮伪的军纪相比，呈现出一种完全不一样的新气象。

俗话说，"兵熊熊一个，将熊熊一窝"，军官是军队的核心。袁世凯麾下的新军军官来源有两个渠道：一是聘用德国军官；二是从北洋武备学堂和随营武备学堂毕业生中择优选拔。尤其后者是袁世凯新军军官人才的主要来源，如冯国璋、段祺瑞、王士珍等人任各处总办或统带；曹锟、卢永祥、王占元、段芝贵、李纯等人任各营哨官；徐世昌、任秀深、唐绍仪等人则协助袁世凯总理文案。

武备学堂出来的这些军官，虽没有显赫的背景，有的甚至还来自社

---

① 国家清史编纂委员会编《晚清文献七种》，齐鲁学社，2014，第403—404页。

北洋新军操练

会底层,像冯国璋当过吹鼓手,曹锟是小贩出身,吴佩孚也摆过地摊当过算命先生,但他们凭借骁勇善战,也为自己挣了似锦前程。人们很难想象,正是这些武夫日后影响了北洋政局的走向。

自1882年至1894年朝鲜12年的历练,袁世凯深知拥有自己武装的重要性,而小站练兵恰恰给了他这个建立自己班底的机会。袁世凯的小站班底由老将亲兵、幕府文官、武备学员三个部分组成。

老将亲兵是指原淮系旧将和袁世凯的亲朋故旧。袁世凯为淮军将领吴长庆一手培养,虽然淮军旧将对西方军事知识了解不多,但一向以淮军后继者自诩的袁世凯,主动接纳并重用了一批像姜桂题、倪嗣冲这样的资深淮系老将。亲朋故旧则是袁世凯修筑营房、采购马匹和军械等后勤保障中的重要倚仗。

幕府文官充任袁世凯的智囊团，与袁世凯私人关系甚好。徐世昌与袁世凯是布衣之交，袁世凯在小站练兵后，专门写信劝说仕途不得意的徐世昌"改弦更张，屈就武职，别图异路功名较为迅速"[①]。之后的事实也证明，在袁世凯的推荐保举下，徐世昌官拜东北三省总督，兼管三省将军事务。而在徐世昌的经略下，北洋势力也扩展至东北。

还有一部分是学过西方军事知识的北洋武备学堂教官和学生，以及袁世凯随营武备学堂培养的学生。前者包括段祺瑞、冯国璋、曹锟、李纯等人，后者则有靳云鹏、傅良佐、马良、张树元等人。为了笼络这批得力手下，袁世凯通过政治联姻和金钱奖励，提携后进。例如，冯国璋迎娶了袁世凯的家庭教师，段祺瑞娶了袁世凯的表侄女。

袁世凯的小站练兵很快就收到了成效。袁世凯不但培养了一大批近代军事人才和将领，日后叱咤北洋风云的诸多军阀也多出自小站；而且通过对新兵"绝对服从命令"之训练，打造了一支完全听命于自己的军队。之后，袁世凯又以这支军队为骨干陆续扩编，建成了近十万人的"北洋六镇"，并最终发展成影响中国政局十多年的北洋集团。

有立必有破，虽时人称袁世凯的改革颇有摧枯拉朽之势，但袁世凯也因此得罪了一批权贵。当时津门官绅"啧有烦言"，认为袁世凯"办事操切，嗜杀擅权，不受北洋大臣节制"，于是有了后来胡景桂弹劾袁世凯一事。在荣禄的保全之下，袁世凯得以"乞恩姑从免议"。虽有惊无险，但袁世凯也不免发出"所有夙志，竟至一冷如冰"[②]之感慨。之后，大权独揽的袁世凯，依靠从小站走出来的这支7000余人的新建陆军，开始了他在晚清政坛的纵横捭阖。

---

① 袁世凯：《与徐菊人书》，载平如衡编《袁世凯家书》，上海中央书店，1936，第32页。
② 来新夏主编《北洋军阀》第一册，上海人民出版社，1988，第1028页。

大事年表

1882 年	7月23日,朝鲜汉城士兵和城市贫民发动起义,史称"壬午政变"。后袁世凯随庆军赴朝鲜,协助朝鲜训练"新建亲军"。
1885 年	10月,袁世凯以驻朝总理交涉通商事宜专员身份,办理中朝交涉事务。
1894 年	6月17日,袁世凯自朝鲜出发,准备乘船回国。 7月25日,日本不宣而战袭击清政府北洋水师战舰,制造高升号事件,中日甲午战争爆发。战争历时9个月,清政府战败、被迫签订丧权辱国的中日《马关条约》。
1895 年	12月,袁世凯将"定武军"改称"新建陆军",开始督练新军。

小常识:小站

原为退海之地。天津教案发生后,李鸿章令周盛传部盛字军由临汾调往天津。同治十三年(1874),盛字军在青县马厂和新城(今塘沽)之间修筑"马新大道",沿途设立驿站,40里一大站,10里一小站,共设大站4所,小站11所。光绪元年(1875),盛字军由马厂移屯涝水套,这里是大沽以西的第五个驿站,军士习惯称之为小站,即为今日小站地名由来。小站因属京畿卫戍之地且有良田屯垦,后成为清政府训练新军、屯军驻扎的理想之地。

知识链接：清军兵制

清朝先后曾有8支军队：八旗兵、绿营兵、湘军、淮军、练军、防军、海军和新军。八旗兵是满族入关前的军队，分别以正黄旗、镶黄旗、正白旗、镶白旗、正蓝旗、镶蓝旗、正红旗、镶红旗命名，以骑兵为主。绿营兵是清军入关之后，按明代军制改编和新招募的汉人部队，以绿色旗帜为标志，故名绿营兵。八旗兵和绿营兵是清代前期的正规军，也称经制兵。湘军是曾国藩从湘乡到长沙办理的团练，当时称"湘勇"，后来称为"湘军"。淮军是李鸿章1862年按湘军营制改编皖省团练而建。练军是1868年清政府仿照湘军制度改造绿营兵，并推行到全国的。太平天国被镇压后，清政府将练军一部分纳入国家军制，称为"留防勇营"，简称"防军"。海军分为北洋和南洋两支海军，1875年分别由李鸿章和沈葆桢督办。新军是清政府甲午战后仿照西方军制编练的军队，包括海军和陆军。

袁世凯的戊戌抉择

经历了弹劾风波的有惊无险，袁世凯小站练兵获圣眷裕隆，军事实力渐增。然而在京城，自光绪维新以来，帝、后变法之争日趋激烈。当时，北京城谣言四起，有说慈禧太后欲借天津阅兵之机废掉光绪，有说维新派要搞政变。袁世凯因手握兵权，近临京畿，也成为这场政治风云中的关键一环。何去何从，袁世凯面临着抉择。

起初，袁世凯表露出某种赞同变法的倾向。甲午战败后，变法维新呼声渐涨，康有为、梁启超二人因疾呼变法，而被变法派官绅引为同类。自朝鲜归来的袁世凯为入权门在京奔走期间，结识了康、梁等一批维新人士，甚至还在1895年5月参加了康有为在京发起的"强学会"①筹备活动，并于7月捐献白银500两以资变法宣传。

1897年11月，德国强占胶州湾，心怀救国大志的康有为再次进京，欲警告清廷有被瓜分之危险。在"上书求变法与上"②的策略下，康有为通过为各路言官草拟奏折，上书己见。在康有为精心策划草拟的一系列奏折的推动下，1898年，光绪亲自接见了康有为。其间，袁世凯也表达了对康有为"悲天悯人之心，经天纬地之才"③的惺惺相惜之情。

在康有为等人的努力下，1898年6月11日，光绪颁布《定国是诏》，

---

① 见文后小常识。
② 梁启超：《记保国会事》，载中国史学会主编《戊戌变法》第四册，神州国光社，1953，第416页。
③ 康有为：《康南海自编年谱（外二种）》，楼宇烈整理，中华书局，1992，第57页。

宣布变法维新。随着变法维新的深入,原本旁观的慈禧发现事情偏离了轨道,帝、后矛盾渐显。此时,袁世凯统练新军风生水起,康有为开始向光绪大力推荐袁世凯,称抚袁以备不测。

1898年9月16日,光绪召见并特赏袁世凯侍郎候补衔,专办练兵事务,并随时具奏应办事宜。从正三品的臬司到正二品的侍郎,袁世凯连升两级,这种荣耀是普通人不可想象的。获此殊荣,袁世凯并未得意忘形。

9月17日,袁世凯一大早入宫谢恩,光绪告诫袁世凯要与荣禄各办其事。也许说者无意,但听者有心,此时的袁世凯意识到自己陷入了一个巨大的政治旋涡中。9月18日,返回法华寺后的袁世凯,决定尽快赶回天津以观其变。法华寺位于北京城东报房胡同,是袁世凯一个驻京联络处。

当袁世凯在内室屏息凝神准备秉烛草疏,向圣上呈请回津之时,法华寺的山门被敲响了。袁世凯一看名刺,知是谭嗣同。在诡谲的政治风云中,清净的法华寺注定山雨欲来风满楼。

关于谭嗣同夜访法华寺,尽管已无从可知两人密谈的细节,但根据袁世凯的《戊戌纪略》、毕永年的《诡谋直纪》及梁启超的《戊戌政变记》等有关记载,谭嗣同提出"杀荣围园"的建议却是属实的。那天夜里,谭嗣同反复劝说袁世凯诛杀荣禄,起兵勤王,逼慈禧交出政权。

久经宦海的袁世凯尽管也表态"诛荣禄如杀一狗耳",但对密诏之意心存怀疑,开始与谭嗣同周旋,"尚未允也,然亦未决辞,欲从缓办"[①]。对于袁世凯的迟疑,后人经过考证,当时谭嗣同拿的是杨锐手抄的谕令副本,该密诏虽未明说杀荣禄、包围颐和园,却要求康有为等人另议良法。于是,袁世凯认为是康、梁等人矫诏起兵。

---

① 毕永年:《诡谋直纪》,载汤志钧:《乘桴新获:从戊戌到辛亥》,北京师范大学出版社,2018,第26页。

送走谭嗣同后,袁世凯权衡利弊,认为无论是兵力上(近畿已被慈禧、荣禄密布约14万重兵,而袁世凯只有新建陆军7000余人),还是帝、后政治力量对比上,维新派明显居于弱势。就袁世凯个人而言,和平改良是他接纳维新派的底线,康有为等人要武装包围颐和园、捕杀慈禧和荣禄,这在袁世凯看来是不合时宜的。最终,袁世凯听从谋士徐世昌的谏言,"与其助帝而致祸,宁附后而取功名"[①]。

9月21日清晨,回津后的袁世凯向荣禄详细报告了谭嗣同夜访法华寺的全部细节。当晚,御史杨崇伊便带来了慈禧政变、重新"训政"的消息。为保全自己,袁世凯和盘托出维新派计划。9月22日,杨崇伊迅速将此消息告知慈禧,最终导致事态发展严重:大批维新派被捕、被革、被逐,以致六君子被杀。

戊戌政变后,袁世凯获得了慈禧的信任及大量的军需补给。同时,袁世凯向荣禄献策,将京畿地区五大军合编为武卫全军,由荣禄统领,袁世凯的新建陆军则编入武卫右军。袁世凯的这一军队改制建议,一方面消除了满族权贵对他的猜疑,另一方面也加深了荣禄对他的信任,有相逢恨晚之意。

在慈禧的信任、荣禄的保荐下,1899年6月袁世凯升至工部右侍郎,统率武卫右军,所部增至1万人。1899年义和团运动爆发后,袁世凯主动请缨署理山东巡抚,武卫右军随调前往。至此,袁世凯及其统率下的新建陆军走出小站一隅,开始从一个军事团体逐渐发展为一个军事政治团体。袁世凯一跃而成中外所瞩目的实力派人物。1902年6月,清廷实授袁世凯署理直隶总督兼北洋大臣并赏太子少保衔。

[①] 徐凌霄、徐一士:《凌霄一士随笔》,山西古籍出版社,1997,第25页。

大事年表

1895 年	5 月，康有为、梁启超联合各省举人上书光绪帝，反对清政府签订《马关条约》，并提出"下诏鼓天下之气，迁都定天下之本，练兵强天下之势，变法成天下之治"四项救国方法。史称"公车上书"。 5 月，袁世凯捐资参加康有为、梁启超发起的"强学会"筹备活动。
1897 年	11 月，山东曹州府巨野县张家庄教堂德国传教士唆使教徒欺压人民，激起公愤，巨野县民众杀死两名德国传教士，是为"巨野教案"。随后，德国以此为借口，出兵强占胶州湾。 因德国强占胶州湾，康有为进京上书变法。
1898 年	6 月 11 日，光绪颁布《定国是诏》，史称"戊戌变法"。 9 月 16 日，光绪召见并擢升袁世凯侍郎候补衔，专办练兵事务。 9 月 17 日，袁世凯觐见光绪。 9 月 18 日，谭嗣同拜访袁世凯，商量"杀荣围园"计划。袁世凯当面应允，但随即回天津并向荣禄告密。 9 月 21 日，慈禧太后发动政变，28 日，捕杀"戊戌六君子"，戊戌变法失败，史称"百日维新"。 10 月，山东地区爆发义和团反帝爱国运动。

小常识：强学会

清末维新派的政治团体。1895年7月底、8月初，康有为在帝师翁同龢的支持下发起，并于11月中旬正式成立。该会附设"强学书局"，刊行《万国公报》（后改为《中外纪闻》），翻译西方和日本书籍，宣传维新主张，期间还得到了一些朝中显贵的资助。1896年1月，御史杨崇伊弹劾强学会"专门贩卖西学书籍""植党营私""将开处士横议之风"。在慈禧太后的压力下，光绪下令关闭北京强学会。

知识链接：戊戌变法

1895年4月《马关条约》签订以后，康有为联合在京应试举人上书光绪帝，主张维新变法，是为"戊戌变法"之开端。在维新人士和部分清廷官员的推动下，光绪帝于1898年6月11日颁布《定国是诏》，宣布变法。之后，以康有为、梁启超为主要领导人的维新派，通过光绪帝发起了倡导学习西方，提倡科学文化，改革政治、教育制度，发展农、工、商业的政治改良运动，后遭到慈禧太后等人强烈反对与抵制。1898年9月21日，慈禧发动戊戌政变，囚禁光绪帝至南海瀛台，28日，捕杀谭嗣同、康广仁、林旭、杨深秀、杨锐、刘光第等6人（史称"戊戌六君子"）。康有为、梁启超分别逃往法国、日本，"戊戌变法"以失败告终。"戊戌变法"前后经过103天，故又称"百日维新"。

北洋"龙虎狗"

北洋十六年政局变幻与小站有着千丝万缕之关系。正是从小站走出来的"武夫们",他们导演并主演了北洋这段跌宕起伏的历史。其中,被誉为北洋"龙虎狗"的王士珍、段祺瑞和冯国璋更是北洋历史上的风云人物。

历史上许多英雄人物都曾被冠以"龙虎狗"名号。《世说新语》曾把诸葛亮、诸葛瑾和诸葛诞三兄弟比拟为"龙虎狗";明初开国功臣徐达、常遇春和胡大海,民间也有称他们"龙虎狗"一说;而北洋"龙虎狗"的说法则源自一位德国军官。

1899年,袁世凯署理山东巡抚,为显示武卫右军实力,他邀请德国军官参加济南秋操阅兵。阅兵场上,德国军官看到王士珍、段祺瑞和冯国璋三人沉着稳健、进退有度、指挥有方,不禁称赞:"此三人堪称北洋军中三杰。"后来,人们沿袭古代品评人物的习惯,根据三人性格特点,形象地称他们为北洋"龙虎狗"。

北洋"龙虎狗"出身寒门草根。王士珍出身于贫困的医师家庭;段祺瑞来自农民家庭;冯国璋则来自一个没落地主家庭,后因家道中落不得不中途辍学回家。直到投身军界,而后考进武备学堂,三人命运才发生了转机。

王士珍(1861—1930),河北正定人,北洋武备学堂第一批学员。学习期间,王士珍以优异的军事才能深得学堂总办荫昌赏识,当袁世凯请荫昌推荐军事人才时,荫昌便毫不犹豫地向袁世凯推荐了王士珍。王士珍此人做事心思缜密且不张扬,颇有神龙见首不见尾之行事风格,所以人送外号"北洋龙"。

段祺瑞（1865—1936），安徽合肥人，1888年以武备学堂优秀学生身份被保送到德国学习军事，之后又在德国艾森克虏伯兵工厂实习半年。1890年，学成归国的段祺瑞本欲大显身手，但无奈所学与国内所需"水土不服"，不得不充任北洋军械局委员、威海随营武备学堂教习等文职。磨砺了五年之后，受荫昌推荐，段祺瑞从教习之位越级升任新建陆军左翼炮三营统带，兼随营炮兵学堂总办。因为人刚毅、强势，人送外号"北洋虎"。

冯国璋（1859—1919），直隶河间人，入北洋武备学堂学习期间，因考中秀才赢得李鸿章"不得了，武校出文生矣！"[1]的赞叹，所以冯国璋也有"军中秀才"之称。毕业后，冯氏曾跟随聂士成赴东北、朝鲜考察，撰写兵书数卷，颇得聂士成赏识。因冯国璋不及王士珍神秘，也不似段祺瑞强势，人送外号"北洋狗"。

袁世凯非常看重武备学堂毕业生，并将他们作为个人班底而着意提拔。袁世凯任命王士珍为督操营务处帮办兼讲武堂总教习，参与军中成绩考核、人事升降黜陟等。冯国璋，袁世凯也发挥其长处，任命其为总办，负责兵法、操典之编写。在袁世凯的提携下，二人由帮办、总办成长为日后独当一面的军中将领。至于段祺瑞，袁世凯以其炮兵之才，委任为新建陆军左翼炮队第三营炮队统带，兼行营武备学堂炮兵官学堂监督、代理总教习等职。关于段祺瑞的军事才能还有一段逸事：当年，威海卫一战北洋海军全线败退，就在清军仓皇撤退之时，唯有段祺瑞率领将士取出炮栓而退，日军见此情景，认为段是当时清廷尚有知军事者的将才。从无实权的文职到掌握一支军队的领导权，段祺瑞在小站开始了不平凡的军旅生涯。

在袁世凯的提拔和重用下，王士珍、段祺瑞和冯国璋竭尽犬马之劳，衔环以报知遇之恩。段祺瑞小站期间与士兵同吃同住，不离营舍，遇事负责，令出必行。王士珍负责工程营，他不仅对水雷、旱雷、踩雷及各

---

[1] 公孙訇编著：《冯国璋年谱》，河北人民出版社，1989，第179页。

种武器的用法及制造熟稔,而且所辖士兵军容整齐,训练得当。荣禄曾向袁世凯称赞王士珍:"此人负治国之才,不第长于军事也。"①

当然,袁世凯更为看重的还是他们的军事管理才能,这一点是小站督练新建陆军的核心,直接关系到小站练兵能否真正实现彻底转型。在袁世凯的授意下,王、段、冯三人联合编制《训练操法详晰图说》12册,作为随营学堂教科书。该套书分门别类地对军队训练宗旨、将领训练、哨官训练、士兵训练进行了详细说明,并针对不同地形制定了详细的攻守操法;理论与日常训练相结合,军队的整体素质大大提高。同时,为切合袁世凯打造个人班底之目的,三人在书中始终贯穿了袁世凯督练新军的指导思想。比如:将要达到"上宣力于王室,下自奋于功名";弁要求懂得"高官显秩,无难拾级而升,厚禄重糈,可以操券而得";兵必须明白"自古有多出行伍""命该不死自然生""安分守己把钱剩"等道理。该套书也成为清廷日后训练新式军队的重要军事教材。

三人也是袁世凯扩军备战的主力军。袁世凯署理山东巡抚后,三人追随袁世凯到山东继续训练武卫右军。冯国璋将山东旧军整编到武卫右军之后,又将山东34个营改编为20个营,内设步兵16营、骑兵2营、炮兵2营,组成"武卫右军先锋队",共计1万余人,成为北方最大的武装力量。

为了配合袁世凯弹压山东义和团运动,三人亦是各司其职。段祺瑞先是随武卫右军开赴济南,之后留守直隶,与倪嗣冲、袁大化等人带兵镇压了直隶广宗、威县一带的景廷宾起义。王士珍则将士兵编为便衣队,对过境山东的在华传教士和商人进行沿途保护,帮助其租赁车船,资助粮食、衣服、川资。而冯国璋则驻守德州,负责阻截义和团后退之路。

由于三个人始终追随袁世凯左右,且军事才能过硬,随着袁世凯北洋军事实力的增强,袁世凯对三人也极尽笼络之意,先后提携三人为驻守一方的军政要员。1901年冬,王士珍升任步兵第一协统领,兼理全国

---

① 河北省政协文史资料委员会编《河北历史名人传》政治军事卷下,河北人民出版社,1997,第30页。

操防营务处。1902年7月,段祺瑞以总办随营学堂之功劳被清廷以道员留直隶补用,并加二品衔。1903年,清廷成立练兵处,督练考察全国新军,袁世凯又推荐王士珍出任练兵处军学司正使,段祺瑞任军令司正使,冯国璋任副使。

三人中,尤其是段、冯二人并非池中鱼,假以时日必定"鱼化龙",这其中的关键袁世凯看得很透彻。但在北洋初期阶段,为了打造一支以他为核心的北洋军队,袁世凯又不得不依靠他们。因此,当北洋常备军建制后,袁世凯就任命冯国璋常驻保定督理北洋各武备学堂,同时兼任北洋陆军速成学堂和陆军师范学堂督办,主持北洋陆军将弁学堂、北洋陆军讲武堂、贵胄学堂,以及陆军小学、中学、大学堂等。袁世凯本人就是通过练兵笼络了一批人才,当然知道主政学堂对培植个人势力的重要性。所以当冯国璋大量延揽人才时,袁世凯非但未加遏制,反而借其手笼络和培养了一批像李纯、陈光远、王占元、曹锟这样的北洋派系军官。

在袁世凯的安排下,北洋一系军官进入清政府各个要害部门。经过多年的经营,北洋集团开始形成并壮大,成为袁世凯左右清廷政局的政治资本。

大事年表

1899—1901年　清政府任命袁世凯署理山东巡抚。
1900年　　　5月,奥、英、法、德、意、日、俄、美八国一致决定,以"保护使馆"名义,调兵进入北京。
1901年　　　冬,王士珍升任步兵第一协统领,兼理全国操防营务处。
1902年　　　2月,袁世凯仿照武卫右军编制,创建北洋常备军。
　　　　　　4月,景廷宾领导直隶广宗县人民在沙头寺宣布起义,以"官逼民反""扫清灭洋"为旗帜进行反帝反清斗争。

	5月，袁世凯派段祺瑞率北洋军镇压景廷宾起义。
	6月9日，袁世凯实授直隶总督兼北洋大臣。
	7月，段祺瑞加二品衔，以道员留直隶补用。
1903年	12月，清政府在北京设练兵处。袁世凯任会办练兵大臣，徐世昌充练兵处提调，刘永庆、段祺瑞和王士珍分别任军政、军令和军学三司正使。

小常识：威海卫战役

中日甲午战争中的一次重要战役。1894年黄海海战后，日本控制了黄海的制海权，北洋舰队撤退至山东威海卫军港。为了进一步打击清政府，日本拒绝与清廷和谈。1895年1月，在联合舰队的护送下，日陆军进攻并占领了距离威海卫东南10余里处的荣成。由于清军的消极抵抗，日陆军相继占领了威海卫的南帮炮台和北帮炮台，威海卫陆地全失，北洋舰队陷于日本海陆军的合围之中。2月17日，日军占领刘公岛，威海卫海军基地沦陷。2月23日，北洋海军全军覆没。

知识链接：义和团运动

义和团是在义和拳的基础上发展而来，最早出现于山东、直隶、河南和江苏一带。随着民族危亡日益加剧，1898年，以广大农民、手工业者为主的各阶层群众首先在山东，接着在华北、东北等地自发掀起义和团运动。义和团最初以反对外国教会、传教士及其教民为主要斗争目标，1900年发展成一场以"扶清灭洋"为旗号的反帝爱国农民运动。

北洋实业开拓者周学熙

　　1901年11月7日,《辛丑条约》签署后的两个月,袁世凯接替李鸿章署任直隶总督兼北洋大臣,掌管畿辅之区——华北地区的军权与外交权,一跃成为中外瞩目之实力大臣。此时,清廷上下弥漫着一片改革之声,督促清政府实行新政,走马上任的袁世凯自然要乘此东风。

　　1902年8月15日,袁世凯代表清政府,正式从都统衙门手中接收天津后,即以天津为试验田率先开启直隶新政改革,后人亦称之为"北洋新政"。其间,袁世凯周围聚集了一批支持新政的改革者,周学熙即为其中之一。

　　周学熙(1866—1947),字缉之,号止庵,祖籍安徽至德(今东至),两江总督周馥第四子,幼年长居天津,后随父定居建德、保定、北京等地;青年时期,因科场屡屡失意,不得不以候补道捐出仕;后寒窗苦读数载,终于在中年时期考中举人。按照一般人的思维,千辛万苦考中举人的周学熙应该接着考进士,进翰林院,最后位极人臣。然而,周学熙却放弃了仕途,听从父亲劝说投身实业。后值李鸿章开采开平煤矿,周学熙便到开平矿务局任总办。1900年,矿务局被英国人强占后,周学熙转而前往山东任候补道员,并在袁世凯筹办的山东大学堂任总办,这是二人正式合作的开始。

　　袁世凯调任直隶总督后,周馥接任山东巡抚,周学熙为避嫌跟随袁世凯来到天津。在天津,周学熙协助袁世凯做了三件大事:一是任北洋银元局总办,稳定天津金融市场;二是设直隶工艺局,该局后来成为北

《北洋官报》1907年第1541期刊登的北洋银元局图片

洋官营实业枢纽；三是建天津官银号，为商办企业筹集资金。

当周学熙踏上天津这块土地时，这座刚刚经历了八国联军战乱的北方重要商埠，一片商民交困、银根奇紧、私钱充斥的市场萧条之象。因此，尽快稳定天津金融市场，不仅关系到北京、保定的经济稳定，而且也对袁世凯能否顺利实施新政，以及训练新军意义非凡。

开局的第一炮意义重大，袁世凯当即下令设立北洋银元局，任命周学熙为银元局总办，要求周学熙百天之内铸造新的铜元，以稳定天津金融市场。但这个总办是光杆司令一个，既没厂房又没职员，甚至连办厂经费都不够。如何解决这个棘手问题呢？

周学熙先是通过北洋支应局和民间集资的方式筹措启动资金，而后选定在原淮军护卫营旧址上，也就是现在的天津大悲院中院，建造银元局。没有充足的资金，周学熙就利用碎砖盖厂房，修复利用未被八国联军烧毁的机器,再加上从上海找来的旧机器,终于在两个月的时间内盖起了厂房,添置了机器。

厂址有了,机器的问题暂时也解决了,但最关键的因素——工人和技师问题还没着落。不过,周学熙也有办法,他旋即向社会公开招募原造币厂工人、技师,并以面粉为工资,很快队伍也拉了起来。在周学熙的紧张筹办下,银元局72天就铸出铜元150万枚,到1903年5月所铸铜元已达1100万枚。之后,周学熙又加铸银元,年获利70万元。

大量铜元涌入市场扭转了天津市面缺钱的局面,物价得到了稳定,天津本地也因每两兑换制钱较之他地增加二三百文,使天津商民获益匪浅。金融市场稳定的同时,极大充实了天津地方财政实力。周学熙不仅还清了办厂所欠债款,而且还有盈余用于填充工艺局、工艺学堂、考工厂等新厂之需,也为袁世凯主政直隶提供了巨大的财政支持。

1903年,袁世凯派周学熙东渡日本考察实业。日本之行,周学熙可谓是大开眼界。当他看到日本在西方影响下兴建的各种工厂、金融财政部门及各种类型的学校时,他更深刻地明白,明治维新后的日本为什么能够在短短几十年间一跃而成世界强国的原因。之后,改革旧制一直萦绕在他的脑海中,他迫切需要在新政中大展宏图,以实现振工兴商、富民强国的理想。

回国后,周学熙直接建议袁世凯成立直隶工艺总局,并毛遂自荐为总办。最初,袁世凯出于维护地方治安的目的,委托周学熙创办教养局,下设工艺学堂和考工厂,教授游民技艺。但周学熙认为,直隶经此兵燹后,欲拯救民生,"空言劝导不如以实行提倡,欲兴工艺非设专局不能收其效也"[①]。于是周学熙建议袁世凯,将工艺局从教养局内剥离,并下设高等工业学堂、考工厂、实习工场、教育品陈列馆及劝业铁工厂等。其目的是通过对工商业相关知识的教育,以及产品的试验、制造和展销,在直隶

[①] 周学熙:《周学熙自述》,文明国编,安徽文艺出版社,2013,第21页。

形成一个工商业推广中心，并通过其示范作用发动民间投资近代企业。

1903年，担负着振兴实业重任的直隶工艺局在天津旧城东南的草场庵开业了。工艺局开办之初，周学熙就派遣工业学堂优秀学员东赴日本留学，学习日本创办工业之技术与管理知识，同时还聘请了日本技术专家，利用他们的技术和知识为北洋实业出谋划策。因规模不断扩大，工艺局四年后迁至玉皇阁。

工艺局的最终目的是要鼓励工商业者变通、改良，发展地方实业。有了工艺局的支持，直隶各州县纷纷吸纳先进生产技术并在业界广泛推广。一时间，京津一带官商绅民济济一堂，互通有无，掀起了劝业高潮。在工艺局的倡导、鼓励和推广下，到1911年，天津近代工业从业者已有135家，可计算的资本总额达到了2920万银元，各业工人人数8510人。河北高阳也就是从那个时候兴起，继而成为近代华北三大土布生产中心之一。

如此显著的成绩，离不开资金的支持，而这些资金大部分出自官银号的低息贷款。在官银号创办之前，袁世凯曾向清政府上奏，提议仿照西方国家设立国家银行，以掌国家发行钞票和铸币之权。后在各方权衡之下，清廷决定先在天津代设户部银行，以观成效。1902年8月，注资百万余银元的官银号正式在天津老城厢东北角北马路开业。

官银号最初名为平市官银号，本意为稳定市面，平抑物价，整饬金融，补救钱荒。周学熙从日本考察归国后，认为金融与实业发展大有关系，提出"健全之金融，而后能有奋兴之实业"[①]。换言之，振兴实业需要资金的大力支持。

如何才能让官银号成为推动实业发展的发动机呢？除普通的官、私存款和放贷业务外，周学熙建议袁世凯增设一些新业务，如"修学预备储金""学资储金""婚嫁预备储金""养老储金"等，这些业务都是天津卫乃至当时全国闻所未闻的营业项目。再加上官银号还可代表清政府发

[①] 周学熙：《周学熙自述》，文明国编，安徽文艺出版社，2013，第33页。

行十足兑现银元之钞票，所以官银号开业后，资金甚是充盈。据统计，1910年官银号以无息或低息的方式发放了312.53万余元贷款，有力推动了直隶早期的工业化进程。

从1903年到1910年，天津实业发展可谓风生水起，不仅迅速平息了天津市场上的贴水风潮，而且也为北洋实业发展培养了一批工商业骨干人才，刺激了直隶地区的经济发展。袁世凯还接受周学熙开通官智的建议，要求州县官吏上任之前一律先到日本考察3个月。这样一来，既推动了直隶的新政改革，获得朝廷"进步之速，全国楷模"[1]之赞，让袁世凯在中枢站稳了脚跟；又借助周学熙的经世之才，为北洋军的发展提供了坚实的财政后援。

大事年表

1900年	7月，八国联军占领天津。
	11月，八国联军组建"天津中国城区临时政府委员会"，设立"暂行管理津郡城厢内外地方事务都统衙门"，对天津进行军事统治。
1901年	1月，慈禧太后在西安发布谕旨，宣布实施新政。
	4月，清政府成立"督办政务处"，由庆亲王奕劻和大学士李鸿章主持其事，统筹考虑并着手实施新政。
1902年	8月15日，袁世凯正式从都统衙门手中接收天津。
	8月，周学熙督办天津官银号。
1903年	9月，周学熙督办直隶工艺局。

---

[1] 参考董丛林等：《清末直隶新政研究》，河北人民出版社，2002，前言第1页。

1906年　　11月，由周学熙督办的考工厂，在天津河北公园举办工商劝业展览会。

小常识1：都统衙门

八国联军占领天津后设立的统治机构，全称为"暂行管理津郡城厢内外地方事务都统衙门"。1902年8月，八国联军以拆毁炮台、划定清驻军范围等条件，将天津管理权交还清政府，都统衙门停止活动。

小常识2：天津历史上的三座造币厂

1887年，时任直隶总督兼北洋大臣的李鸿章为推动币制改革，欲以国际通用银元制代替国内银两制，于是在天津创建"天津机器制造局"，俗称"东局子"。该局内设"宝津局"，鼓铸制币，后被八国联军炮火摧毁。1902年，周学熙创建"北洋银元局"，俗称"西厂"，为天津第二座铸币厂。鉴于周学熙筹建北洋银元局所表现出来的才能，1904年，袁世凯任命周学熙在银元局衙门对面组建户部造币总厂，也就是天津造币总厂，俗称"东厂"。

知识链接：直隶新政

20世纪初，为挽救日益加深的统治危机，清政府颁布"变法"上谕，推出所谓新政改革。袁世凯在直隶积极推行新政，并在整顿吏治、发展经济、兴办教育、改良司法与狱政等方面制定了诸多新政举措。直隶不仅成为清廷新政改革的先行试点，而且也成为各省效仿的典范。在此过程中，以袁世凯为首的北洋军事官僚政治集团实力不断增强，进而影响了清末民初的政治走向。

彰德会操

《左传》云："国之大事，在祀与戎。"集国家祭祀与军事活动为一体的阅兵大典，当属国家之重大事件。20世纪初，处于风雨摇曳中的晚清政府亟须一场扬军威、壮气势的会操重振旗鼓，一扫颓气。

清政府需要的这个会操，可不是传统意义上的八旗会合操练，而是甲午之战后清廷仿照德国陆军编制、军事训练进行的战术演习，是具有现代意义的跨区域军事对抗演习。可想而知，会操对清廷有着十分重要的意义！

养兵千日，用兵一时。北洋新军承担了河间会操的首秀，袁世凯、铁良亲往河间校阅。此次会操投入演习官兵46000余人，战线长达20余里，分为南北两军，主要通过跨区域作战检验部队攻守之术，检验军队协同作战能力。光绪曾评价此次会操，"大改旧观"[1]。

河间会操的成功让清廷和袁世凯信心大增。在袁世凯的策划下，清廷决定在全国搞新式陆军大演习，袁世凯和铁良为阅兵大臣，地点选在河南彰德，史称"彰德会操"。为了增加此次阅兵的对抗性，向列强炫耀武力，慈禧要求当时国内装备最好、素质也最高的北洋新军、湖北新军和河南新军参加彰德会操。

如同河间会操，彰德会操也采用南北两军对垒形式。其中北军16172人由六镇抽调、混合编成，段祺瑞为总统官，驻扎在京汉铁路以

---

[1] 张华腾：《河间、彰德会操及其影响》，《近代史研究》1998年第6期。

清末练兵场

东；南军则由湖北新军和河南新军17786人组成，张彪为总统官，驻扎在京汉铁路以西。

讲排场的慈禧还大张旗鼓邀请外国军事人员和新闻记者前来观摩，安排各省要员前来观操，做评判员。消息一传出，英、美、法、德、意、奥、荷、比和日本马上派出通晓军事的武官和情报人员参加。一些著名的西方报社，像《泰晤士报》也派记者跟进报道，甚至还有一些未在邀请之列的报馆和记者第一时间也拥进了彰德。一时间，彰德火车站附近的客栈爆满，导致后来的人不得不屈就在满是虱子跳蚤的小旅店里。

1906年10月19日，由马、步、炮、工各兵种组成的军队3万余人按计划到达指定地点，形成了南攻北御的对阵之势。其实早在一个月以前，张之洞的湖北新军和袁世凯的北洋新军就已磨刀霍霍进入了备战状态。这场代表着晚清军事改革最高水平的南北新军会操，一时间充满了剑拔弩张的气氛。

1906年10月22日，南北新军大演习正式拉开了序幕。会操之前是表演项目，在这一环节中，代替张彪出任指挥官的黎元洪率领南军，以精准的枪法、整齐严肃的军容及高昂的气势盖住了北军的风头，黎本人也借此从名不见经传的军官，一跃成为全国瞩目的大将。

　　会操第一天为南北新军骑兵冲击战。早上8点，南军骑兵队沿姬家屯、宜沟方向北上，途中因误将阅兵大臣卫队当作北军分队而贻误战机。等南军重整兵力北上之时，北军已沿钟官屯、木佛一带南下设伏，南军人困马乏之下被以逸待劳之北军抢占先机。首日演习，北军拔得头筹。

　　会操第二天为两军主力遭遇战，南军分左右两翼北上，北军则分三路纵队南下防御。南军右翼因兵力薄弱，被北军包围，但左翼却依靠步队、炮队优势兵力进攻北军右纵步队和马队，北军反而陷入南军包围圈。第二日，双方打了个平手。

　　会操第三天演练攻防大战。北军移至彰德附近，构筑防御工事，凭险抵抗南军。北军并没有消极防御而是以战为守，以小股军队诱敌深入。南军竟长驱直入，北军急行军30余里绕过南军炮兵据点以包围之势，对南军进行围攻。危急下双方竟要肉搏，袁世凯见状即令段祺瑞退兵。段祺瑞答："战局至此，不能退却。"无奈之下，袁世凯只得下令双方停战、退兵。

　　紧张的三天演习结束后，两军在彰德城外的小张村举行了隆重的阅兵式。阅兵场上，士兵身着礼服接受各国高官和中外媒体的检阅，整齐有序的队列、密集的分列变化运动，引起参观者啧啧称赞；场外，严明的军纪也赢得了老百姓的称赞。彰德会操圆满收官。

　　阅兵结束后，觥筹交错的宴会厅里各国高官谈笑风生。欧美观摩团的军官虽然提出了演习中存在的一些问题，比如射击姿势不规范、士兵急于砍杀等，但总体上对此次会操基本满意。甚至一些军官还认为中国陆军已经可以与日本匹敌，就连日本参谋部的松川少将也不得不承认中国军队取得了长足的进步。清政府挣足了面子，达到了预期目的。

对南军而言，此次会操成绩欠佳。与张弛有度、战术得当的北军相比，湖北新军劣势明显，有人评价说："湖北新军和北洋军比较起来，犹如南北枳橘之别。"①甚至时人评价，湖北新军还比不上河南新军。这让张之洞脸面尽失。

最大的赢家还是袁世凯。无论是前期的准备工作，赢得了光绪、慈禧"南北两军部署之宜、攻守之术颇为完密"②的嘉许；还是两军对抗中，北洋新军所具备的"举数省已编之军队，萃集一处而运用之"③的指挥大部队作战能力、各兵种相互配合表现出的合成军制战斗能力，以及长途奔袭所表现出的野战能力，都展现了袁世凯所率领的新军已然成为一支初具近代化规模的新式军队。

北洋新军的表现令国人刮目相看，会操后朝廷中人开始向清廷进言，希望能够总结经验，加强军队建设。袁世凯的声望得到了前所未有的提升，清朝权贵们也挣足了面子。不过经此会操，袁世凯所表现出的御兵能力，以及北洋新军展现的实力也让这些权贵骨寒毛立。尤其是参与其中的铁良，更有着强烈的切身体会。

袁世凯很机警，他知道编练新军早已招人嫉恨，尤其是他将铁路、煤矿、招商局和电报局统归直隶管辖后，权势日重，招致朝中重臣非议不断。袁世凯决定以退为进，主动交出四镇兵权，自己只留两镇兵力。然而即使如此，一些满洲贵族仍不放心。

彰德会操后不久，清政府宣布中央官制改革，设陆军部统管全国军事，任铁良为陆军部尚书，袁世凯则被解除了直隶总督一职，补授军机大臣兼外务部尚书。清廷为了安抚袁世凯，提拔其长子袁克定为农工部参议，但明升暗降的削权之举，让袁世凯再一次面临宦海危机。

---

① 《两军作战之互有得失》，《华字汇报》1906年9月18日。
② 刘锦藻：《清朝续文献通考》，商务印书馆，1936，第9758页。
③ 来新夏主编《北洋军阀》第一册，上海人民出版社，1988，第789页。

大事年表

1905 年	7 月，袁世凯负责督练的北洋新军六镇正式成军。
	9 月，清政府在直隶河间举行会操，袁世凯、铁良负责校阅。
1906 年	10 月 22—25 日，彰德会操，阅兵大臣为袁世凯和铁良。

小常识：晚清新军会操

清政府为检阅各省新式陆军训练成果而举行的大型军事演习。因会操均在秋季举行，所以也称"秋操"。晚清共举行了四次会操：1905 年河间会操、1906 年彰德会操、1908 年太湖会操和 1911 年永平会操，后两次会操分别因慈禧光绪离世、安庆起义和武昌起义而停办。

知识链接：同盟会

全称为"中国革命同盟会"，为 1905 年 8 月 20 日孙中山在日本东京成立的一个全国性资产阶级革命团体。孙中山任总理，黄兴为庶务科总干事。同盟会以"驱除鞑虏，恢复中华，创立民国，平均地权"为宗旨，后发展为"民族""民权""民生"三大主义，即"三民主义"。同盟会在推翻帝制和建立共和的辛亥革命中发挥了主导作用，并为中国历史上第一个资产阶级共和国——中华民国的成立做出了伟大的贡献。

铁良筹谋夺兵权

彰德会操后，大赢家袁世凯虽然明面上交出了部分兵权，却无时无刻不想重新回到中枢之位。1907年7月28日，袁世凯欲借预备立宪打压满族亲贵。没想到的是，京城雪片似的弹劾奏章堆满了慈禧的案头。袁世凯急招第一智囊徐世昌及幕僚们商量对策。徐世昌带回来的消息是，以铁良为首的反对派集体弹劾袁世凯推行官制改革。曾经与袁世凯共事多年的铁良为何牵头弹劾袁世凯？其中缘由还得从袁世凯接任直隶总督兼北洋大臣时说起。

袁世凯自出任直隶总督以来，风头正劲。手握近十万北洋新军，加封官号多达九个。保定总督府门前的旗杆上，写着袁世凯各种官位的旗帜迎风招展，甚是引人注目。不过，袁世凯也很识时务，对铁良颇为关照，在署理直隶总督时，就主动保奏铁良为京旗练兵翼长，负责训练新建陆军，不明真相的人一度视铁良为袁之心腹。

铁良（1863—1938），满洲镶白旗人，幼年家贫；后靠自学，一步步从月薪一两的神机营"手书"迈入了高级军事将领行列。后来，经荣禄推荐，慈禧安排铁良升任兵部侍郎、户部侍郎，并以练兵处襄办身份，协助袁世凯督理北洋六镇新军练兵事宜。

虽然与袁世凯长期共事，但铁良始终很清醒，培养满人军事将领迫在眉睫。因此，当慈禧欲解决京城练兵经费捉襟见肘之困时，铁良毅然承担起这个艰巨的任务，借考察江南制造局移厂之机会，南下筹措军饷。

铁良的第一站是上海，之后他又相继走访了苏州、南京、芜湖和武

铁良

昌等地。每到一地，铁良主要通过清查账目、收土膏捐税于朝廷来控制地方财政来源，同时改编或解散张之洞等督抚的勇营武装，以达到解除地方军权之目的。

经铁良此举，地方势力有所削弱，国库也充盈了起来，慈禧对此大为赞赏。铁良一回京，立马就晋升为军机大臣，开始参与中枢决策。朝廷高兴了，地方却怨气沸腾。《警钟日报》称，铁良此行是为了满足朝廷私欲，供北京贵族挥霍而搜刮江南财富。

回京后的铁良，一方面提拔良弼等满族青年将领及军校学生掌管军事，力图对抗北洋派；另一方面以户部侍郎身份，从财务上对北洋军"钩稽精核"，遏制北洋军发展。袁世凯是何等人物，对铁良的用心是洞若观火。虽对铁良不满，但无奈时机不到，袁世凯只好更加极力安抚铁良。

不过很快，铁、袁二人就开始水火不容。1906年夏秋之季，出洋考察宪政的五大臣归国[①]，之后清廷围绕是否立宪展开激烈争论。力主改革

[①] 1905年7月，清政府为了挽救危局，接受"改良派"立宪的要求，派镇国公载泽、户部侍郎戴鸿慈、兵部侍郎徐世昌、湖南巡抚端方、商部右丞绍英等五位大臣分赴欧美各国和日本考察。

的袁世凯放出狠话,说官可以不做,但法不能不改。铁良直接反对,称现在民智不开,老百姓对义务权利没有正确认识,如果实行宪治,进行地方自治,最后还是被地方豪绅控制。铁良指责袁世凯,称其所谈的立宪根本与宪治精神背道而驰。袁世凯反驳,实行预备立宪就是要开启民智,进行地方自治有赖于朝廷甄选贤良,以培养民众自治之基础。二人各说各理,争执不下。

然而潮流之下,立宪改革势在必行。1906年9月1日,清廷宣布预备立宪,官制改革遂提上日程,这一次的改革争论可以说是二人冲突的大爆发。袁世凯借机向慈禧进言,声称如不除掉铁良,则无法推动朝廷新政改革,奕劻随之附和。结果弄巧成拙,慈禧对奕劻、袁世凯改革的真实意图产生了怀疑。铁良转危为安,袁世凯却被贴上了"野心家"的标签,引得朝中诸臣侧目。

彻底激怒朝中大臣的,还是袁世凯推行的官制改革方案。此方案的核心内容是以责任内阁制取代军机处,并设内阁总理大臣负责全国政务。袁世凯和奕劻的如意算盘是,奕劻出任总理大臣,袁世凯为副总理大臣,同时合并吏部、兵部、户部到其他部门,裁撤翰林院、宗人府等无所事事的机构。袁世凯甚至还提出了三权分立之说,要求责任内阁保证立法、司法和行政各负其责,互不统属。

如果按照这个方案,铁良虽可出任副总理大臣,却失去了财权和兵权。铁良立即将矛头指向以袁世凯、张之洞为首的地方督抚,并说:要想实现立宪必须实行中央集权,实行中央集权就必须解除地方督抚之兵权和财权。[①]铁良的意见显然是符合慈禧心思的。

自认为摸透了慈禧心思的铁良,随即联合朝中言官弹劾袁世凯,于是就有了本节开篇那一幕。铁良亲自出马,一面鼓动李莲英到慈禧跟前

---

① 解玺璋:《君主立宪之殇:梁启超与他的"自改革"》,山西人民出版社,2014,第190—192页。

哭诉，说袁世凯要驱逐太监，以换取慈禧进一步支持；一面亲自劝谏慈禧，称一旦责任内阁成立，一切大事均由国务会议决定，太后将大权旁落——现在朝廷最大的威胁不是革命党人，而是这位跋扈夺权的袁世凯。

反复权衡利弊之下，慈禧最终采纳了铁良等人的意见。1906年11月，清廷下诏改革官制，兵部改为陆军部，练兵处亦并入。铁良任陆军部尚书，寿勋为左侍郎，荫昌为右侍郎。另外，海军部及军咨府成立之前，所有事务也均归陆军部办理。

清廷官制的出炉，表明袁世凯的官制改革方案被彻底弃之不用，袁世凯预感到大祸临头。在徐世昌的建议下，袁世凯主动交出第一、三、五、六镇兵权，改归兵部大臣直接统辖。对袁世凯主动交出的四镇兵权，清政府乐得其成，并派满族将军凤山接管四镇指挥权。

而袁世凯留下的两镇兵力，铁良认为他这是以退为进。为尽快解除袁世凯所有兵权，1907年9月，朝廷任命袁为军机大臣兼外务部尚书，免去其直隶总督兼北洋大臣等要职。明升暗降之下，袁世凯失去了最后两镇兵权。

袁铁之争，铁良已占了上风。失去兵权的袁世凯决定以退为进远离北京，但作为交换条件，由徐世昌出任东三省总督，北洋势力开始向东三省渗透。

大事年表

1904年	8月，铁良南下考察江南制造局新厂址、清查地方财政和考察地方军队，这是清政府练兵处主导下筹饷练兵政策的一次具体实践。
1905年	7月，为加强皇室集权，清政府决定派遣载泽等五大臣出国

	考察宪政。12月，考察团从北京出发，先到日本，再转至欧美等国。
1906年	9月1日，清政府下诏预备仿行宪政，史称"预备立宪"，同时进行官制改革。
	9月，户部尚书铁良因官制改革与袁世凯起冲突，镇国公载泽弹劾铁良阻扰立宪。
	11月，清政府改兵部为陆军部，统率全国新军。奕劻管理部务，铁良任尚书。
1907年	9月，袁世凯被免去直隶总督兼北洋大臣职务，内调为外务部尚书，并授军机大臣。

小常识：官制改革

官制改革是晚清政府推行立宪的重要内容，涉及中枢政治体制改革和地方政治体制改革两方面。1906年9月2日，自厘定官制大臣名单正式颁布始，官制改革提上议事日程。9月20日，清廷按照奕劻等人厘定的新官制，拟仿照立宪国家三权分立体制，在中枢设立内阁、大理院和资政院。撤销总理各国事务衙门，改设外务部；警部改为民政部，户部改为度支部，兵部改陆军部，刑部改法部，大理寺、理藩院分别改为大理院、理藩部，工部、商部合并为农工商部，设邮传部。1907年，颁布《各省官制通则》，将各省督抚军权、财权分别收归陆军部和度支部。官制改革进一步加深了满族贵族与汉族官僚的对立，加剧了清廷的危机。

知识链接：预备立宪

为抵制国内外排满革命，1905年，清政府派载泽等五大臣出国考察宪政，此为"预备立宪"之开端。直到1911年武昌起义爆发，"预备立宪"前后共持续了七年。"预备立宪"分为光绪末年和宣统年间两个阶段，主要围绕国会请愿和清廷筹备立宪展开。在这过程中，清廷不仅未能满足立宪派速开国会之请求，而且试图通过改革将权力集中于少数人手中，从而引发立宪派和地方督抚不满。1911年皇族内阁成立，标志着预备立宪彻底破产。

徐世昌上任东三省

身处宦海危机中的袁世凯,时刻紧盯着朝局的走向,当清廷欲在东北改行行省制时,袁世凯看到了机会。他极力推荐智囊兼好友徐世昌出任东三省总督,主政东三省事务。

徐世昌(1855—1939),字卜五,号菊人,又号水竹邨人、弢斋主人,别号东海居士,原籍直隶天津。1886年,刚过而立之年的徐世昌高中进士,之后入翰林院,继而授编修一职。翰林院为清水衙门,当同僚削尖脑袋争取外放时,徐世昌却因顶头上司李鸿藻"虚矫过人"之考语而难以发达。于是徐世昌蛰伏翰林十年,交友读书以待时机。

袁世凯督练新建陆军是徐世昌仕途的一个重要转折点。1897年,袁世凯奏请清政府,派徐世昌以翰林兼任新建陆军参谋营务处总办。之后,无论是军政要人,还是满汉权贵,徐世昌都竭力去结交,并编织了一张错综复杂的人事关系网络,官场人送外号"水晶狐狸",以至后来袁世凯被黜兵权,徐世昌非但未受牵连,反而能够迎合各派升任东三省总督。

东北是清政府龙兴之地。为保"龙脉",清政府在东北一直沿用军府旧制,设盛京将军管辖,并禁止汉人前往移垦。然而自1894年到1905年,12年间东北地区经历了甲午战争、庚子之役及日俄战争,满目疮痍。眼瞅着"龙脉"就要被列强所掘,北京的后门就要被撞开,清廷必须找一个可靠的人选去经营这块岌岌可危的"龙地"。

1907年,清廷将盛京将军改为东三省总督,设奉天、吉林、黑龙江三省巡抚。关于东三省总督的人选,清廷上层颇有争议。本来清廷希望

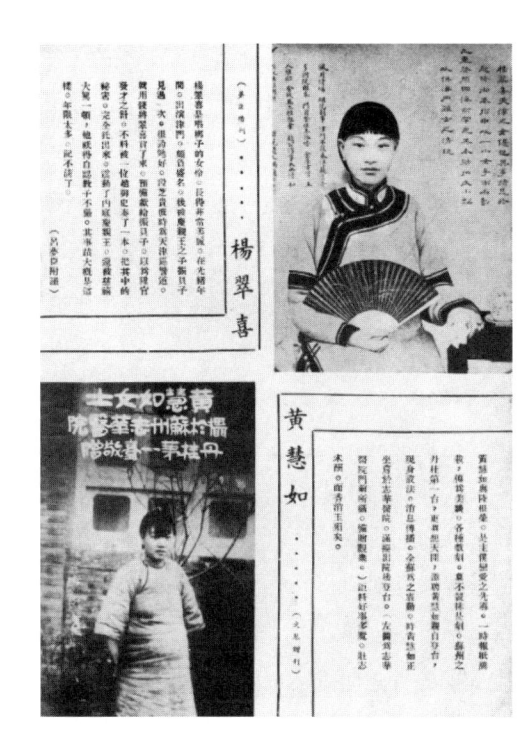

《百美图》1939 年第 1 卷第 6 期之杨翠喜（左上角）

农工商部尚书奕劻之子载振出任此缺，而且还安排了载振赴东北考察。奈何载振乃一纨绔子弟，不仅牵连"杨翠喜案"①，而且还被朝臣爆出所谓《密陈考察东三省情形折》实则出自徐世昌及其幕僚之手，舆论之下，载振被迫辞职。

于是，袁世凯向朝廷推荐了徐世昌。论能力，徐世昌关于东北洋洋数万言的考察报告，令"皇太后、皇上均为之动容"②；论眼界，徐世昌的

---

① 见文后小常识。
② 项城市政协编《百年家族——项城袁氏家族资料汇辑》，河南大学出版社，2012，第 346 页。

东北改革方案既具体又全面，充分反映了日俄战争后清廷加强东北统治的需求；论远谋，徐世昌出任东三省总督，可为处于上升期的北洋集团积累政治、军事资本。

1907年，清廷改东三省军府旧制为行省制。因此，初到东北的徐世昌是第一任行省总督，也是第一位汉人总督。为了尽快在东北站稳脚跟，"非常之地"需要"非常之时"的改革手段。头顶着"钦差大臣东三省总督兼管三省将军府事务"头衔，徐世昌走马上任东三省，开始了所谓"新政改革"。

安插北洋亲信，以利政令实施。袁世凯失势后，为避免北洋一系受牵连，徐世昌带走了一批北洋老人。不仅奉天、吉林、黑龙江巡抚均出自北洋，而且各地知府，以及民政、交涉、旗务、提学、度支、劝业和蒙务等关键部门和关键职位，十之八九也出自北洋一系。

徐世昌创建首个"合署办公"制度。整合东三省事务统为总督负责，改变了各省之间推诿现象；明确各级行政隶属关系，分总督、巡抚及各部堂官三级；增设司道，变通官制，行政、司法分权，适应新政改革之需；整顿吏治，查处贪腐，成为晚清地方政治改良之模范；延揽时务人才，深化新政改革力度；统一旗民事权，巡抚均兼副都统衔，废除旗民两重制度。经过改革，徐世昌将封闭的"龙地"纳入了全国新政改革体系中。

徐世昌又借机夺回兵权。他向朝廷奏报，目前东北局势紧张，日俄双方虎视眈眈，手中无兵倚仗，请求朝廷支援。结果，朝廷又把从袁世凯手中夺走的兵权，包括第三镇全部、第六镇及第二、四、五镇部分兵权还给了徐世昌。绕了一圈，北洋的军权重新回到袁世凯手中。

徐世昌上任东北肩负着一个重要的任务——消除日俄对东北的威胁。为牵制日俄势力，袁世凯和徐世昌提出"厚集洋债，以均势力"的外交政策。其中就包括吸引美国资本进驻东北，以美国制衡日俄的策略。

吸引美国人投资，有两个好处。一个好处是解决东北财政问题。东三省资源丰富，要想把地上长的、林中跑的、天上飞的变成银子，需要大批的启动资金。而当时东北一年财政缺口竟然达到590万两的惊人数目，如果照搬天津周学熙的经验，仅仅依靠国内投资，难免捉襟见肘。另一个好处就是利用美国的政治、经济影响力制约日俄对南北满的控制。怎么才能吸引美国投资呢？时任奉天巡抚的唐绍仪出了个主意，以铁路建设和银行贷款等手段吸引美国资本。经过清廷的游说，美国华尔街的大亨表示了对东三省投资的兴趣。

没想到的是，形势变化太快。一向对借外债不感兴趣的载泽，坚决反对徐世昌所有借款建议；日本也蓄意阻挠中美结盟；雪上加霜的是，当初对东北铁路有着浓厚兴趣的美国铁路大王哈里曼，受华尔街金融危机影响已无力提供任何贷款。徐世昌筹建东三省银行，实现全面发展东北经济的愿望严重受挫。

徐世昌只好"曲线救国"，希望通过借款筑路以消除日俄威胁。在线路选择上，徐世昌主张修筑新齐铁路，并分三段完成：新民—法库门—洮南—齐齐哈尔。第一段新法铁路筹建之时得到英国借款，但日本认为该段铁路侵犯了南满铁路的权益而向清政府施压。经过外交交涉，清政府以换取延吉地区主权为代价放弃了新法铁路的修筑，徐世昌的借款修路计划也因此破产。

弱国无外交，清廷外交上的失败导致了徐世昌经济改革的失败。尽管如此，徐世昌在东北仍然进行了一些改革。比如改良农产品，创办屯垦制，发展农业；吸收国内外资金，合办矿业，发展工业；自开商埠，发展商业；加强防务，发展军事力量；普及教育，发展文化事业；等等。这些都给东北的社会进步和经济发展带来了一丝希望。

1909年2月，经略东北不到两年的徐世昌成绩斐然。不仅在一定程度上抵制了日俄的侵略，为东北发展创造了条件，同时也加强了北洋集团在东北的军事实力，尤其招抚了张作霖，造就了日后自称"北洋袍泽"的奉系军阀。

不过，随着光绪、慈禧的先后驾崩，袁世凯被贬回籍养疴，远在东北的徐世昌，唇亡未免齿寒，不得不主动奏请开缺，后被清廷明升暗降为邮传部尚书，在瑟瑟寒风中返回京城。

大事年表

1904—1905年	为争夺朝鲜半岛和中国辽东半岛控制权，日俄在中国东北发动了一场侵犯中国主权的非正义战争，即日俄战争。
1906年	9月，清政府派载振、徐世昌考察东北吏治、财政、民情、军务、边务、交通、实业等情形。
1907年	4月，清廷在东三省建行省制，设奉天省、吉林省和黑龙江省。
1908年	5月，美国国会通过以一部分之庚子赔款退还中国之议案。11月30日，日美签订《路特—高平协定》。美国承认满洲现状，同时日本也同意在满洲实施门户开放、机会均等等原则。

小常识：杨翠喜案

1906年，载振赴东北考察，途经天津，被天津女伶杨翠喜之色艺吸引。1907年，直隶候补道充北洋陆军统制段芝贵借祝寿之名，将杨翠喜和10万两白银献给载振，以谋黑龙江巡抚之职，载振欣然接受。后经御史赵启霖弹劾,指控奕劻、载振父子"广收赂遗"。但在袁世凯的操作下,最终以"奏劾不实"草草结案。

相关链接:日俄战争

1902年日英结盟后,日本积极向中国东北扩张势力,从而与谋求永远占领中国东北的俄国产生矛盾。1904年2月,日本突袭俄国驻旅顺口舰队,日俄爆发战争,双方战争一直持续到1905年。9月,在双方力竭的情况下,经美国说合,日俄签订《朴次茅斯和约》。条约规定:俄国承认朝鲜为日本势力范围,并将其在中国辽东半岛的租借权及东清铁路所有权让与日本,割让库页岛南部给日本等。1907年,日俄又签订了《日俄密约》,规定以松辽分水岭作为地理界线,中国东北地区南部为日本势力范围,即"南满";北部地区为俄国势力范围,即"北满"。日俄战争不仅是对中国领土权的粗暴践踏,也使中国东北人民在战争中蒙受了空前的浩劫。

第二章 袁世凯东山再起

晚清宪政鼓吹者——杨度

1895年的春天，甲午战事的阴云笼罩在北京城的上空，各省参加春闱的举人们似乎忘记了迫在眉睫的大考。会馆里、茶馆里，来自全国各地的士子们聚集在一起大谈国事。一个容长脸儿、瘦削身材、年纪不过二十岁的士子也厕身其中，慷慨激昂针砭时弊。

这个颇为活跃的士子便是日后晚清乃至民国政坛上赫赫有名但毁誉参半的杨度，杨皙子。杨度1875年出生于湖南湘潭，祖父曾随湘军作战，官至四品。杨度十岁丧父后被过继到伯父（曾任绿营总兵）户下，在伯父的抚养下，自幼聪颖的杨度，文章更是作得花团锦簇。受祖父和伯父影响，选择向学之路的杨度骨子里却始终保留着一份坚毅、执拗的军人气质，而这多多少少影响了日后他对政治强力的"迷信"。

4月，《马关条约》签订的消息传入国内。杨度与湖南士子联名上书，随后还参与了康有为组织的公车集会，反对签订条约。此时的杨度满腔热血，但无奈科场失利，令空有一身才华的杨度生出报国无门之感慨。

返乡后的杨度作了一个重大决定，以举人身份拜衡阳第一大儒王闿运为师，专攻帝王之术。在王闿运的倾囊传教下，本就高自标置的杨度点评风云大事更加挥斥方遒。王闿运预言，他的这位高徒将是一位千秋王佐之材的"潜龙"。

有了王闿运的倾囊相授和鼓励，自诩为"山中宰相"的杨度游走于公卿之间，大谈抱负："余诚不足为帝师，然有王者起，必来取法，道或然与？"①什么意思呢，尽管我杨度成不了帝师，但如果有王者之才，一定会来找我取法，我也能为其勾画。

然而，胸怀经世治国理想的杨度再次科场失利。接下来在一段短暂的北漂时间里，满怀失望和愤懑的杨度开始从西学中寻找人生出路。他不仅接受了喝洋酒、吃西菜等西洋生活方式，而且广泛涉猎西方政治、经济、军事、社会等学说，为将来积蓄学术之资本。

返乡后的杨度主动学习"新学"，流连于书店购买各种新学书籍，热衷于交往结识新学朋友。当再与恩师讨论夷务应对之策时，他已经表现出对王闿运答复的不以为然。不久，在留日风潮的影响之下，杨度以当往日本求学说异同②为由，不顾王闿运的百般劝阻，毅然决定自费赴日留学。

1902年，杨度入日本弘文书院学习教育。该书院是日本文部省和外务省专门为培训中国留学生创办的学校，课程以日文和西学基础知识为主。在新式教育理念影响下，杨度主张教育平等，挑战了传统"君子"教育培养模式；以某种骚动的进步主义者身份，支持以激进的改革手段拯救中国。然而，令人大跌眼镜的是，当大家都认为杨度必将走上一条对抗清廷的道路时，1903年，深受新学影响的杨度，在张之洞的推荐下，归国参加了清廷组织的经济特科进士考试。这场考试，杨度高中榜眼。本以为是守得云开见月明，杨度却又一次折戟沉沙，而落榜的原因竟是朝廷怀疑他参与革命党人活动，是"康梁余党"。杨度不仅丢了功名，还面临清廷通缉的威胁。杨度被迫重返东瀛避祸，只不过此时的他尚不知重走日本将会是自己人生的重要转折点。

怀着对朝廷的失望，1904年，杨度再次来到日本避祸。这一次他选择进入法政大学速成科学习，立志探求中国出路问题。杨度断定腐败无

---

① 北京市档案馆编《杨度日记》，新华出版社，2001，第93页。
② 王闿运：《湘绮楼日记》，岳麓书社，1997，第2454页。

能的清廷"王气"有如斜阳之下的衰草,他开始重新思考夷务应对之策。

留学期间,杨度的朋友圈异常活跃。他在保皇派梁启超的《新民丛报》上发表《湖南少年歌》,直抒胸臆,颂扬湘人反抗精神,鼓舞国人斗志,二人因此惺惺相惜;他与革命党人孙中山畅谈三个日夜不眠,道虽不同却定下了日后相助之誓约;他关注粤汉铁路废约自办运动,1905年3月发表《粤汉铁路议》,当选为留美、留日学生维护粤汉铁路代表团总代表。

经过各种思想的碰撞,杨度宪政思想日趋清晰。1906年9月,清廷下诏启动预备立宪,让坚持"不当以理论决,而当以事实决"的杨度更加坚定了君主立宪思想。更令人惊讶的是,这个曾经被清廷通缉的"革命党"摇身一变,反而成了撰写各国宪政考察报告蓝本的主笔人之一。

与清廷迟疑的态度不同,杨度却是雷厉风行为宪政奔走呼号。1907年1月,作为主编,他在留日学生改良派创办的《中国新报》上系统阐述了自己的宪政思想,也就是所谓的"金铁主义"。他认为:当时中国国民民主意识低下,经济不发达,军事不强大,民族问题复杂,断言民主立宪在中国行不通;只有辅佐有能力的君主实行君主立宪,开国会,行民权,才能实现救国安邦之目的。12月,杨度借回乡奔丧之机成立湖南宪政公会,起草《湖南全体人民民选议院请愿书》,联名众湘绅请愿,成为清季"国会请愿运动"第一人。

名声在外的杨度自然引起了朝廷改革派的重视。1908年4月,袁世凯和张之洞联名保奏,称杨度"精通宪法,才堪大用"[1]。因缘际会之下,杨度以候补四品京堂官衔,"在宪政编查馆行走"[2],兼任颐和园外务部公所讲习。虽然是个闲差,但通过袁世凯、奕劻的关系,杨度得到了在颐和园为亲贵讲解宪政知识的机会。从一介布衣到朝廷讲师,杨度终于在"帝师"梦想上前进了一大步。

---

[1] 谭仲池主编《长沙通史·近代卷》,湖南教育出版社,2013,第717页。
[2] 张晋藩:《中国宪法史》,吉林人民出版社,2004,第99页。

人们常说时来运转，按理说，有着袁世凯和张之洞的"加持"，再加上宪政编查馆参议和该馆考核专科总办的身份，杨度会在清廷修宪中大有所为。但实际上，真正主持编查馆日常事务的是背后的皇室力量，杨度根本无法左右修宪大局。之后，随着袁世凯的失势和张之洞的去世，杨度也失去了春风得意的势头。

对杨度而言，京城一行最重要的收获也许就是结交了袁世凯。当时的袁世凯是各派政治势力公认的干才，革命党人黄兴甚至称他是拿破仑、华盛顿一流的人物。所以杨度自然也认为，袁世凯就是那个能够成就霸业的"非常之人"，也就是他于乱世寻觅的"非常之人"，更是助他日后居庙堂高位之"非常之人"。即使不久之后袁世凯被解除官职、赋闲于老家养疾时，杨度仍然与之保持着联系，并为其复出积极奔走。

大事年表

1895 年	4 月，中日签订《马关条约》。
1901 年	9 月，清帝发布广派游学谕，鼓励士子出国留学。
1902 年	杨度入日本弘文书院师范速成班学习。
1904 年	9 月，围绕粤汉铁路修筑权，杨度联合在日留学生成立鄂、湘、粤铁路联络会，开展废约自办运动。
1907 年	3 月，清末立宪派团体"宪政公会"在日本东京成立。 12 月，杨度与谭延闿在长沙成立湖南宪政公会。
1908 年	6 月，全国掀起立宪请愿高潮，杨度任宪政讲堂讲师。 7 月，清廷颁布《各省咨议局章程》12 章 62 条及《咨议局议员选举章程》150 条，吸收官绅和资产阶级上层分子参加议政。

8月,清廷颁布《钦定宪法大纲》,这是近代中国第一个宪法性文件。

小常识1:废除科举制

科举制度是自隋朝开始实施的一种考试选官制度,因分科取士而得名。晚清,新式人才需求日增,张之洞等朝臣奏请朝廷改革科举,讲求实学。1901年,清廷实行"新政",1902年,清廷颁布《钦定学堂章程》,鼓励高等学校学习新学。1905年9月2日,袁世凯、张之洞等人联合上奏,要求废除科举制、兴办学堂,慈禧太后宣布:"自丙午秋为始,所有乡、会试一律停止。"科举制度的废除,标志着封建旧教育管理体制的瓦解,推动了新式教育体制的建立和发展。

小常识2:国会请愿运动

清末立宪派通过请愿方式推动清政府速开国会的活动。国会请愿运动分为两个阶段:第一阶段从1907年到1908年,立宪派以各地立宪团体为主组织请愿活动;第二阶段从1909年到1910年,随着各省咨议局的相继设立,立宪派以咨议局为活动阵地,联合各界人士组织请愿活动,最终迫使清廷作出让步。

相关链接：围绕粤汉铁路修筑权而开展的废约自办运动

　　1898年和1900年，美国美华合兴公司相继与清政府签订"粤汉铁路借款合同"和"粤汉铁路借款续约"，其实质性内容是，承诺五年内建成粤汉铁路干线，且不得将此合同转让他国或他人。后美华合兴公司以经费困难为由，未经中方同意擅自将粤汉铁路股权陆续转让给比利时公司。美国公司的背信弃义激起湘鄂粤三省人民的愤怒，尤其激怒了一贯主张自办铁路的湖南士绅。1904年5月，湖南士绅提出废约自办的倡议，该倡议得到了湘鄂粤三省人民的支持和海外留学生的拥护，在全国掀起了一个声援废约自办运动的高潮，最终迫使清政府作出让步，成立官督商办性质的"湖南粤汉铁路公司"。

袁世凯赋闲养寿园

在距离今天河南安阳城北不到两公里的地方，洹河之水蜿蜒而去，风景优美、祥和安宁。1909年1月，袁世凯开缺回籍养疴后，就相中这个地方开始兴建"洹上村别墅"。入洹上村有一"养寿园"，顾名思义，他是要在养寿园颐养天年了。

半年后，袁世凯搬进洹上村。之后三年，不管外界时局如何变幻，袁世凯始终未出此园，生活悠闲自得，尽享天伦之乐。袁世凯果真是放下了一切权力甘心做一个钓鱼翁，还是以退为进，积蓄力量以谋将来之位呢？

让我们把时间倒回至1908年。这一年慈禧日渐衰老，健康每况愈下，视力和听觉一天不如一天，久经宦海的袁世凯预感到大厦将倾。在胃病和腿伤的困扰下，刚刚过完五十寿辰的袁世凯急于辞官归隐，以避风波。

两个月以后，也就是1908年11月，光绪和慈禧相继病逝，年幼的溥仪继位，其父载沣，也就是光绪的弟弟摄政当权。因袁世凯出卖过光绪，载沣一度想杀之。袁世凯料想难以久安官位，隐退之心日盛，再加上联美抗日俄的外交策略失败，总理外交事务的他难辞其咎。1909年1月，袁世凯借口回籍养疴逃离了北京城。

离京后，袁世凯并未回到原籍项城，而是接受徐世昌建议迁居至河南卫辉。卫辉风景优美，但房屋狭窄，人烟稠杂，时不时还会有一些地方官员和报馆记者登门，无益袁世凯调养宿疾。于是袁世凯独自搬到辉县苏门静养，除了与相近之人谈谈实业，袁世凯大部分时间都在接竹引泉、拄杖看山，足疾虽未痊愈，精神却很安适。

养寿园建成后，袁世凯全家迁至洹上村。在犹如世外桃源的养寿园，袁世凯继续保持着与地方官员互不往来的态度，但对亲朋好友和北洋故旧却是热情周到。他不仅把京城府邸赠送给北洋旧部，而且每逢过年或过生日，甚至还会请京城、河南名伶来洹上村助兴，与大家同乐。轻松的环境和细心的调养，半年后，袁世凯的足疾竟然一天好似一天，甚至可正常行走一里以外。

就在袁世凯享受生活的同时，外面的世界却是"热闹非凡"。先是一些外媒，开始不断地大肆宣扬袁世凯即将重返政坛的消息，并指责载沣罢黜袁世凯是个愚蠢的决定，声称现在所有关心中国进步的人都在期待袁世凯的复出。

与此同时，袁世凯的亲信们虽被调离关键位置，但也没完全靠边站。老友徐世昌撤出东北后，仍身兼邮传部尚书、督办津浦铁路大臣、军机大臣、内阁协理大臣等职务。北洋老部下们继续活跃在军界：段祺瑞调任陆军第六镇统制，后以侍郎衔任江北提督，驻江苏清江浦；冯国璋依旧担任军咨使，负责办理军咨处日常事务。杨度、阮忠枢等谋士也不断与袁"飞鸽往来"，彼此交换着对朝局的看法，这让远离中枢的袁世凯时刻掌握着政局的走向。甚至还有些北洋旧部毫无顾忌，明目张胆地去洹上村拜访袁世凯，鼓动其出山。

就在北洋旧部频繁出入袁府时，朝廷这边也很"热闹"。东北有中俄条约交涉，西南有中英片马交涉，日益严重的边疆危机让朝中大臣束手无策，一些非北洋派系的外省督抚开始建议朝廷启用袁世凯，云贵总督甚至提出由袁世凯接替其职位的建议。如果说北洋旧人支持袁世凯复出无可厚非，那么这些外省督抚的态度更加表明，启用袁世凯已是众望所归。然而外患毕竟还不是内忧，政局的暂时平稳，让朝廷在启用袁世凯的问题上仍持保留态度。

洹上村的旧牌子

袁世凯隐居时的洹水河

袁世凯隐居期间居住的"养寿园"。袁世凯很多的谋划都是在这里产生的。

袁世凯隐居时拍的《洹上渔翁》照之一

袁世凯隐居时拍的《洹上渔翁》照之二

然而，内忧很快接踵而至。袁世凯被放逐后，以载沣为首的清朝权贵本可趁机独揽朝纲，却生生打烂了一手好牌。先是排挤军事才干突出的铁良，外放为江宁将军；阻扰国会召开，激发国内立宪派反弹，梁启超甚至断言不出三年清政府必将大乱以至于亡；炮制皇族内阁，导致立宪派与摄政王为首的皇族亲贵彻底决裂；强制铁路国有，镇压湖南、湖北、四川、广东四省保路运动，枉送端方性命。

在此情况下，奕劻、那桐等人先是奏请朝廷收回内阁名单，载沣不同意。接着，庆亲王奕劻以能力不足再次请辞内阁总理大臣之职位，载沣也不批准。此时，如举火积薪之势的广大民意，纷纷通过不同渠道向朝廷施压，要求另组内阁。一时间，朝廷政局不稳。而后，徐世昌鼓动那桐以袁世凯早已痊愈为由，劝说朝廷起用袁世凯。载沣陷入了左右为难的困境。

就在朝廷对启用袁世凯举棋不定之时，1911年的春夏之交，袁世凯在《东方杂志》刊登了一幅他的《洹上渔翁》照。这幅照片以养寿园为背景，呈现了在树木萧索的冬天，袁世凯手执船篙与头戴斗笠、身披蓑衣的兄长，乘坐小舟垂钓于湖的情景。

此地无声胜有声，一张照片，袁世凯既想让朝廷放心，他无意出山，甘愿逍遥于江湖，隐居于山林；又借机表明，树欲静而风不止，我虽欲息影林泉，奈何他人推波助澜。

就在外界纷传袁世凯复出的消息之时，时间到了1911年10月10日，这是一个对中国历史有着里程碑意义的时间节点。武昌发生兵变，一时间天下民心归向革命军，起义军占领武汉三镇，推举黎元洪为湖北军政府都督。革命形势席卷全国，仓促之下清廷调派陆军大臣荫昌、段祺瑞、冯国璋等人赶赴武汉镇压革命军。

北洋各部早已人心思变，阳奉阴违之下，前方战事节节败退。庆亲王奕劻乘机大力保举袁世凯，并在内阁会议上建议召袁回京平定叛乱。无奈之下，朝廷只好同意启用袁世凯，命其镇压革命军。

《时报》1911年10月19日讽刺漫画《袁世凯出山》

朝廷着急了,袁世凯却不急。他私下对好友阮忠枢说这是朝廷借刀杀人之计,并以不愿重操旧业为由拒绝了朝廷的任命。眼看革命军的声势越来越大,朝廷不得不升任袁世凯为湖广总督,统率各路军队。袁世凯却说此次内乱声势浩大,恐其德行浅薄无力节制各路兵马,有负朝廷之重托,再次拒绝了朝廷的任命。

就在袁世凯再次拒绝出山时,关内十八省,除甘肃、河南、直隶和山东四省效忠清廷外,其余十四省先后宣布独立。作为呼应,奕劻、那桐和徐世昌等人以能力不足先后请辞,此时焦头烂额的清廷已经无计可施了。

袁世凯认为出山时机已到。在众人的再三敦促之下,借口友情难却,最终他以内阁总理大臣之身份出山。三年洹上村的"赋闲"生活就此结束,而清廷的命运也真正应了良弼的一句话:"大清亡于袁世凯之手。"[①]

[①] 石之轩:《黄花赋——共和前夜风云录》,中国文联出版社,2006,第633页。

《时报》1912年10月10日漫画《武昌起义》

大事年表

1908年	11月14日,光绪驾崩;15日,慈禧太后薨。 12月,宣统帝(溥仪)即位,定次年为宣统元年。
1909年	1月,朝廷谕令袁世凯回籍养疴。
1910年	1月,十六省咨议局请愿代表赴都察院呈请速开国会,清廷拒绝请愿要求,坚持9年预备立宪期限。 6月,各省请愿代表再次齐集京师,向都察院呈递请愿书,要求代奏速开国会。 10月,各地立宪派配合北京请愿代表,发动第三次国会请愿活动,恳请清廷组织责任内阁和开设国会。
1911年	4月,广州黄花岗起义失败。 5月,清政府在立宪派国会请愿运动的压力下,颁布《新订内阁官制》,实行所谓"责任内阁制"。 10月10日,革命党人发动武昌起义,打响了辛亥革命的第一枪。

小常识1:皇族内阁

亦称"亲贵内阁"。1911年5月,在立宪派发起的国会请愿运动的压力下,清政府裁撤原内阁和军机处,改设责任内阁,任命庆亲王奕劻为内阁总理大臣。因13名内阁成员中,清宗室成员有9人,故有"皇族内阁"之称。它的成立表明,清政府并无立宪之意,而是借立宪之名集权于皇族,抵制革命。

小常识 2：保路运动

又称"铁路风潮"。1911年5月，清政府为向英法德美四国借款，宣布铁道国有政策，欲将商办的川汉和粤汉铁路收归国有，并出卖给帝国主义。因不满路权为洋人所控，在革命党人的推动下，各地成立保路同志协会或分会，并以"破约保路"为口号发动保路运动。是年6月，川汉铁路股东代表在成都开会，成立"四川保路同志会"。四川保路运动，不仅猛烈冲击了清政府在四川的统治，为武昌起义的爆发创造了条件，而且也是辛亥革命的导火索，具有重大的历史意义。

相关链接：武昌起义

1911年10月10日，由湖北革命党人在湖北武昌领导的推翻清朝统治的武装起义，也是辛亥革命的开端。武昌起义之前，为镇压四川保路运动，清廷抽调部分湖北新军入川镇压。考虑到湖北防御薄弱，以文学社和共进会为主的湖北革命党人，决定联合组建湖北革命军总指挥部，举行起义。因不慎走漏消息，全城戒严，大批革命党人被抓。危急时刻，徐万年以总联络员身份冒死进入武昌城，约定10月10日晚上10点，以枪声两响为号发动起义。经过一夜血战，武昌全城克复。11日、12日，汉口、汉阳新军相继起义，武汉三镇全部为革命党人所控制，并推举黎元洪为湖北军政府都督，改国号为中华民国，十八星旗为革命军旗。

弃子清王朝

武昌起义后，为力促袁世凯回京组阁，焦头烂额的清廷不得不连下诏书。清廷贵族不仅全盘接受了袁世凯提出的要求，承诺颁定宪法，解除党禁，下"罪己诏"承认拒开国会之错误；而且还答应为袁世凯筹措足够的军费，并将前方军事权全权交于王士珍襄赞。

此时的袁世凯虽身在洹上村，但一手握兵权，扼住了清廷命脉；一手标榜宪政，迎合民众的共和心理，巩固了政治地位。一切都安排停当后，袁世凯这才开始不慌不忙收拾行李。1911年11月1日，袁世凯从彰德出发南下湖北，并亲自督师攻占了汉口。前线"大捷"，清政府更加寄望于袁世凯回京主持大局。不过回京之前，袁世凯派心腹持自己的亲笔信，前往武昌黎元洪处打探情况。

这是一封协商议和信。信中袁世凯称朝廷已承认错误，决定重组内阁，颁定宪法；革命军目的已达到，为拯救人民于水火，双方应化干戈为玉帛。以胜利之师议和，显然袁世凯是另有目的。黎元洪复信表示，"公果能与吾徒共扶大义，将见四百兆之人，皆倾心于公"[1]；甚至还表示，如支持民军，袁世凯将会成为第一任共和大总统。同时，以建立共和为理想的革命党人也强烈反对议和之事，力劝袁世凯投诚，以免遭清廷兔死狗烹之下场。

返京后的袁世凯受到了朝野上下隆重接待，11月16日，袁世凯正式

---

[1] 金冲及、胡绳武：《辛亥革命史稿》第三册，上海辞书出版社，2011，第1195页。

组建"责任内阁"。袁世凯组阁后的第一件事就是陈兵武昌,以显其荡平革命军之魄力。重赏之下,必有勇夫,拿着朝廷给的100万两军费,前线的冯国璋势如破竹,先后攻克汉口和汉阳,甚至轰塌了黎元洪的政府办公大楼——武昌陷于危机之中。清廷大喜之下,授予袁世凯一等侯爵,冯国璋二等侯爵。

就在冯国璋准备一鼓作气拿下武昌时,袁世凯却下令全线停止进攻,并派段祺瑞取代冯国璋出任湖广总督,赴前线指挥作战,同时派幕僚继续联络南方革命党,协商停火。清政府对此大为恼火,质问袁世凯:汉阳已收复,武昌指日可待,为何既打胜仗,反而停战言和!

大好形势下,袁世凯为什么要放弃进攻,是拥兵自重,还是后继乏力,抑或是其他原因呢?这还要从当时的形势说起。南方革命军虽占据武昌且有17个独立省份拥护,但要武力推翻清王朝也不是一朝一夕之事;袁世凯虽有清廷拨付的100万两银作军费,但终究杯水车薪。如果让袁世凯自掏腰包支撑军队开支,那显然也是高估了袁世凯对清廷的忠诚,而且袁世凯内心深处也担心摄政王日后做烹狗、藏弓之事。更关键的是,北洋陆军第六镇统制吴禄贞起义表明北洋军内部已经出现了分裂的前兆。

为堵住清廷之口,袁世凯暗中请求英国公使朱尔典出面调停,声称战争严重损害了各国侨商之利益,要求交战双方立即停火。在列强的压力下,清廷无话可说,本来寄希望袁世凯镇压革命军,最后却以和谈结束,这让清朝权贵对袁世凯重新起了防备之心,认为他要策划颠覆清朝的阴谋。

1911年12月,袁世凯派出代表唐绍仪与南方代表伍廷芳在上海举行第一次和谈,实现了武汉地区停战三日之成果,之后又屡次延长直至民国成立。12月20日,双方第二轮和谈的关键就涉及国体问题,南方提出"非承认共和不开谈",而北方的公开声明是"非君主立宪不开谈",双方不可调和的矛盾使和谈陷入僵局。如何继续往下谈!袁世凯居然给出了

"姑且先议着"的态度。①

袁世凯之所以释放出这种模棱两可的信号,是因为他的周围有三股力量:清王室、革命党和列强。清王室认为袁世凯居心叵测,不仅要求批阅往来和谈文件,而且还要求他宣誓效忠清王室,拒绝与革命军议和,甚至有意招募死士实施暗杀计划。

革命党方面也存在着两种不同的声音。有的认为袁是清廷支柱,不值得信任,只有除掉袁世凯,才能完成共和之大业;有的则倾向以和谈化解国内危局,并将希望寄托在袁世凯身上。甚至当时的革命领袖黄兴还承诺,如果袁世凯赞同共和,推翻清朝政府,获得各列强认可,那么总统非袁不可。②实际上,作为清政府的实际操控者,当时袁世凯还未必对大总统一职有那么高的热情。

列强出于控制中国的企图,最初普遍反对中国实行民主共和制。尤其是日本,由于担心中国实行共和制波及日本,进而危及天皇尊严和地位,极力赞同中国实行君主立宪制。日本甚至一度叫嚣着,要通过武力来干涉中国国体之争。

清廷、革命党和列强不同的声音,让袁世凯看到了其中的"机巧"。对袁世凯而言,国体之争的最终结果还是权力归属的问题。如何能够在诸势力的较量中求生存,并成为最终的那个胜利者,是他需要考虑的首要问题。为迎合列强,袁世凯不断向外界营造出一个"忠君爱国"之形象,称袁家世代受朝廷之恩,即使自己有实力推翻清室,也绝不会血洗清廷,背上"欺侮孤儿寡妇"之骂名,君主立宪是他谈判的底线。

就在双方且行且谈的时候,先是英国态度有了变化。考虑到英帝国在华中、华南巨大的经济利益和政治利益,考虑到革命党人不妥协的态度,英国外长正式宣布,将不以任何强制手段提出革命党和袁世凯双方

---

① 农伟雄:《袁世凯与南北议和新论》,《江汉论坛》2022 年第 2 期。
② 金冲及、胡绳武:《辛亥革命史稿》第三册,上海辞书出版社,2011,第 1207 页。

均不能接受的解决方案。英国的声明，无疑堵死了日本武力干涉中国的打算，也警告袁世凯不要拿英日两国作为建立君主立宪制的挡箭牌。

紧接着俄、德等国也发表了不干涉意见。孤立无援下，日本不得不作出一定让步，表示对华采取暂时静观态度。颇为识时务的袁世凯，看到列强们改变了态度，于是他也开始抛弃清廷，向共和转向。

有了英国人的支持，打定主意的袁世凯决定要"推一推"清宗室。他给朝廷的会奏里，先是声明英、日、美、法、俄、德等国不干涉态度；又极力渲染南方非共和不可不成，君位不可不去；最后还信誓旦旦地表白，自己虽尽力，南方却丝毫不通融。清廷浑然不知已被袁世凯抛弃，成为南北方谈判的筹码，成为任人宰割的砧板之鱼。

本以为清室退位水到渠成，随后发生的两件大事再次让南北和谈陷于停顿。先是袁世凯同意采纳"召开国民大会公决国体案"，表明他已同意共和体制。但在接下来的代表选举办法中，袁世凯只有八省代表的召集权，而南方则达十四省之数，袁世凯认为这是南方蓄意要削弱其权力。这无疑触碰了袁世凯的底线，他无论如何都不能接受。

后是十七个独立省份投票选举孙中山为临时大总统，组织临时政府于南京。孙中山的当选令袁世凯有些措手不及，在他看来，南方之前所做的一切承诺骤成变数。于是他电告唐绍仪，要求他阻止南方选举临时大总统。

虽然孙中山当选后立即致电袁世凯，称自己只是暂时担任组织政府之责，并希望袁能够遵守承诺劝退清帝。只要清帝一退，他就会遵守之前和谈的一切承诺，将大总统之位交还给你袁世凯。但早已对南方心生怀疑的袁世凯，最后还是以"未与本大臣商明"为由，否定了之前和谈达成的各项协议，并迫使唐绍仪辞职，南北双方重新陷于僵局。

但不论形势怎么变化，清廷的意见已经是无足轻重了，清廷只不过是袁世凯与南方讨价还价的一个筹码而已。

大事年表

1911年　11月，清廷宣布解散皇族内阁，袁世凯组建责任内阁。
　　　　12月3日，南北双方达成停战协议。
　　　　12月17日，袁世凯派代表唐绍仪与南方民军代表伍廷芳在上海开始南北和谈。
　　　　12月29日，十七省代表选举孙中山为中华民国临时大总统，成立南京临时政府。

小常识：袁世凯的"责任内阁"

因"皇族内阁"激起各方强烈反对，武昌起义后，为摆脱困境，清廷取消现行内阁章程，解散内阁，重新任命袁世凯为内阁总理大臣，组织"责任内阁"，同时要求载沣辞去监国摄政王一职，不再预政。民国建立后，"责任内阁"也变成了袁世凯的"御用内阁"。

相关链接：军人的"南北和谈"

1911年12月18日至1912年2月5日，袁世凯在各列强的支持下，与南方革命政府展开和谈。双方围绕停战撤兵、国民会议、临时政府和清帝退位等问题展开激烈讨论。与此同时，黄兴也派顾忠琛与北方段祺瑞代表廖宇春密商，就确定共和政体、优待清帝、先推翻清王室者为总统、优待满汉两方面将士、组织临时会议等内容达成五条协议。随后，为支持袁世凯顺利当选大总统，北洋文武官吏还制定了详细的反清策略：运动清朝亲贵自行宣布共和，各镇标统及各防营将领联名支持共和，武力胁迫清廷宣布共和，最后由段祺瑞以湖北前线50名将领名义通电共和，逼迫清帝退位。

袁汪"联手"

武昌起义后，游历国外的孙中山决定回国，欲乘革命军骤起之际，一鼓作气推翻清朝统治。众望所归之下，孙中山当选为南京临时政府临时大总统。临时政府初建伊始，就公开对清宣布"革命目的不达，无和议之可言"的决心。

孙中山拒绝与清廷和谈，坚持民主共和立场，打了袁世凯一个措手不及。情急之下，袁世凯召回了谈判代表唐绍仪。为了不让到手的大总统飞了，袁世凯指使汪兆铭，也就是人们所熟知的汪精卫向孙中山施压。当时的革命党人汪精卫为什么会听命于袁世凯？还得从载沣被刺说起。

武昌起义前，孙中山领导的革命活动屡遭失败，革命事业处于低潮。为鼓舞士气，汪精卫决定"以血荐轩辕"，刺杀摄政王载沣，结果计划暴露被捕。武昌起义后，袁世凯以开放党禁为出山条件之一，本已被判终身监禁的汪精卫得以释放出狱。释放之日，北京各界民众聚集在法部大狱门口，争相一睹"引刀成一快，不负少年头"之汪精卫的风采。

汪精卫出狱后，正值南北战争胶着之际，于是袁世凯派心腹梁士诒、杨度与汪精卫联系，"明修栈道，暗度陈仓"，借口交换国事意见，实则欲与革命党合作。袁世凯之所以选择汪精卫作为与南方沟通的桥梁，不仅是因为汪在革命党中拥有极高的人气，更关键的是因为他与孙中山的亲密关系。

早在1904年留日期间，汪精卫就接受了西方资产阶级民主思想，后来受孙中山三民主义思想的影响加入同盟会，并担任评议部部长。从那时起，汪精卫以主笔身份在同盟会机关报《民报》上鼓吹三民主义思想，甚至1906年毕业后放弃了两广总督岑春煊的邀请，而跟随孙中山辗转西贡、仰光等南洋各地从事革命活动。可以说，汪精卫是孙中山最信赖的亲信之一。

有了汪精卫和孙中山这层关系，袁世凯决定要与汪精卫谈一谈。通过杨度的牵线，汪精卫如约登门拜访袁府。之后连续三晚，二人的话题从探讨共和学理开始，一直到分析时局走向，二人越谈越亲密。如同大多数的革命党人，汪精卫也认为，袁世凯是迫使清帝退位的最佳人选，只要清帝退位，革命就算成功，至于汉人谁做总统都一样。最后，汪精卫表示"共和促成非袁不可"，并订下"里应外合"①之约定，袁汪正式联手。为了进一步拉拢汪精卫及其身后的革命党人，袁世凯还让长子袁克定与汪精卫义结金兰。

1911年11月15日，在袁世凯的授意下，汪精卫和杨度联合发起成立"国事共济会"。二人分别以立宪派与革命派代表自居，声称该会是由两党之人联合发起，目的是要两党联合，和平解决南北争端，以保全国领土之完整，并呼吁在全国发起临时国民会议，以国民之意公决国家政体。

然而，国事共济会遭到了南方革命党和清廷的共同反对。革命党人认为，该宣言贬低、诋毁革命，说什么革命延续下去会引发外人瓜分或内乱等。汪精卫因是袁世凯的座上宾，革命党的喉舌《民立报》也发表《无聊之共济会》社论，将矛头直接指向汪精卫，称其"意感虏廷不杀之恩，为彼满皇说法乎"②。清朝权贵们也对共济会不满。这些权贵纠结于宣言中"民主"二字，认为杨度组织的是共和促进会，是要破坏北方的治安，是违反北方民意的，实际上就是违背清朝贵族的意思。结果不到20天，国事共济会被迫宣布解散。

---

① 李荣华等：《中国近代史》，辽宁人民出版社，1984，第350—351页。
② 方汉奇：《中国近代报刊史》下册，山西教育出版社，2012，第616页。

不过，在瞬息万变的局势中，形势开始朝着有利于袁世凯的方向发展。各国列强不断放出消息，表示只有袁世凯才能保护他们的在华利益。其中，英国《泰晤士报》的驻京记者莫理循公开告诫革命党领袖，称指望孙中山去争取外国列强对中国地位的承认是不可能的，只有袁世凯才能得到外国的信任。迫于压力，12月6日，载沣自请退位。

12月17日，南北和谈正式启动后，汪精卫以参议身份辅佐伍廷芳谈判。他更加不遗余力地将"国事共济会"主张贯彻到议和之中。议和过程中，汪精卫不仅对袁世凯推崇备至，声称"项城雄视天下，物望所归，元首匪异人任"[1]；同时也获得了黄兴和黎元洪的支持，甚至得到了他们，以及上海、广州和其他地区的革命党人推举袁出任大总统的承诺。

不同的声音总是存在，尤其是同盟会内部，对让位于袁世凯存在着较大的分歧。反对派认为这是向北方示弱，况且他们也不相信袁世凯是真心赞成民主共和。就在双方争执不下时，孙中山归国当选临时大总统，袁世凯撕毁所有协议，南北谈判陷入绝境。于是便有了本节开篇一幕。

汪精卫极力渲染列强干涉的恐怖气氛，诋毁孙中山"理想不切实际"，甚至直接向孙中山施压："你不赞成和议，难道是舍不得总统的职位吗？"[2] 曾经跟随孙中山的汪精卫，做出如此之态实在让人不齿。就在汪精卫鼓动妥协的同时，北方的革命党人却在1911年年底至1912年年初不断发动起义。后院失火，这让袁世凯颇为恼火。袁世凯交代汪精卫，让他以京津保同盟会会长身份解散北方各革命团体。袁还对汪精卫说，"如果再发生破坏行为，将以暴徒论罪"。

为了自己的议和主张，汪精卫借口和平大义，以和议停战期间不可有所行动为理由，要求策划滦州起义的北方革命团体遵守诺言，停止一切行动。即使当革命党人遭清廷围捕，汪精卫一面大放"起义革命党人

---

[1] 陈瀣一：《甘簃随笔》，杨海鹏编选、校点，中共中央党校出版社，1998，第229页。
[2] 李荣华等：《中国近代史》，辽宁人民出版社，1984，第350页。

与匪类无异，可依法办理"的厥词；一面为袁世凯开脱，称"袁治军之严，不可能有此越轨之行为"。①

昔日革命党人口中的"清廷之豪奴"，如今成了"物望所归，元首匪异人任"傲视天下的"英才"，汪精卫开始为袁世凯上台制造舆论，策划逼迫清帝退位。

大事年表

1910 年	4 月，汪精卫刺杀摄政王载沣，被判终身监禁。
1911 年	11 月，汪精卫与杨度组织"国事共济会"，呼吁停战议和。12 月 1 日，汪精卫与李石曾在天津组设同盟会京津保支部，汪精卫任支部长，并创办天津《民意报》。12 月 31 日，为配合武昌起义，革命党人策动滦州新军起义，史称"辛亥滦州起义"。
1912 年	1 月 1 日，孙中山就任中华民国临时大总统。

小常识 1：辛亥滦州起义

武昌起义后，清廷取消了永平秋操，同时命令各军南下作战。新军第二十镇统制张绍曾在滦州按兵不动，拟联合第六镇统制吴禄贞等人举兵响应，发动起义。后遭到袁世凯镇压，吴禄贞被暗杀。滦州兵谏失败

---

① 中国史学会主编《辛亥革命》第六册，上海人民出版社，1957，第 309—310 页。

后，冯玉祥等人临危受命筹划起义。孙中山和湖北军政府也派代表北上，共同密商起义。1911年12月31日，在各方革命力量的支持下，滦州新军官兵2000多名宣布反清起义。1912年1月3日，成立北方革命军军政府，誓师讨清，震动京津。1月4日，起义军准备攻打天津时，叛军临阵倒戈，占领滦州城；后又遭清军王怀庆、曹锟部截击。两面夹击之下，起义失败。

小常识2：京津保同盟会

亦称"京津同盟会""同盟会京津保支部"。1912年12月1日在天津成立，会长汪精卫，共有会员20余人，下设总务、军事、交通、财务和宣传等部，特设暗杀部。天津《民意报》为该会机关报。南北议和后，该会被袁世凯解散。

相关链接：汪精卫刺杀载沣

1907年至1909年，孙中山领导的起义活动先后失败，革命陷入低潮。为了鼓舞革命党人斗志，"以事实表现党人之决心"，1909年，汪精卫组织"北上暗杀团"，将载沣确定为暗杀目标。按照原计划，汪精卫等人将炸弹放置载沣上朝必经之银锭桥下，等载沣过桥时引爆炸弹。结果埋置炸弹时被人发现，他们再次准备行动时，遭到逮捕，汪精卫被判终身监禁。

良弼之死

1912年1月1日，孙中山在南京宣誓就任临时大总统，组建临时政府，同时开出废除清朝政府和建立共和政府的议和条件。这样的条件是清政府完全不能接受的，为推动和谈进行，孙中山再次致电袁世凯，就围绕清帝退位的优待条件达成协议。只要袁世凯逼使清帝在优待条件下退位，改建共和制国家，孙中山就把第一任大总统职位让于袁世凯。

接下来袁世凯就是想方设法逼迫清帝退位了。他的心思遭到了清室近支宗室王公的强烈反对，尤其是良弼。良弼（1877—1912），字赉臣，满洲镶黄旗人，因先祖结党多尔衮而被贬为庶人。虽然是根正苗红的宗室黄带子，但父亲去世得早，良弼自小便备尝生活之艰辛。

良弼志向高远，寒窗苦读，21岁时进入京师同文馆学习日语，后留学日本，入陆军士官学校，主攻步兵科。在日期间，良弼不仅编纂了《参谋要略》一书，而且结交了诸多优秀的汉族士官生。回国后，出身宗室的良弼入练兵处，后充任陆军部军学司监督、补军学司副使，升司长，专管军事教育和训练。禁卫军成立后，他任第一协统领兼镶白旗都统。其间，良弼还先后参与了清廷改军制、练新军、立军学等重要军事改革，被人称清末旗员翘楚。

与侯服玉食的权贵不同，良弼基本没有什么不良癖好：声色犬马、金石文玩，都不喜爱；平时衣着朴素，也不喜绸缎，顶多系根黄带子以示宗室身份；不受贿，不敛财，也没有任何积蓄，遇刺后家人甚至要靠好友接济才能勉强度日。这样的良弼自然"颇为时忌"，"常以不得行其志为恨"。①

尽管如此,有着丰富军事知识的良弼依然是清政权的忠实捍卫者。为了遏制势力不断膨胀的北洋军及国内高涨的排满情绪,良弼很清楚,依靠纨绔的八旗子弟和遛鸟玩鹰的贝勒们是不成的。这些旗人子弟不愿从军,甚至连拱卫京城的禁卫军5000人,良弼都无法招募足额。因此,从汉人士官生中选拔人才、培养心腹才是挽救日暮西山的清王朝的正途。所以就是深受革命思想影响的军事人才,比如参与滦州兵谏的吴禄贞,良弼也照样笼络。

就在良弼试图以独木支危厦时,他与袁世凯的矛盾也到了你死我活的地步。最初袁世凯接手督练新军时,曾欲拉拢铁良和良弼为心腹,但双方因立场不同,很快就产生了间隙。之后,在削减地方督抚权力的问题上,双方再次发生龃龉,良弼曾想借机杀掉袁世凯。武昌起义后,良弼主张镇压革命军,坚决反对启用袁世凯,最后反而被袁世凯剥夺了军权。

虽然没了兵权,但行伍多年的良弼在军中也甚有威望。1912年1月12日至19日的御前会议上,良弼等人坚决反对奕劻等人提出的逊位主张。为了向奕劻施压,良弼利用军中人脉,联合溥伟和铁良等30余人闯进奕劻府邸,意图逼其就范;同时还组织"君主立宪维持会",公开反对清帝退位,反对与南方政府议和。他们声称,如果袁世凯断送了清王朝,那么宗室将与之同归于尽;甚至还计划,如果袁世凯再以解散内阁为要挟,就重组皇族内阁,并由铁良率军南下与革命军决一死战。如果战败,就迁都热河,退居东北,以图后计。

良弼等人的活动让袁世凯坐立难安,如果不除掉此人,他想顺利登上总统宝座恐怕不会那么容易,怎么办?袁世凯想到了借刀杀人。他指使党羽在京城散布"先刺良弼,后炸铁良,二良不死,满房不亡"②等语,

---

① 尹传刚:《良弼:清王朝的最后一匹"良驹"》,《文史天地》2012年第5期。
② 尹传刚:《良弼:清王朝的最后一匹"良驹"》,《文史天地》2012年第5期。

《时报》1912年12月8日漫画《宗社党来了》

给革命党人造成压力。

　　同盟会京津保支部军事部部长彭家珍决定舍身刺杀良弼。彭家珍（1888—1912），字席儒，四川金堂人，1906年毕业于成都陆军武备学堂，后赴日士官学校学习，并加入同盟会。归国后，他先后在四川新军、云南新军中履职，1911年秋任天津兵站司令部副官，后加入京津保同盟会，任军事部部长。

　　为确保暗杀成功，彭家珍制定了详细计划。第一步认识良弼，在媒体不发达的时代，要想认识权贵要人那可不是件容易的事情。所幸辗转之下，彭家珍在一位同乡的家中拿到了良弼的照片。紧接着第二步就是如何突破卫兵防线，接近良弼。彭家珍发现一位远在奉天的良弼心腹与自己外表相似，于是假借其名义以告密为借口递上名刺，以图亲近。

万事俱备后,1912年1月26日,彭家珍乔装改扮,换上清军标统冠服,随身携带两枚炸弹,埋伏在良弼回家的途中。这天,良弼从肃王府返回光明殿胡同(今红罗厂街)家中,途中遇到假冒其心腹的彭家珍,良弼没有辨出彭家珍声音,细看之下才发现异常,于是大呼卫队抓刺客。瞬间之下,彭家珍抛出第一颗炸弹,未炸到良弼,随后又抛出第二颗,炸断了良弼的左腿。炸裂的弹片反弹射伤彭家珍头部,彭家珍当场死亡,良弼也因伤势过重,两日后不治身亡。

弥留之际的良弼,这个清朝的"忠臣"为不能死于疆场而心有不甘,大呼:我一人死不足惜,只怕我死后大清也要亡了。[1] 良弼死后,宗室没了主心骨,纷纷偃旗息鼓逃亡外地。清廷失去了最后的屏障,等待他们的只能是退位和谈。

大事年表

1912年	1月,良弼与溥伟、铁良等皇族成员组织"君主立宪维持会",俗称"宗社党",反对南北议和与清帝逊位,力主镇压革命。 16日,袁世凯在北京东华门大街遭遇袭击。 26日,彭家珍刺杀良弼,良弼不治身亡。

---

[1] 尹传刚:《良弼:清王朝的最后一匹"良驹"》,《文史天地》2012年第5期。

小常识：宗社党

全称为"君主立宪维持会"，由清朝权贵良弼、溥伟、铁良等人发起成立。他们反对清帝退位，阻止袁世凯与以孙中山为临时大总统的南京政府议和，妄图挽救清朝命运。1月19日，宗社党主张罢黜袁世凯，要求隆裕太后坚持君主政权，反对共和，成立"战时皇族内阁"，以铁良任总司令，欲与革命军决一死战。良弼遇刺身亡后，宗社党随之也被迫解散。后来，日本为了分裂中国，在东京重建宗社党总部，在大连设支部，以肃亲王善耆和浪人川岛浪速为首，策划分裂中国的活动；1916年3月，组建"勤王军"，准备在辽南起事。6月，袁世凯死后，亲日派段祺瑞组阁，日本转变对华政策，继而解散了宗社党。

相关链接：袁世凯遇炸

南北和谈以来，多方利益博弈其中致使和谈踌躇不前。其中尤以袁世凯挟双方以谋政权为诟病，于是一些激进的革命党人欲杀袁世凯而推动和谈发展。1月16日，袁世凯乘马车至东华门左近丁字街，忽有炸弹自茶楼掷下，炸死侍卫长袁金标，炸伤护兵及巡警数人，革命党人张先培、杨禹昌及黄之萌随即被捕就义，袁世凯躲过一劫。

清帝逊位

清王室苟延残喘到了1912年1月。这个冬天，隆裕太后犹如惊弓之鸟，惶惶不可终日。摄政王载沣退归藩邸，不理政事；宗室贵族们也纷纷转移资产，以谋后路；坚决反对皇帝逊位的军事干才良弼被炸身亡，宗社党树倒猢狲散；英日德等国也变了脸，众口一词，赞成清帝退位。

武昌起义后，为了抓住最后一根救命稻草，四面楚歌的清王朝也曾决定孤注一掷，力图最后一搏。清廷号召显贵们筹集军费，但这些宗室根本就没有毁家纾难的想法，反而不断地将现银转存至外国银行，自己也跑到天津、上海租界避难。剩下的主和派和主战派皇族们，也是吵吵闹闹，毫无结果。

见此情形，自恃有外国人撑腰，袁世凯告诉隆裕太后要在天津另立"临时统一政府"，意图解散北京政府和南京临时政府，独掌大权。没想到袁世凯搬起石头砸了自己的脚，原本同意共和的主和派转向了主战派，而孙中山更是将南北议和真相公之于众。

成为众矢之的的袁世凯，只得加紧"逼宫"节奏。1月23日，段祺瑞发电称，前线士兵心向共和，军心不稳，身为统帅在弹压问题上心有余而力不足；1月25日，段祺瑞在没有得到清廷明确答复的情况下，继续致电内阁，声称不仅基层官兵要求共和，而且北洋各路将领也要求共和，如果清廷再不表态，任由王公贵族阻挠共和的话，那么他就要联名各路将领一起陈奏。

其间，袁世凯又添了一把火。25日，袁世凯力辞隆裕太后赐封一等侯爵封号。为了让隆裕下决心，26日，段祺瑞联合前线40余人发出通电，直接要求清廷退位，建立共和政体。凑巧的是，当天良弼就出事了，成为"压死骆驼的最后一根稻草"。一时间，革命党可以为所欲为，北洋将领随时可以起兵的谣言传遍整个京城，北京城内外风声鹤唳。

鲜才寡能的隆裕已经无法应对当前的窘境了。这时候，隆裕太后想起袁世凯的"忠告"：不尽早顺应民情，法国皇室被砍头的历史就会在今天上演；要想保命，退是唯一的出路。身边的亲信太监张兰德也适时"劝导"隆裕。他劝隆裕，共和只不过去掉了摄政大权，太后的尊荣和享受依然如故。如若不答应要求，一旦革命党杀到京城，您的性命难保；如果依从让位，靠着优待条件还可独享尊荣。

还有一些王公亲贵仍妄想保留君主名号，要求虚君共和。如果清室早几年就认清形势的话，人们可能还买账，如今形势早已今非昔比。不但南方不同意，北洋各路将领不同意，就连民众也不同意，清皇室已经失信于民，清王朝必须谢幕，退出历史舞台。清王室头疼的已不是退位，而是何时退位、以何种条件退位的问题了。

2月3日，隆裕授予袁世凯全权，与南方就优待皇室、皇族、宗庙、八旗生计等内容协商清廷退位条件。隆裕的妥协并未让南京临时政府有所放松，错综复杂的北京政局不得不使临时政府慎重考虑清廷的优待条件。

南京临时政府方面需要考虑的因素不只是战乱、列强的乘虚而入，还要考虑普通旗人、旗军的善后及蒙古王公的优待条件。

旗人、旗军与满洲贵族本为同根，与朝廷有着一荣俱荣、一损俱损之关系。自共和革命以"排满"的方式席卷全国后，针对满人的谣言、抢掠甚至杀戮似乎都有了合法性和正当性。清帝退位，无疑更加重了满人对自身命运的担心。

普通满人尚且如此，何况旗军。驻扎在京畿周围的禁卫军和旗军，原为良弼部下，虽然战斗力不如北洋军，却是拱卫京城的一道屏障。这

1912年上海闸北提灯会欢度国庆日

上万人的军队一旦哗变，且不说远在前线和外省的北洋军无法及时回援，就连驻扎在津保地区的北洋军也没有十成胜算，况且袁世凯还在京城。投鼠忌器之下，战局的走势如何尚不可知！

京城的蒙古王公也蠢蠢欲动。他们声称只知大皇帝一人，坚决不受汉官管制；如果清廷答应共和，就闹独立。2月8日，隆裕太后再次召见近支宗亲、蒙古王公及大臣商谈退位优待皇室条件，蒙古王公态度依然坚决，甚至致函袁内阁，声称在京蒙古王公即日回藩，再筹勤王之策。

还有关外的清兵也是北方拥清的主要势力。早在1月20日，这些势力就号称"拥戴君主，誓死不能移""东省人民万不能接受清帝逊位之说"，进而要求袁世凯"早定方针，以靖大局，否则不能尽维持之责任"。2月7日，总督赵尔巽来电又施压，"东三省自有权宜办法"[①]。

各方角力，稍有不慎，逼"清帝退位"便会前功尽弃。综合了诸多方面的因素后，南京临时政府决定对清廷作出一定的让步。2月12日，

---

① 侯宜杰：《二十世纪初中国政治改革风潮：清末立宪运动史》，辽宁人民出版社，2020，第409页。

清帝退位诏书正式公布，同时公布的还有清室优待条件八款、皇族待遇条件四款等。

按照优待条件，大清皇帝仍然保留尊号，中华民国待之以各外国君主之礼，清室原有禁卫军保留原有待遇，皇族世袭爵位，享有中华民国国家一切公权及私权等。对蒙古王公贵族，他们的爵位、财产、宗教信仰及生计等问题也得到了最大的满足，各方皆大欢喜。

2月12日，隆裕太后牵着六岁的小皇帝来到了养心殿，这是清王朝的最后一次御前会议。少了朝臣们的叩拜大礼，整个大殿显得冷冷清清。就连主持退位仪式的袁世凯也借口身体抱恙缺席仪式，由胡惟德代替主持。朝臣们三鞠躬后，隆裕太后开始宣读《清帝逊位诏》《清室优待条件诏》和《劝谕臣民诏》。

只读了数行，隆裕太后悲从心来，满面戚容向众人哽咽，称自己三年来深居宫中，从不干涉政事，结果身边亲贵无一不卖、无官不卖，最后将祖宗留下的江山也卖没了。隆裕倾诉着自己内心的忧愤，甚至泪流满面。一边的胡惟德陪着，轻声地规劝太后接受优待条件、安心退养。

可退位仪式还得继续，眼见隆裕控制不住局面，胡惟德取出了一纸电文，告诉隆裕这是南京孙文的电报。电报称：经南京参议院同意，如果15日下午12点钟之前清帝不退位，则收回优待条件。惊恐之下的隆裕在诏书上盖上玉玺大印，宣布清帝逊位，成立共和立宪国。统治中国长达268年的清王朝就此结束。

历史翻过了一页，帝制结束民国伊始。按照退位诏书，袁世凯全权组织临时共和政府，同时2月14日孙中山按照约定向南京临时参议院递交辞呈，并举荐袁世凯任中华民国临时大总统。2月15日，袁世凯全票当选为临时大总统，从此开启了军人执政的北洋时代。

大事年表

1912年　1月，段祺瑞领衔湖北前线46名将领通电赞同共和。

2月3日，隆裕太后授予袁世凯全权，与南京临时政府磋商清帝退位条件。

2月12日，清室颁发退位诏书，统治中国268年的清王朝宣告结束。

2月14日，孙中山向南京参议院辞职，推荐袁世凯为临时大总统。

2月15日，参议院举行临时大总统选举会，选举袁世凯为临时大总统。

小常识：段祺瑞"一造共和"

武昌起义后，面临土崩之势的清王朝重新起用袁世凯，以求稳定局势。颇有政治头脑的段祺瑞认为，清廷倾覆，共和建立已是大势所趋。为了奉袁世凯为总统，代替清廷统治中国，段祺瑞先是派廖宇春与南方达成议和协议，而后于1912年1月26日通电共和，迫使清室放弃君主制、接受共和制。在段祺瑞的驰援下，袁世凯最终登上了中华民国大总统宝座，段祺瑞也顺理成章出任新政府陆军总长。

相关链接：清室优待条件

南京临时政府与清政府议和代表经过反复磋商后，商定清帝退位条件。该优待条件包括《关于大清皇帝辞位之后优待之条件》《关于清皇族待遇之条件》《关于满蒙回藏各族待遇之条件》三项。优待条件是南方革命党人在力量薄弱的情况下，为争取北方政府和西方列强对中华民国的承认而与清廷妥协的产物，对清帝以外国君主之礼对待。1924年，冯玉祥发动北京政变，签署《修正清室优待条例》，皇帝封号才永远废除。

蔡元培北上迎袁

1912年2月12日，清帝退位，南北议和告成。居间发挥了"莫大之功能，为万世所钦仰"[①]的袁世凯，按照南北议和条件，15日顺利登上了权力的顶峰，成为中华民国临时大总统。孙中山虽然交出了手中的权柄，但对袁世凯及其背后的北洋一系是否坚守共和仍心存疑虑。

为了钳制袁世凯，孙中山在辞职咨文中着重强调了定都南京、袁世凯南下就职的内容。孙中山低估了袁世凯的政治手腕。其实早在南北议和阶段，袁世凯就向唐绍仪交过底，涉及政府选址的问题根本没有商量的余地。

当孙中山以南京为民国之基石、北京无革故鼎新之气象为理由游说袁世凯时，袁世凯先是以高姿态回应孙中山，称自己始终以国利民福为目的，值此危急存亡之际，当勉尽公仆之义务。但话锋一转，他声称北方局势未稳，军旅如林，一旦安排失当，北方秩序难以维持，甚至还以退归田园为要挟。这种"舍我其谁"的政治手段何其熟悉！

孙中山意识到启动建都问题为时尚早，他决定退而求其次。18日，孙中山告知袁世凯，建都问题可以放一放，但袁世凯必须来南京就职。南京方面将派教育总长蔡元培为欢迎专使，偕同汪精卫等八人亲赴北京，迎袁南下。

既然南京方面不再纠缠定都问题，袁世凯也就放心了。于是袁世凯

[①]《陆军部参谋部盼宣扬袁世凯电》，《民立报》1912年2月21日。

换了一副面孔，低姿态诚恳地回电南方，表明自己对建都的问题并无成见，只是北方的军队及直晋豫陕甘奉吉黑等省督抚，还有全体蒙古王公一律主张仍定都北京，身为临时大总统的他不得不考虑这些人的意见。同时为了解决建都问题，他欢迎专使北上，共商大计。如果国民同意建都南京，他将随专使南下就职，以达到顺应全体国民意愿之目的。

事实上，迎袁专使与袁世凯讨论的已不再是定都的问题，而是袁世凯要不要南下就职的问题。显然，袁世凯胸有成竹。

全国瞩目之下，袁世凯大张旗鼓地欢迎北上专使。他专门在外务部挑选若干房间以备专使之用，之后在天津安排直隶总督并各机关人员和当地士绅陪同，以及保卫局、商巡（盐商组织的缉私盐巡）200人迎送，甚至在南方方面未能确定具体到津地点时（或在紫竹林登岸，或是塘沽转火车到天津北站），袁世凯要求北京接待人员提前一天到津，安排专使下榻休息相关事宜。

北京车站也装饰一新，"欢迎"条幅随处可见。毅军、禁卫军、游缉队及各国军队在站台整装持械列队欢迎，袁世凯的亲兵护卫队亲自到车站恭迎。各衙门、公所及商铺也一律悬挂五色旗，欢迎南方来使。27日，蔡元培一行抵京，袁世凯开正阳门迎接以示隆重。当日下午，蔡元培等人在迎宾馆会见袁世凯，并呈递南京委任状。之后，袁世凯安排外务部设晚宴及会议事项。

与袁世凯的泰然不同，蔡元培肩负着说服袁南下就职的重任。26日，蔡元培在天津官绅的欢迎宴会上就已表示，袁世凯可先去南京两个星期以利交接，然后再回北京组织临时政府，至于将来建都问题则由国会最后解决。28日，蔡元培再次向袁世凯陈述南京意见，只要袁世凯南下就职，临时政府设在北京或天津均可。

南京临时政府的让步，再加上日益好转的北方形势——蒙古王公不再闹分裂，表明承认共和的态度；东北的张作霖也被袁世凯收买，斩断了在东北兴风作浪之宗社党的后路；本想浑水摸鱼的日本政府一时也不敢轻举妄动——尤其是南方承诺,袁世凯只是小住无须常驻办公,袁世凯好像决定要南下了。

袁世凯向蔡元培承诺,两天之内将与各军队统制和民政负责人商谈留守人员,一旦留守人员名单确定,即南下。没想到的是,当欢迎使团正准备与袁南行之时,北京出事了。29日晚7时30分,曹锟部下第三镇士兵哗变,并迅速波及保定、天津、通州等地。哗变的士兵冲进了蔡元培等人的住处。仓皇之下,蔡元培等人藏身于六国饭店以避祸端。

此后一周内,北京城一片混乱。4000余家商店遭到抢劫,京奉、京汉铁路局及大清银行和造币厂亦遭到抢劫,驻京各国使团纷纷调派本国军队护卫,日军甚至从关外调兵千余人来京。北京城一时风声鹤唳。

北京为什么会发生兵变?难道是袁世凯自编自导的一出闹剧,目的就是为不想南下找借口吗?也有人说,这场兵变是袁世凯的长子袁克定擅自策划的兵变,其目的是要做"皇太子"的美梦。但不管怎样,袁世凯是无法南下就职了。

3月1日,袁世凯致电孙中山,表示将妥善安排欢迎使团,严惩变兵。3月2日,天津发生兵变,共有3100多家商铺被抢,损失1280多万两白银,造成3人被枪杀。考虑到兵变后形势急转直下,蔡元培改变了主张,迭电孙中山,称北京已如累卵,外国人开始在东交民巷和御河桥等地安设炮台,其中日本人甚至已经派兵进京了;此危机情势下,应速建统一的民国政府。蔡元培并于6日再次发电,建议孙中山设临时政府于北京。

经此兵变,南北方支持袁世凯的舆论甚嚣尘上。南京临时政府参议院高票否决了定都南京的提案;革命党喉舌《民立报》发表社论,强调当前最重要的问题是建立统一的民国政府,至于定都南京或北京则是次要问题,这显然是公开与孙中山唱反调;还有章太炎,也以上海光复会总会的名义,分别致电南京临时政府参议院和袁世凯,表明支持袁世凯就职北京的态度。甚至,南京军界一些重要将领也公开支持北京作为临时政府之处所。

迁都之争尘埃落定，3月10日，袁世凯在北京石大人胡同前清外务部公署宣誓就任中华民国临时大总统。蔡元培不再是迎袁专使，反而以参议院代表身份参加了袁世凯的就职仪式，并代表孙中山致词。

大事年表

1912年　　2月15日，临时参议院批准孙中山辞去临时大总统职，选举袁世凯为临时大总统。20日，选举黎元洪为副总统。
　　　　　2月18日，南京临时参议院派蔡元培为迎袁专使，北上迎袁南下就职。
　　　　　2月27日，黎元洪致电袁世凯，表示赞同定都北京。
　　　　　2月29日，北洋陆军第三镇在北京发生兵变。
　　　　　3月1—2日，天津、保定发生兵变。
　　　　　3月10日，袁世凯在北京宣誓就任中华民国临时大总统。

小常识：北京兵变

又名"京保津兵变"。为恐吓欢迎使团、阻止使团迎表南下就职，1912年2月29日，袁世凯指使第三镇统制曹锟在北京发动兵变，随后兵变蔓延至天津、保定一带。列强借口保护侨民，纷纷调兵入京。袁世凯以维持北方秩序为由拒绝南下就职。在各方压力之下，南京临时政府作出让步，同意袁世凯在北京任职。

相关链接：兵变后的北京政局

兵变后，鉴于北方局势及与列强协调关系，南京临时政府作出让步，同意袁世凯在北京就任临时大总统。表面上看，袁世凯成为此次兵变的最大受益者。殊不知，此次兵变对北京政局的影响颇深，尤其是影响了袁世凯政府的外债借贷计划：英、法、美、德四国银行团因兵变停止对袁二次借款，同时附加"监督财政"等苛刻条件作为借贷前提，这让初建的袁世凯政府陷入了极大的财政窘境。

第三章 阴谋帝制

唐绍仪出走天津

1912年3月10日,袁世凯在北京宣誓就任临时大总统。按照《临时约法》,接下来的议程便是组建中华民国第一届责任内阁。谁来当首届政府的内阁总理?南京最初力主黄兴。南京的意思很明显,就是要在新政府内与袁世凯平分秋色,制衡袁政府。袁世凯当然不会同意。

既让袁世凯满意,又得让南方放心,总理的人选最终落在了唐绍仪身上。唐绍仪(1862—1938),广东人,1874年以第三批留美幼童的身份赴美留学。1881年回国后,唐绍仪被派往朝鲜办理税务,后历任天津海关道、外务部右侍郎、奉天巡抚等职。南北议和期间,唐绍仪曾以北方代表身份参与谈判。

按照常理,如果唐绍仪出任内阁总理,南方将彻底失去在新政府中的话语权。那么,南京方面为什么会同意唐出任首届内阁总理呢?

原来在南北和谈期间,唐绍仪虽然是北方代表,却在和谈过程中表现出赞成共和的积极态度,还提出"召开国民大会"以确定政体的折中办法。这一点与南方的立场是一致的,孙中山和黄兴也因此引唐绍仪为革命同志。但要支持唐绍仪出任总理,孙中山等人也并非没有顾虑。

孙中山最大的顾虑还是唐绍仪的身份,毕竟唐绍仪追随袁世凯多年,是人们眼中的"袁党"。这时立宪派人士赵凤昌出了个看似完美的折中办法,这是位老资格的政治家,在南北政界有着相当复杂的人际关系。在赵凤昌的惜阴堂,赵凤昌以主人身份向在座的各位同盟会成员建议:"国务总理必须是孙文、袁世凯两位新旧总统共同信任的人物,只要孙、袁

唐绍仪

两先生不反对，我很想劝少川先生加入同盟会为会员。"[1]

听了赵凤昌的建议，孙中山和黄兴当即表示欢迎。于是3月下旬，唐绍仪到南京组阁期间，在黄兴和蔡元培的介绍下加入了同盟会。有了唐绍仪的加入，孙、黄二人认为在制衡袁世凯的天平上又增加了砝码。然而，这个看似"兼顾双方"的提议却给唐绍仪日后执政带来了极大的隐患。

彼时的唐绍仪并没有意识到即将来临的政治风波，反而沉浸在大展宏图的兴奋中。毕竟，能够亲自参与新的民主国家建设，是每一个心怀鸿鹄之志的人渴望的事情。他甚至认为，经过双方的斡旋，有了南北方对他的信任和支持，自己要建立一个"大政之总枢，纳之于阁议"的共

[1] 刘景泉：《北京民国政府议会政治研究》，天津教育出版社，2006，第199页。

和国理想很快就会实现。雄心勃勃的唐绍仪怀着极大的抱负，立志要在这个积贫积弱的国家，改造和取代封建专制政治制度和愚昧的社会风俗，亲手建设一个独立富强、开明进步的民主共和国。

然而，唐绍仪错判了袁世凯的态度。虽然早在3月9日，也就是袁世凯就任临时大总统的前夕，袁世凯就致电孙中山，由唐绍仪出任总理，但袁世凯心中对唐也并非十分满意。南北议和期间，这个曾是袁眼中"能持大体，洵为洋务中杰出人才"[①]的唐绍仪，因热衷共和就令袁不满，并因此罢免了唐北方代表的职务。

毕竟二人有着20余年的交情，也曾并肩辗转于朝鲜与中国山东、天津等地履职。环顾四周，能够找出一个既能影响南方又与自己私交还不错的人选还是比较困难的，最终，袁世凯提名唐绍仪出任总理一职。

3月13日，唐绍仪被正式任命为内阁总理，然而漫漫雄关路，首届政府的总理是不好当的。"赢得生前身后名，可怜白发生。"自组阁之日起，唐绍仪的责任内阁就在各派权力的竞逐下偏离了轨道。

先是陆军部部长的人选提名。南方部分党人强烈要求黄兴任陆军部部长，认为以黄兴之力可以将袁世凯北洋一系消融于新政府。袁世凯坚决反对，而且黄兴本人也不愿参与党争之中，权衡之下最后由袁世凯的心腹——段祺瑞出任陆军部部长，而黄兴则被袁世凯安排到参谋部任总长，不过黄兴拒绝上任。

接着唐绍仪提出要修改官制。为平衡南北方各派关系，唐绍仪在保留外交、内务、陆海军、司法和教育等部的基础上，把原来的实业部拆分为工业、商业和农林三部，把交通部一分为二为交通和邮电两部。唐绍仪本拟通过拆分达到各派系平衡之目的，结果参议院只同意拆分实业部为工商和农林两部，交通部更是免谈。

[①] 袁世凯：《道员唐绍仪请交军机处记名简放片》，载天津图书馆、天津社科院历史研究所编《袁世凯奏议》上册，天津古籍出版社，1987，第361页。

30日，在各方力量博弈下，唐绍仪向参议院提交了新内阁的最终成员名单。该名单中内务、陆军、海军等部的总长人选均出自袁世凯的北洋嫡系；教育、司法、农林和工商各部总长为南方同盟会之属；剩下的外交、财政、交通三部分别由所谓的"超然派"和君主立宪派掌控。整个内阁加上总理唐绍仪，看上去好像是同盟会抢了先机，有人称新内阁为"同盟会中心内阁"。

事实上，这个所谓的混合型政党内阁，自成立之初就已经脱离了唐绍仪的掌控。内务总长赵秉钧就很不服气，流露出"唐如果能站得住，我们就站不住"的成见。内务总长如此，外交总长也如此，甚至直接越过唐绍仪与各国公使开展活动。可以说，唐内阁一开始就已经被架空了。[1]

被架空的唐绍仪频频陷于掣肘之地，与袁世凯矛盾不断激化。未组阁之前，孙中山方面曾提出了若干条件，其中有一条就是由同盟会会员王之祥出任直隶总督，当时袁并未表示反对意见，唐也就以为不成问题。没想到，当唐绍仪邀请王之祥北上就职时，直隶五路军队突然通电反对，袁世凯以军队反对为由顺水推舟，直接越过唐绍仪，改调王之祥为南方军队宣慰使。袁世凯既完全无视"约法"规定，即总统之令需内阁副署，且以武力控制权力的做法，与唐绍仪奉行的制度保障权力的理念背道而驰。

其间，面对巨大财政压力，以及错综复杂的国际环境，处处遭到掣肘的唐绍仪更是应接不暇，而比款问题则进一步深化了袁、唐二人的矛盾。

比款问题始于唐绍仪出任总理之初，当时美、英、德、法四国银行团以北京政局未稳，终止了对临时政府的借款合同。唐绍仪为解政府燃眉之急，且不满银行团以苛刻条件要挟，于是同袁世凯商量向比利时财

---

[1] 中国人民政治协商会议全国委员会文史资料研究委员会编《文史资料选辑》第53辑，文史资料出版社，1964，第168页。

团借款100万英镑，并拟续借1000万英镑。结果四国银行团一看，自己在借款事情上靠边站了，群起反对，向袁世凯施压，要求借款优先权。迫于四国压力，袁世凯以不知情为由，复又允许启动四国借款谈判。

5月7日，双方开始了第二次借款会议。会议上，银行团不仅对唐绍仪大加指责，指责他有失信用；而且还提出了监督中国财政和军事开支的无理要求，这让唐绍仪无法接受。银行团甚至威胁说，如果唐绍仪不辞职，那么就没有谈判的必要了。双方陷入了僵局，但是北京政府和南京方面正等着下锅的米。无奈之下，唐绍仪推荐财政总长熊希龄接手谈判。由于日、俄也加入了谈判，四国银行团变成了六国银行团。

在袁世凯的支持下，熊希龄虽然获得了银行团的借款，但是南方黄兴认为，熊希龄所借贷款条件苛刻，破坏民国，实为民国之公敌。南方人心异常愤激，倡议国民筹资自救，熊希龄被迫提出辞职。唐绍仪左右为难，既害怕因坚持借款重蹈清廷覆辙，又害怕无钱安抚地方哗变。唐内阁陷入了困境。

这时，各种流言蜚语也扑面而来。外国人诋毁唐绍仪是要组建"广东人的政府"，说唐绍仪任人唯亲，无论是部长还是顾问都是广东人，甚至还造谣说，孙中山的部属是要拥唐废袁。参议院也指责唐绍仪外交无术，向华比银行所借贷款去向不明，与银行团交恶更是民国外交史上第二次大失败。

唐绍仪终于撑不住了，6月15日上午8点，唐绍仪秘密离京到津。在天津，唐绍仪给袁世凯发了一封请假电报，称自己因感风热，牵动旧疾，请假五日。五天之后，唐绍仪正式请辞，袁世凯安排陆徵祥暂代总理一职。随后，工商、司法、教育、农林总长相继辞职，这个成立不足3个月的民国第一届内阁政府实际上已经处于倒台的前夜了。

大事年表

1912年　3月11日，南京临时政府颁布《中华民国临时约法》。
　　　　3月13日，唐绍仪被正式任命为内阁总理；30日，唐绍仪组阁。
　　　　3月14日，唐绍仪与华比银行签订100万英镑的借款合同。
　　　　4月1日，孙中山公布《参议院法》，随后解职大总统职务。
　　　　4月2日，南京临时参议院议决临时政府迁至北京；5日，议决参议院随临时政府迁至北京。
　　　　6月15日，唐绍仪出走天津，辞国务院总理一职；27日，中华民国首届内阁倒台。

小常识：外国银行团

外国银行团是资本主义国家在中国推行资本输出的重要组织。外国银行团产生于清末，最初是由英、德、法三国组成，民国之后扩展为英、德、法、日、美、俄六国银行团，其中每一国银行团由多家银行组成。在各国政府的支持下，银行团旨在通过货币贷款控制中国的关税、盐税，进而达到控制中国财政的目的。

相关链接：舆论风暴中的唐内阁

唐绍仪自组阁后，以履行责任内阁制为职责，致力于遏制外国银行团以资本控制中国之阴谋，从而招致袁世凯和各国列强不满。为迫使唐绍仪辞职，袁世凯先是借比款问题将外交压力推向唐绍仪，之后又利用新闻舆论压力迫使唐绍仪暂停华比银行借款。在这期间，列强通过《大陆报》《东方杂志》等报刊公开指责唐绍仪滥用比款，并趁机提出对中国政府实行财政监督之无理要求。唐绍仪拒绝后，《京津泰晤士报》直接攻击唐绍仪是"中国各界误会各国政见，竟有排外举动"的罪魁祸首。与袁世凯沆瀣一气的进步党机关报也多诋毁唐绍仪，受其影响，地方报纸也跟风抨击唐绍仪。像《盛京时报》登载："不外唐总理滥用小计密借比款，以招四国之愤怒之所致。"《时报》也刊登了诸如唐绍仪接受质询，竟"木立无语几及一小时"的内容。甚至还有一些报纸直接攻击唐绍仪本人，称其"既以浪用失信用于外人，又善发脾气，致伤各国感情，不啻以国家为孤注，使中华民国几无存在之余地"。身处舆论风暴中的唐绍仪被塑造成一个"内失信于国民，外见变于邻国"且脾气暴躁的公众形象，从而成为唐内阁倒台的一个诱因。

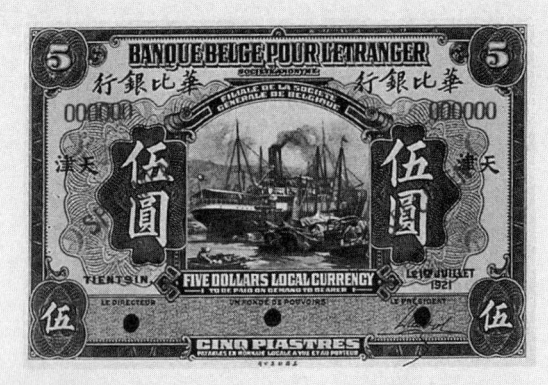

华比银行的钞票

宋教仁遇刺

1913年3月20日晚11点40分左右，上海火车站人潮涌动。国民党代理理事长宋教仁一行出现在火车站，他们准备搭乘上海开往南京的火车，到南京转站后，再沿津浦线北上赴京组阁。

刚刚成功组建国民党，并在第一届国会议员普选中赢得大选的宋教仁，对此次北上组建责任内阁踌躇满志，与前来送行的友人谈笑风生。突然两声清脆的枪声划破夜空，恐慌的旅客们四处逃窜，月台一时间混乱不堪。这时，人群中的宋教仁捂着肚子痛苦地歪向身边的友人："我中枪了。"

原来那两声枪声是刺客的脱壳之计，真正射中宋教仁的却是之前的一枪。当时，刺客与宋教仁近在咫尺，在嘈杂的背景下第一声枪声略显沉闷。这颗从勃朗宁手枪射出的子弹击中了宋教仁的右肋，射穿了他的小腹和大肠。同行的友人急忙将宋教仁扶上汽车，向最近的沪宁医院飞驰而去。两天后，宋教仁不幸伤重身亡。

宋教仁，字遯初（亦称钝初），号渔父，1882年出生于湖南桃源，后留学日本。他熟悉各国制度，提出在中国实行三权分立的宪政思想，倡导由责任内阁制定良性宪法来实现民主宪政。为宣扬自己的宪政思想，宋教仁南下长江中下游各省，抨击时政，甚至点名袁世凯。有着如此影响力的宋教仁被刺于上海，必将引起轩然大波。

全国舆论大哗，强烈要求缉拿凶手。因案发在上海，上海地方检察厅为平息民怨，发出悬赏捉凶；沪宁铁路局也发出5000元赏金捉拿凶

宋教仁

手；参议院向政府发出质询，要求3日内答复。很快，凶手武士英被缉拿归案。24日凌晨，雇用武士英的江苏驻沪巡查长、共进会会长应夔丞（桂馨）也在公共租界被捕。

案件似乎告破了，但国民党人并不满意这样的结果。他们认为应夔丞与宋教仁无握手之交，也没见过面，二人也并非政敌，应夔丞没有理由，也没有足够的能量去谋划刺宋这一大案，肯定是应夔丞的背后有人！随后，捕房搜出大量应夔丞与内务部秘书洪述祖的函电往来，应夔丞与洪述祖的密切关系更加让国民党人浮想联翩，洪述祖的背后还有人！

不仅如此，在应宅搜出来的文件中，人们还发现了应夔丞与内务总长赵秉钧联系使用的密码本。一时间，关于袁世凯策划了刺宋案的说法浮出水面，国民党人对此说更是深信不疑。孙中山甚至非常肯定地对外界公布，袁世凯就是宋教仁刺杀案件的主谋。黄兴则手书挽联一副：前年杀吴禄贞，去年杀张振武，今年又杀宋教仁；你说是应桂馨，他说是洪述祖，我说确是袁世凯。

对于这一指控，袁世凯方面当然据理反驳。北洋方面散布舆论说，宋教仁被刺是国民党内讧，自相残杀。理由是，宋教仁被刺发生在上海沪宁铁路车站，上海是国民党的地盘，而且还是陈其美控制的势力范围。陈其美是同盟会元老，与黄兴同为孙中山的左右股肱。陈其美奉行武装夺取政权，与奉行议会政治路线的宋教仁政见不合，况且应夔丞曾是陈其美的谍报科科长，虽然应本人后来投靠了北京政府，但二人仍保持着联系。

落于北洋口实的还有一件事。南京临时政府时期，主张责任内阁制的宋教仁就反对过总统制；辛亥革命胜利后，关于定都问题，宋教仁与主张定都南京的孙中山、黄兴又产生了分歧；国民党组建时，因宋教仁居间策划，一部分党人和同盟会中人也对他颇有微词，认为他要当内阁总理。为此，宋教仁专门发表了一封公开信表明态度，表示对孙、黄二人的爱戴。

宋教仁遇刺缘由错综复杂，最后随着当事人的先后身亡，其中内情更加扑朔迷离，后世之人众说纷纭。当然，嫌疑最大的还是袁世凯，理由是一旦宋教仁组阁成功并当上总理，就会严重威胁到袁世凯的权力。因为按照《临时约法》的规定，民国政府为责任内阁制，内阁总理由参众两院通过并掌控国家政权。

袁世凯果真要靠这种极端的做法来铲除政敌吗？有学者认为，宋案发生之际，他正全力以赴准备总统大选，此间发生刺宋事件，不但对选举毫无裨益，反而会招致公众舆论压力，刺宋乃是下下之策。况且袁世凯已经控制了国会中的共和党、民主党和统一党等党派，足以制衡国民党。

也有人认为宋教仁是袁世凯的有力竞争对手，事实上也并非如此。

除孙中山因明确表示不参与竞选外，最大的热门候选人便是袁世凯和黄兴。至于宋教仁，他本人也表示不参与竞选。况且国民党内部也支持袁世凯任大总统，将宋教仁视为国民党"大主脑"的袁世凯在当时似乎没有理由去刺杀宋。

那袁世凯是不是就与宋教仁遇刺毫无关系了呢？也不是。宋教仁遇刺是各种事件的累积，袁世凯本人难脱其咎。南北矛盾由来已久，特别是宋教仁和黄兴曾暗中联合，支持黎元洪出任正式大总统，招致袁世凯不满。更让袁世凯恼怒的是，宋教仁四处演讲，高调批评政府。袁世凯对宋教仁的不满，引起了心腹洪述祖的注意。洪述祖名义上是赵秉钧的秘书，实质上是袁世凯特务机构的组长之一，常常出入总统府。为了替袁世凯解忧，洪述祖密谋了构陷"孙、黄、宋"计划。

在洪述祖许以重利之下，为了构陷孙中山、黄兴和宋教仁，时任江苏驻沪巡查长的应夔丞利用赵秉钧交给他的"应密"电码，向赵秉钧汇报，他已搜集到有关孙、黄、宋的劣史，黄与下女的合像及警厅供钞、宋犯骗案刑事提票等，准备在横滨发布以破坏国民党声誉。

袁世凯阅后，面露喜色，并言洪述祖颇有本事，希望能够继续跟进此事。所以说，袁世凯对构陷一事是知晓的，并且是认同的。没想到的是，洪述祖和应夔丞构陷一事进行得并不顺利，应夔丞迟迟拿不出有关宋教仁"骗案刑事提票"等真凭实据材料。

为了向袁世凯有所交代，洪述祖一方面要求应夔丞设法搞到材料，同时还强调，如果宋有激烈之举，可乘机下手，此时洪述祖已有杀宋之意。但此事事关重大，须得到袁世凯首肯。于是在一次与袁世凯的会谈中，洪述祖提出要收拾反对党一二人，以警其余。

对洪述祖的提议，袁世凯考虑反对党并非一二人之故，如此办法，实属下策。由于袁世凯并未表示出强烈的反对态度，且也没交代采取何种合法手段来对付国民党，但为了在构陷这件事上不失信于袁世凯，为了能够继续取得袁世凯的信任，洪述祖于是自作主张，向应夔丞作出

"毁宋酬勋位"的承诺。最终，在洪述祖的刻意谋划下，宋教仁被害于上海。

"予代人受过者多矣，从未辩。我虽不杀遯初，遯初亦由我而见杀，更何辩焉？"[1]袁世凯如此回应袁克文为何不出面通电"辩评"。袁世凯虽然没有直接暗杀宋教仁，但其事后不但纵容洪述祖逃跑，而且阻止赵秉钧出庭作证，也透露出他在整个事件中所扮演的不光彩的角色，南北矛盾因此更加激化。

大事年表

1912年	8月10日，临时大总统袁世凯公布《国会组织法》《众议院议员选举法》《参议院议员选举法》。
	8月25日，同盟会改组为国民党，孙中山为理事长，黄兴、宋教仁为理事。
	9月8日，临时参议院议定每年公历10月10日为国庆纪念日，后临时大总统袁世凯签署大总统令公布。
1913年	3月20日，宋教仁在上海遇刺。
	4月8日，中华民国第一次国会开幕，临时参议院随之解散。
	11月，袁世凯下令解散国民党，取消国民党议员资格。

---

[1] 袁寒云：《袁寒云自述》，文明国编，安徽文艺出版社，2013，第6页。

小常识：国民党成立

中华民国临时政府成立后，为在国会造成多数党的声势，以宋教仁为首的同盟会骨干力排众议，主动与其他政党联合，组建新党。1912年7月16日，同盟会、统一共和党、国民公党、国民共进会及共和实进会等五个政党的代表们举行筹备会议，改组同盟会，以"国民党"作为新党名称。8月25日，国民党在北京湖广会馆举行成立大会。成立后的国民党，在宋教仁的领导组织下赢得了国会参众两院大选胜利，成为国会第一大党，从而实现了宋教仁"毁党造党"的政治理想。

相关链接：宋教仁的宪政法治思想

宋教仁是清末革命党人中最早提出宪政与法治主张，探索实施宪政与法治的政治家。在日留学期间，宋教仁广泛涉猎西方政治法律书籍，思考民主共和建国方略。受英国内阁议会制度影响，宋教仁逐步形成了以"立宪"和"权力制衡"为主要内容的宪政法治思想体系，其思想精髓是建立以宪法为核心的民主法治体系，实行民主宪政。他主张推行内阁两党制，强调建立行政监督体系，追求西方宪政中限制权力和保护人民自由的法治理念。宋教仁也是践行民主法治精神的政治家，任农林部长期间，他先后亲自参与制定颁布了《垦殖厅官制草案》《林务局官制草案》《渔政厅官制草案》等法律条例。由于对民主法治思想的追求及实践活动，为袁世凯的独裁统治所不容，宋教仁最终为民主宪政而献身。

李烈钧通电讨袁

自中华民国成立,南北双方就矛盾重重。从南北定都之争,到内阁人员分配,再到唐绍仪辞职,南方在袁世凯的步步紧逼之下,政治势力不断削弱,以至党内一些激进派不断发出民国乃"假共和"的声音。其实北方袁世凯的日子也不好过,内政外交无一不让他瞻前顾后、焦头烂额。

袁世凯以练兵起家,在他登上权力顶峰的过程中,军队发挥了至关重要的作用。为稳定军心,袁世凯始终以高官厚禄拉拢北洋将领。然而到1912年年底,不计庚子赔款,政府内外债总额高达17.5亿元。俗话说,"手中无粮,心中发慌"。一位与袁世凯关系密切的外国记者曾透露,袁政府的财政已非常困难,如果再筹措不到钱解决财政问题,他的地位将会不稳,军队也将失去控制。

既然民国已建立,政权也已统一,为什么袁世凯不加大地方征税的力度,一解中央之窘境呢?根据1913年拟定的征税方案,其中田赋、盐税、关税、常关税、厘金、统捐等大宗税收统归中央,但由于中央权力薄弱,一直未能实现财政集权。

所以说,袁世凯也曾设法收拢地方权力,但不论是各省省长的任命权,还是向地方特派机构,均未获得成功。这样一来,不但从地方所收寥寥,1913年,地方本应解款3240余万元,但实际上只有560余万元[1];

---

[1] 柯伟明:《民国时期税收制度的嬗变》,《中国社会科学》2019年第11期。

反而还要从中央截留一部分专款拨付南方。本就财政紧张的袁政府，对南方更加不满。

袁世凯只能举债，但他的招数无非两个：一个是对内发行债券，一个是对外借款。内债问题由于清政府发行昭信股票而声名狼藉，短时间内其恶劣影响不易消除，那就只剩下借外债这条路。向外国银行团举债也是饮鸩止渴，外国人的钱是不好借的，条件苛刻且易引发国内矛盾。

此时的袁世凯已经顾不上这些，他再次委任熊希龄担任财政委员会会长以谋外债。熊希龄不负袁之期望，避开六国银行团，秘密与伦敦鲁意特银行签订了一份1000万英镑的借款合同。纸终究包不住火，六国银行团很快就发现了袁世凯的小动作，立刻施压要求袁政府偿还所欠债款。

一边眼巴巴看着鲁意特银行到账的头期50万英镑借款，一边是六国银行团咄咄逼人的催款要挟，一边又是各省都督急如星火的连电索调，还有当初允诺清廷的优待条件，北京政府一时间无计可施。无奈之下，袁世凯只能再向六国银行团低头，要求恢复谈判。

此时，美国因争夺银行团控制权失败，退出六国银行团。英国也担心中国局势动荡影响本国利益，于是银行团决定作出一定让步。所谓让步也就是在借款金额上有所减少，其他苛刻条件依旧没得商量。比如：借款期内，中国不得向五国银行团以外的银行借款；中国盐税、关税收入用于偿还债款本息，同时北洋政府动用税收收入需要征得五国银行团同意；追加200万英镑以赔偿外侨损失；聘用外国财政顾问；等等。

如此苛刻之借款合同，袁世凯当然知道参议院不会同意。他索性就绕过参议院，直接和五国银行团代表签订了《善后借款合同》。消息一传出，全国舆论哗然。5月5日，国民党人江西都督李烈钧与湖南都督谭延闿、广东都督胡汉民、安徽都督柏文蔚联合通电，公开反对大借款，并指袁世凯为刺杀宋教仁幕后之真凶。

李烈钧（1882—1946），字侠如，号侠黄，又名协和，江西武宁人。1904年赴日留学，习炮科。在日期间加入同盟会，之后20年追随孙中山出生入死，深受孙中山器重，孙言必称协和先生。李烈钧等人发表通电后，为杀一儆百，袁世凯下令解除李烈钧等人职务，江西省议会随即鼓动李烈钧起义。

李烈钧没有同意。如果因免职而发动起义，未免师出无名，陷自己于不义。况且，自宋教仁遇刺后，国民党内部就是否武力讨袁，意见不一。孙中山认为袁世凯是杀害宋教仁的真凶，必须以武力来解决；黄兴等人则认为南方兵力不足，如果发难，于大局无益；还有一部分北京的国民党国会议员，妄想通过法律手段倒袁；甚至一些观望的地方都督，都想乘机渔利。

就在国民党这边犹豫不决之时，靠着善后大借款筹措来的军费，袁世凯向国民党下手了。5月24日，袁世凯自恃手中有钱、有枪、有列强支持，发表"传语国民党人"的谈话，直指孙中山等人为"奸人"，是"扰乱和平、破坏民国"的"阴谋破坏者"，污蔑孙中山、黄兴，除捣乱外无本领，甚至威胁国民党，"若敢另行组织政府，我即敢举兵征伐之"。[①]

面对袁世凯的磨刀霍霍，南方还在和谈的问题上打转。袁世凯没有给南方太多的时间，6月，袁世凯借口三都督反对借款、不服从中央，迅速分兵南下。强敌逼近，国民党终于决定兴师讨袁了。那由谁首先来发难呢？

当时，李烈钧不仅有九江军队为后盾，且控制的湖口地区地势险要，易守难攻，再加上李烈钧本人反袁思想由来已久，自然是第一个出头反袁。7月12日，李烈钧在湖口宣布独立，就任讨袁军总司令兼正面军司令，发表讨袁通电，痛斥袁世凯"乘时窃柄，帝制自为，灭绝人道，暗杀元勋，弁髦约法，擅借巨款"，呼吁国人"急起自卫，与天下共击之"。[②]接着湘、鄂、皖、闽及上海、重庆等省市相继宣布独立，二次革命

[①] 辛向阳：《百年博弈——中国中央与地方关系100年》，山东人民出版社，2000，第55页。
[②] 侯宜杰：《袁世凯评传》，河南教育出版社，1986，第189页。

拉开序幕。

袁世凯下达讨伐令，调动冯国璋、张勋两部进攻南京；段芝贵以江西宣抚使身份进攻江西；同时辅以海军为助攻，开始镇压国民党人的反袁革命。双方在瑞昌、德安地区展开第一回合激战，李烈钧部凭借险峻地势，初战告捷。

但不久，国民党方面局势急转直下。原本国民党内部关于讨袁就意见分歧，随着战争的发展，这种分歧完全葬送了革命。

就以江西讨袁军来说，军中各有派系，各有归属，即使是李烈钧也只能指挥一部分军队。7月12日，当李烈钧打响独立第一枪时，其他军队却是按兵不动，大有隔岸观火之意。更没想到的是，关键时刻又出现了马当炮台士兵倒戈和将领叛逃之事。敌众我寡之下，湖南、广东援军迟迟不到，九江、姑塘、湖口等地相继沦陷。

接着出现连锁反应，安徽、湖南等省相继取消独立；黄兴败走徐州，江苏取消独立。8月，李烈钧退离江西，南昌失陷。9月1日，南京被攻克。孙中山、黄兴、陈其美等被通缉，相继逃亡日本，二次革命宣告失败。

二次革命失败后，袁世凯的地位空前巩固。安徽、广东、江西、江苏、湖南、湖北、福建、上海全部都是北洋都督，长江流域一带成了袁世凯的囊中之物。失败后的李烈钧也没有气馁，他预言："袁世凯想称帝，殆梦耳！"后来，李烈钧参加了唐继尧的护国军，"三炮定韶关"，终结了袁世凯的皇帝梦，此为后话。

大事年表

1912年　8月至12月袁世凯政府所借外债达9400万元。

12月底,袁世凯政府所借的外债,不计庚子赔款,高达17.5亿元。

1913年　4月26日,袁世凯与英、法、德、俄、日五国签订善后大借款合同,总计2500万英镑。利息五厘,以盐税收入及关税余额作担保。

5月24日,袁世凯发表"传语国民党人"谈话,宣布与国民党决裂。

夏,河南白朗反袁起义。

7月12日,李烈钧在江西湖口宣布独立,"二次革命"爆发,也称"赣宁之役"。

7月15日,黄兴以江苏讨袁军总司令身份宣布江苏独立。接着,安徽、上海、广东、福建、湖南相继宣布独立。

9月1日,张勋攻占南京,"二次革命"失败。

小常识1:昭信股票

是晚清政府为偿付《马关条约》赔款、解决财政困难而发行的一种公债,是中国历史上第一次用证书形式发行的内债。该债券发行取"政府诚信、昭示天下"之意,后因政府大肆摊派,违背了自强派股的初衷,失信于民,最终全国募到的款项还不到计划总额的1/5。

小常识 2：白朗起义

辛亥革命之际，在河南都督张镇芳的横征暴敛下，河南民不聊生。河南宝丰人白朗以舞阳县为根据地，以"劫富济贫"的口号，吸引了众多贫苦老百姓，吹响了起义号角。"二次革命"爆发后，白朗起义军接受了革命党人的反袁要求，号称"公民讨贼军""中原扶汉军"，提出"逐走袁世凯，设立完美之政府"的政治主张。1914年8月，白朗在宝丰被北洋军围困，重伤而亡，起义军被镇压。

相关链接：南京保卫战

宋教仁案和善后大借款后，孙中山领导下的南方革命党人决心武力讨袁，发动反对袁世凯独裁统治的"二次革命"。随着江西李烈钧和南京黄兴的相继失败，广东、安徽、湖南、江苏先后宣布取消独立，讨袁形势直转急下。7月29日，黄兴离宁赴沪，转赴日本。危急之下，革命党人何海鸣等人奔赴南京，建立"铁血监视团"，试图挽回大局。在何海鸣等人的鼓动下，革命军于8月8日再次宣布江苏独立，后因何海鸣被捕，11日江苏再次宣布独立，南京保卫战正式打响。14日，张勋率领北洋武卫前军与南京讨袁军展开激战，讨袁军打退敌人若干次进攻。9月1日，讨袁军卫队队长叛变，张勋攻入南京城。双方展开残酷的巷战，最终苦力支持了20余天的讨袁军伤亡殆尽，南京城破，"二次革命"结束。经此一役，北洋军势力范围延伸至长江流域，袁世凯的北洋势力控制了全国大多数地区。

熊希龄"被逼"签字

宋案发生后,袁世凯想去掉"临时"二字成为正式大总统,还得过国会这一关。当时,国民党仍然是国会第一大党,为抗衡国民党,袁世凯决定拉拢国会的另一大党——进步党。

进步党的前身包括统一、共和、民主三党。1913年2月,国会选举中,因三党总席位远不及改组后的国民党,为压制一家独大的国民党,由梁启超牵头,联手昔日政敌袁世凯,将三党合并为进步党,意欲与国民党议员平分国会秋色。

袁世凯与进步党合作的第一步就是确定新总理人选。原国务总理赵秉钧,因宋案嫌疑未清被迫辞职,后死于天津督署内,新总理人选一直悬空。袁世凯自然希望总理一职出自北洋一系,他中意徐世昌,但是不仅国民党和进步党反对,而且徐世昌本人也不肯从命。最后,袁世凯选择了熊希龄。

袁世凯对熊希龄是比较满意的。不仅因为熊本人办事认真负责,有"理财能手"之嘉誉,而且熊希龄与各党派,特别是与进步党有着很深的渊源。此时,正值"二次革命"酣战之际,利用进步党人压制国民党力量也是上策。另外还有一个上不了台面的原因,那就是袁世凯抓住了熊希龄的"小辫子"——热河行宫盗宝案[①]。有了这个撒手锏,袁世凯不怕日后熊希龄唱对台戏。

---

① 见文后相关链接。

怎奈剃头挑子一头热，熊希龄对组阁并不热心。出任内阁总理，看似风光的背后其实有诸多无奈和坎坷，尤其是面对各种弹劾，稍有不慎就会落个一世英名俱损的下场，甚至还得赔上性命，唐绍仪如此，赵秉钧亦如此。有了前车之鉴，熊希龄当然拒绝。

袁世凯呢，他是不会失去这个扳倒国民党的机会的。为了让熊希龄组阁，袁世凯试图将生米做成熟饭。他直接安排众议员，对熊希龄任国务总理一事进行投票表决，结果熊希龄就任总理议案以126票赞成、72票反对和4票弃权通过；接着他又借"盗宝案"，暗示熊希龄有盗宝嫌疑。梁启超也劝熊希龄，希望他能够出任总理，扩张党势，实现宪政。最终，熊希龄妥协了。

既然答应组阁，熊希龄希望打造一个由"第一流人才"组成的内阁，为此他提出了包括张謇、梁启超、杨度等诸多"第一流人才"在内的内阁名单，孰料这份名单在袁世凯面前碰了一个软钉子。按照袁世凯的打算，新内阁成员中除司法、教育和农商三部部长外，其余的如陆军、海军、财政及交通等部长均应出自北洋一系。他甚至还拿出了一份早已拟好的名单让熊希龄通过。

面对袁世凯的专权，熊希龄也只能接受现实。无奈之下，他只好请梁启超任司法部长，结果梁提出非财政部长一职不就；他又请杨度主管教育，杨度却回了一句"帮忙不帮闲"；其他人也以各种理由相继拒绝。一时间，熊内阁"难产"了。

情急之下，熊希龄跑去做梁启超的工作，大意是说：当初您让我牺牲，现在我牺牲了，您又自视清高；况且，如果新组内阁全是官僚，又招致舆论不满，您所领导的进步党也要"吃挂落"[①]。在熊希龄的反复劝说下，袁世凯也让了一步，让熊希龄兼任财长，梁启超终于答应出任司法

---

① 方言，意思是受牵连。

部长。经过3个月的酝酿，1913年9月11日，熊希龄终于组阁成功。①

熊内阁成立是否意味着进步党人有了施政话语权呢？很快，进步党就被打脸了。熊希龄组阁不久，就发表了梁启超起草的《政府大政方针宣言书》，描绘了进步党人改造政治、发展经济的执政蓝图。然而，这份宣言书却被袁世凯束之高阁，此时的袁世凯，他关注的头等大事是尽快进行总统选举。

被他捧上高位的进步党就是为他扫清障碍，为他进行总统选举创造"合法"外衣，而非制定什么执政蓝图。

因为按照《临时约法》的程序设计，应先由国会制定宪法，而后选举正式大总统和组织政府。但袁世凯已经等不及了，他需要掌权以控制国内各种势力，需要在国际事务上对列强有所交代，"国不可一日无首"。于是在熊希龄组阁期间，袁世凯就施压进步党人，要求国会通过《大总统选举法》。

熊希龄内阁一成立，10月4日，参众两院就匆匆公布了两天之后进行中华民国正式大总统选举的议定。10月6日上午，参众两院组织选举会，在众议院会场进行总统选举正式投票。759名国会议员刚刚落座，黑压压的就来了一大群自称"公民团"的人。这些人进退有序，明眼人一看就不是普通老百姓。他们围在会场外面叫嚣，如果选不出国民期望的总统，他们是不答应的，逼令各议员必于当日选举总统。②

肃穆的选举大会被这群人一闹，仿佛大卖场一样喧嚣。一些有正义感的议员们开始将票投给了黎元洪。第一轮投票后，袁世凯得471票。但根据选举法规定，总统票数应达到法定数的3/4，袁世凯票数不够，之后国会不得不又进行了两轮投票。直到晚上10点，袁世凯终以507∶179战胜了黎元洪，当选为民国首任正式大总统。

---

① 钱基博：《钱基博讲中国现代文学史》，百花洲文艺出版社，2021，第80—81页。
② 《强迫议员手段》，《大公报》1913年10月9日第5版。

听闻袁世凯当选大总统，外头的"公民团"高呼"大总统万岁"呼啸而去。次日，黎元洪当选为副总统。按照议程，袁世凯于10月10日举行大总统就职典礼。令人惊奇的是，袁世凯放弃在国会举行就任仪式，反而跑到清帝故地——故宫太和殿宣誓就职，其中"意义"耐人寻味。

既然大总统已就职，立宪就应该提上日程了。一些国民党国会议员和进步党议员满怀理想，欲修订民国宪法，并在修宪会议上屡次抵制袁世凯提出的总统任命议员权、派人列席宪法起草委员会等要求。这让大权在握的袁世凯对责任内阁制更加痛恨，他要解散国民党和国会！

解散国民党和国会，不是袁世凯一声令下就能解决的事情。需要征得国务总理的同意，才能保证程序上的合理合法，熊希龄同意吗？其实他同意与否，已经无关时局走向了。据时任国务院秘书长张国淦回忆，他在面见熊希龄之前，在秘书厅发现了解散国民党和国会的密令，随即他询问熊希龄，熊希龄的回答是"不知其事"。张国淦同时还提供了另外一条线索，就是在二人谈话之间，熊希龄被通知到总统府去，不多时，上述密令便得以公布。

从熊希龄不知内情到密令公布，短短的时间内发生了什么事情，继而让熊希龄同意签订副署命令呢？熊希龄回忆称，自己因为热河行宫失窃案被袁世凯要挟，不得以在袁世凯已准备好的大总统令上签字。不过也有资料显示，当两院议长来交涉国会事宜时，熊希龄也公开宣称要解散国会，实行5年军政。

孰是孰非有待考证，但结果，无论是11月4日袁世凯下令解散国民党，收缴国民党438人议员证书，导致国会不足法定人数；还是到1914年1月10日，停止全体国会议员职务，饬令回籍；抑或是3月解散各省议会，熊希龄都签署了副署命令。

在这期间，一些知名报纸不断爆出各种新闻。比如熊希龄的执政方针，由于两院议员不足法定人数而被迫延后的消息。还有消息称，该草案因为某总长反对而胎死腹中，等等。甚至还有报纸爆出熊希龄盗卖热河行宫文物的消息，熊希龄倒台已是早晚的事情。1914年2月12日，熊希龄宣布辞职，进步党也随之被袁世凯抛弃。

国会解散后，中华民国在政体上处于暧昧混沌之中，既非共和也非帝制。但最终袁世凯转向了帝制，此后进步党才开始旗帜鲜明地反对袁世凯，加入护国运动中，而熊希龄本人则远离了政治，重新选择了一条慈善救国的道路。

大事年表

1913年	4月8日，中华民国第一届国会开幕。
	9月11日，熊希龄组建内阁，人称"第一流人才内阁"。
	10月4日，参众两院公布《大总统选举法》。
	10月6日，国会选举袁世凯为中华民国正式大总统。
	10月10日，袁世凯宣誓就任大总统。
	10月31日，第一届国会组织的宪法起草委员会在天坛制定《中华民国宪法草案》。
	11月，袁世凯下令解散国民党，取消国民党籍国会议员资格。
1914年	1月，袁世凯解散国会，停止参、众两院议员职务。
	2月，熊希龄内阁解散。

小常识：第一流人才内阁

又称"名流内阁"。袁世凯镇压"二次革命"后，欲假手进步党彻底消灭国民党势力。1913年9月，袁世凯任命该党熊希龄为内阁总理，熊希龄号称新内阁应由第一流人才与第一流经验组建而成。结果，受袁世凯操控，熊希龄所谓的第一流人才，像梁启超、汪大燮、张謇等仅担任司法、教育与农商等部门闲职，其他重要的部门，如外交、财政、交通、内务及海陆军等部门仍掌握在北洋派手中。国民党解散后，第一流内阁也失去了价值，在袁世凯的阴谋操作下，1914年2月，"第一流人才内阁"被迫下台。

相关链接：熊希龄与热河行宫盗宝案

热河行宫盗宝案是袁世凯构陷、胁迫熊希龄的一个圈套。1913年，熊希龄奉袁世凯之命任热河都统。当时，热河首府承德是历代清帝避暑纳凉的胜地，古玩珍宝甚多，官人监守自盗行为时有发生，几成惯例。熊希龄上任后，考虑到古玩盗卖严重且行宫年久失修，两次呈文袁世凯要求修葺行宫，并整理行宫内文物运往北京收藏。后因修葺经费无着落，熊希龄请示袁世凯变卖十余件瓷器以充经费。袁世凯表面予以支持，暗中却派人罗织熊希龄盗宝嫌疑的罪证。后袁世凯欲借进步党抑制国民党，于是以盗宝嫌疑要挟熊希龄出任内阁总理，之后迫使其副署解散国民党和国会令，充当袁世凯"以党杀党"的炮灰。紧接着，袁世凯又以"盗宝案"为由，制造舆论压力，迫使熊希龄辞职下台。之后，熊希龄决心退出官场，从事慈善教育事业。

"民国奇耻"

1914年的上半年，击败国民党、解散国会的袁世凯牢牢地控制了国内政权；国内民族企业也因第一次世界大战的爆发、列强无暇东顾而获得了喘息机会。这一年，如果没有发生日本强占胶东半岛，对"国事初定"的袁世凯政府来说，应该是一个不错的开局。

就在北洋政府享受短暂的"春天"时，近邻日本却在不断加快侵略中国的脚步。早在1911年10月24日，日本内阁就通过了《关于对中国的政策》的决议，申明日本可乘有利时机根本解决满洲问题。第一次世界大战爆发后，英国请求盟国日本协助攻打占据中国山东胶东半岛的德国，这无疑为日本提供了侵略中国的可乘之机。

日本元老院当然不会放过这个千载难逢的好机会。他们认为这是日本发展国运的天赐良机，是确立日本在东洋权利的大好时机。在元老院的支持下，日本大隈内阁叫嚣着，必须利用大战期间的"天佑良机"[1]。于是，打着维护"亚洲和平"的旗号，日本很快就对德宣战。

1914年9月2日，日军登陆龙口。他们置中国为欧战中立国立场于不顾，强迫中国划定交战区域，并无视中国抗议，不断越过边界向济南进逼；甚至借口济南为"胶州湾租借地延长的一部"，10月初出兵占领了胶济铁路全线，控制了铁路沿线矿产。11月7日，日军与英军合围胶州湾的德国，攻克德占要塞青岛，并将中国海关人员全部驱逐，改用日人。

---

[1] 郭剑林主编《北洋政府简史》上册，天津古籍出版社，2000，第301页。

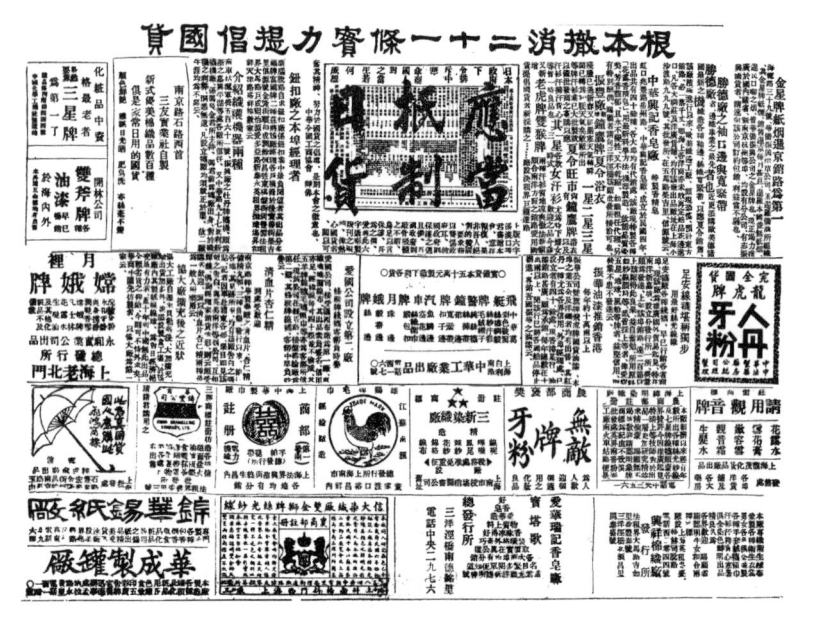

《时报》1923年4月11日刊登的"抵日二十一条"

日本占领青岛后，非但不撤回山东内地之日军，反而向中国索取更多的利益。日本要求在欧战结束以前，青岛和山东战区由日本统一进行军事管理，山东内政也交由日本管理监督。1915年1月18日，盛气凌人的日本政府完全不顾外交惯例，命令驻华公使日置益直接驱车到中南海怀仁堂，秘密向袁世凯递交"二十一条"无理要求。

日本提出的"二十一条"要求共五号，前四号主要是承认日本既得利益，比如承认日本对山东和青岛的特权、承认日本对汉冶萍公司的控制权、承认日本对中国沿海港口岛屿的特许租借权，以及承认日本对南满和东蒙的特权。最关键的是第五号，日本妄图要控制中国的内政权，控制中国的筑路权、中央地方行政权、外交权及原料倾销权等，这无疑是要将中国变为第二个朝鲜。

日本之所以明目张胆提出"二十一条"要求，有一种说法是日本吃准了袁世凯的心态。当时，袁世凯已有帝制自为的念头，日本为投其所好，让日置益向袁世凯暗示"中国应该有皇帝"，同时还向驻日公使陆宗舆表示，"中国如欲改国体为复辟，则敝国必赞成"[①]等。

对于这份密约，日本甚至要求袁世凯"绝对保守秘密"，不得向外界透露。接到"二十一条"要求的当天，袁世凯召集徐世昌、段祺瑞等人商议对策，决定与日本进行谈判。谈判的底线是，凡是已让与他国的利益均可以给日本，未让之利益，绝不让步。

关键是怎么谈。以中国一己力量对抗日本胜算不大，袁世凯决定将密约和谈判过程逐步透露给美国、英国和俄国，希望通过国际外交压力迫使日本让步。事实上，英国因与日本有盟约，故对中国问题并不热心；俄国则欲借日本攫取南满权力之际，乘机分北满一杯羹，故而会逼迫中国接受"二十一条"要求。

唯一可行的策略只能是争取未卷入欧战的美国。在顾维钧等人的努力下，美国最终表态，对中日交涉中有损其利益的概不承认。不可否认，美国的态度对日本最终放弃第五号起到了一定的作用，但美国要求的"利益均沾"还是与北洋政府所期望的有差距。弱国无外交。拖延了4个月后，1915年5月25日，中日双方正式签署《民四条约》。除了对第五号条款，袁世凯声明"容日后协商"外，其他条款均予承认。

全国哗然。远在日本的孙中山不断向国内和新加坡、美国旧金山等华人聚集地散发有关交涉通告，指责袁世凯是拿祖国之河山移赠他族，攻击袁世凯为打击革命党而不惜卖国，呼吁全国讨伐袁世凯。国内报纸也连续对交涉过程和结果予以披露，以期记诸书册之上，传诸父老之口，告诫国人勿忘国耻。

---

① 金冲及：《二十世纪中国史纲》增订版第一卷，生活·读书·新知三联书店，2021，第145页。

消息传到学界，青年学子怒发冲冠，誓与日本抗争到底。不少海外留学生回国，要求入伍请缨杀敌；国内学生有的上书教育总长汤化龙，要求进行国耻教育；有的自发组织召开国耻纪念大会，呼吁国人勿忘国耻；有的甚至留下"以身殉国，勿忘国耻"的血书后投河自尽。在爱国学生的感召下，全国教育联合会决定，各学校每年以5月9日为"国耻纪念日"，并写入教科书，以待后来者奋发图强。

为抗议日本的强暴和政府的无能，湖南第一师范的学生收集各种揭露日本侵略中国的文章和资料，集资编印成《明耻篇》。当时在长沙求学的毛泽东，常常在饭后、课余时间到自习室看报，了解国际形势。看到帝国主义对中国的压迫，感受到中国因落后而挨打的屈辱，开始形成救国心志。

毛泽东仔细阅读了《明耻篇》，对日本的侵略行径和袁世凯政府的种种妥协义愤填膺，愤然在书的封面手书"五月七日，民国奇耻。何以报仇，在我学子"十六个大字。这十六个字掷地有声，表达了青年毛泽东对"二十一条"的抗议和拳拳爱国之心，正如他自己后来所说的："我在这里——湖南省立第一师范度过的生活中发生了很多事情，我的政治思想在这个时期开始形成。"[1]《四言诗·闻日本向袁世凯提出二十一条后作》在湖南学界引起了较大反响，成为反日爱国运动的战斗檄文。

大事年表

1914年　　7月8日，孙中山在日本东京成立中华革命党。

　　　　　8月，德国和奥匈帝国为中心的同盟国和以英法俄为中心的协约国全面开战，第一次世界大战爆发。

---

[1] 杨庆旺：《毛泽东足迹考察记》上册，中央文献出版社，2015，第54页。

	8月23日，日本向德国正式宣战。
	11月7日，日军占领青岛。
1915年	1月18日，日驻华公使日置益向袁世凯提出独占中国的秘密条款，即"二十一条"。
	3月18日，为反对中日"二十一条"交涉，上海国民对日同志会在张园召开万人抵日大会。
	4月26日，中日双方就"二十一条"已进行了25次秘密谈判。
	5月7日，日本对中国外交部提出最后通牒，限24小时内答复签订"二十一条"之要求。
	5月9日，袁世凯除对第五号条款声明"容日后协商"外，"二十一条"其余条款均予以承认。
	5月25日，中日双方正式签署《民四条约》。

小常识：《民四条约》

《民四条约》是由《关于南满洲及东部内蒙古之条约》《关于山东省之条约》及另附的13件换文组成。条约签订后，日本势力扩展到满蒙、山东和华中、华南等地。

相关链接："二十一条"共五号

【第一号】（一）承认日后日、德政府协定德国在山东权利，利益让与的等项处分。(二)山东并其沿海土地及各岛屿,不得租借割让与他国。(三)先许日本建造,由烟台或龙口接连胶济的铁路。(四)允诺自开山东各主要城市开为商埠——应开地方,另行协定。

【第二号】(一)旅顺、大连湾、南满、安奉两铁路的租借期限,均展至九十九年。(二)日本人在南满、东蒙,有土地所有权及租借权。(三)日人得在南满、东蒙,任便居住往来,经营工商业。(四)日人得在南满、东蒙开矿。(五)南满、东蒙:(甲)许他国人建造铁路,或向他国人借款建造铁路;(乙)以各项课税,向他国人抵借款项,均须先得日本同意。(六)南满、东蒙,聘用政治、财政、军事各顾问、教习,必须先向日政府商议。(七)吉长铁路,委任日政府管理、经营。从本条约画押日起,以九十九年为期。

【第三号】(一)将来汉冶萍公司,作为合办事业。未经日政府同意,该公司一切权利产业,中国政府不得自行处分,并不得使该公司任意处分。(二)汉冶萍公司各矿附近的矿山,未经该公司同意,不得准公司以外的人开采。此外凡欲措办,无论直接、间接,恐于该公司有影响的,必先经该公司同意。

【第四号】(一)中国沿岸港湾及岛屿,概不租借或割让与他国。

【第五号】(一)中国政府,聘日本人为政治、财政、军事等顾问。(二)日本人,在内地设立病院、寺院、学校,许其有土地所有权。(三)必要地方的警察,作为中、日合办。或由地方官署,聘用多数日本人。(四)由日本采办一定量数的军械。或设中日合办的军械厂,聘用日本技师,并采买日本材料。(五)接连武昌与九江、南昌的铁路,及南昌、杭州间,南昌、潮州间铁路的建造权,许与日本。(六)福建筹办路矿,整理海口(船厂在内),如和需用外资,先向日本协议。(七)允许日人在中国传教,并要求严守秘密。如其泄露,日本当另索赔偿。

"文人政客"造势复辟

1915年天津《广智报》登载了一幅名为《走狗图》的漫画：衮服冕冠的袁世凯傲居中央，下首则有四条狗围坐身旁。熟知时局的人一眼就知道，这幅《走狗图》讥讽的是，为袁世凯登极呐喊助威的筹安会四大将——杨度、胡瑛、孙毓筠和严复。

筹安会是1915年8月由杨度、孙毓筠、严复、刘师培、李燮和、胡瑛等六人成立的一个政治团体，该团体以"变更国体，筹一国之治安"为宗旨，为袁世凯称帝制造舆论。袁世凯的民国大总统做得好好的，为什么会允许身边的幕僚鼓捣出一个"变更国体"的组织呢？

让我们回到1914年。这一年，袁世凯镇压"二次革命"，解散国民党，就职正式大总统，颁布《民国约法》和《总统选举法》《觐见条例》，扩大总统权力，恢复前清"陛见"制度等。袁世凯已经牢牢掌握了民国政权。

一边是袁世凯极度膨胀的权力，一边是处于低潮的革命运动，另外还夹杂着外国人的喧嚣。袁世凯的政治顾问美国人古德诺就发表《共和与君主论》，认为共和不适合中国国情；英国驻华公使朱尔典也劝袁世凯，"共和政体，华人未尝研究，君主政体，或稍知之"[①]。在诸多因素影响下，国内掀起了一股复古潮流，支持帝制的呼声不断高涨。

这时候，一向奉行金铁主义和君主立宪制度的杨度"适时"呈送了

---

① 刘成禺：《世载堂杂忆》，蒋弘点校，山西古籍出版社，1995，第203页。

《君宪救国论》一文,再次阐明他的帝制救国论,认为当时的中国只能以专制之权,行立宪之业。没想到,早已对共和制反感的袁世凯阅后非常高兴,称之为"至理名言",并亲自赐匾题字"旷代逸才"以示嘉许。

受到鼓励的杨度开始为他的学说四处奔走,并亲自起草筹安会宣言。8月,筹安会正式宣布成立,杨度任理事长。其实就袁世凯本意,他只是想让杨度做一个居间传达之人,在幕后组织一个学术团体,网罗一些社会名流为他称帝造势。

袁世凯曾公开表达过他的这个意思。他说,学者开会讨论为言论自由,政府无从干涉,国际形势多变,需要学者讨论研究,自无干涉之必要。他还强调,学者之主张与他无涉。①

但杨度等人不想做幕后功臣,反而到处高调为帝制奔走。他们先是搞了一个类似今天的民意测验,以昭告世人君主立宪乃大势所趋;紧接着以筹安会名义发表了第二次宣言,直接声称"拨乱之法,莫如废民主而立君主;求治之法,莫如废民主专制而行君主立宪"②。落实到行动上,他们要求各省组织"公民团",分途向参政院请愿。

就在筹安会这边大张旗鼓准备请愿活动时,舆论反对的声音也此起彼伏。先是冯国璋等人通电各省,请将政体问题交参政院代行立法院公议;接着段祺瑞、黎元洪、徐世昌等人也对帝制表示了反对态度;梁启超等社会名流借着报纸舆论,发表《异哉所谓国体问题者》,驳斥帝制派论调。

为了安抚民心和军心,9月6日,袁世凯派杨士琦到参政院,公开表态,称"改革国体经纬万端……如急遽轻举,恐多窒碍……如征求多数国民之公意,自必有妥善之上法"③。袁世凯的表态最初令杨度一头雾水,

---

① 丁中江:《北洋军阀史话》第二册,商务印书馆,2012,第58页。
② 中国第二历史档案馆编《中华民国史档案资料汇编·政治》,江苏古籍出版社,1994,第1069页。
③ 丁中江:《北洋军阀史话》第二册,商务印书馆,2012,第59页。

1914年约法会议公布的《约法会议记录》

杨度私下曾向总统府机要长打听袁世凯的真实态度。

不久，筹安会就读出了袁世凯的真实用意，既想称帝，又不敢太露骨，企图制造所谓"民意所趋"来实现称帝。自认为摸清袁世凯心思的筹安会，一边继续组织请愿活动，一边组织笔杆子诋毁孙中山等革命党人。

没想到马屁拍在了马蹄上。筹安会费尽心思改编京剧《新天安会》为袁世凯祝寿，本想借京剧孙悟空大闹天宫被收服的故事丑化"二次革命"中失败的孙中山等人，以博袁世凯欢心。结果，本就不喜京剧的袁世凯，心思根本就不在这上面，他需要的是"论帝制可行"。筹安会文人们置眼前政治于不顾，难怪落个"一演即废"的下场。

筹安会未得"圣心欢愉"，另一股支持帝制的力量却是凯歌高进。这股力量不同于筹安会的学者气氛，而是直接由官僚组成，核心人物是梁士诒。梁士诒自清末就追随袁世凯，后担任总统府秘书长，组织御用公民党支持袁世凯专权，时人称为"小总统"。不过，梁士诒对袁世凯称帝并不热心，所以当袁世凯提出内阁集权多窒碍时，梁士诒还表示了内阁制不宜变动的态度。

梁士诒的态度令袁世凯很是恼火，他甚至担心梁士诒联合段祺瑞逼宫。1914年5月，袁世凯直接撤销国务院，代之以参政院，揽大权于总统一身，梁士诒被排除出了权力中心。1915年6月，袁世凯之子袁克定又策划"三次长参案"也称"五路大参案"[1]，继续打压段、梁、熊三人及其背后的陆军派、交通系和进步党。一时间，交通系上上下下人人自危。在袁世凯的紧逼之下，梁士诒无奈地对交通系骨干说了句"赞成不要脸，不赞成就不要头"[2]。

既然向袁世凯妥协了，梁士诒决定要有声有色地干一番"大事"，以表"食君之禄，担君之忧"之忠心。梁士诒与袁世凯的干儿子段芝贵联合，由段芝贵出面邀请朱启钤、周自齐、张镇芳、雷震春、袁乃宽等实权人物，共同组成全国请愿联合会，会中骨干人送绰号"十三太保"。

梁士诒有人有钱，很快就成了帝制实际行动的核心人物。8月29日，当筹安会这边还在开会，进行民意调查时，梁士诒操纵的请愿联合会就已经向参政院提议要实行帝政。梁士诒嫌弃筹安会行动太慢，亲自筹款200万元资助筹安会行动。他甚至提出直接召开国民代表大会，进行国体投票。难怪时人评价说："是帝制运动，非筹安会无以开创造之基，非联合会无以收速成之效。"[3]

接下来，请愿联合会开始紧锣密鼓地筹备国民代表大会。朱启钤牵头向各省长官发出密电，按照袁世凯的指示部署具体工作，以确保国民代表为袁世凯喉舌。为以防万一，梁士诒动用政界和财界各种力量，不惜投巨资贿赂各省代表。军界甚至出动武装，监视代表投票。

结果令袁世凯相当满意，全体国民代表1993人全部"赞成君主

---

[1] 见文后小常识。
[2] 侯宜杰：《袁世凯传》，辽宁人民出版社，2020，第331页。
[3] 东方杂志社编《帝制运动始末记》，商务印书馆，1923，第7页。

立宪"。但闹剧还没落幕，参政院还没有统计完票数，各省代表就又被操纵着进行推戴签名。一切都在请愿联合会的安排和监视下，结果再次令人"满意"，袁世凯又以1993张全票被推戴为"中华帝国皇帝"。

大事年表

1915年　　6月，袁克定策划"五路大参案""三次长参案"。
　　　　　7月，中华民国宪法起草委员会成立。
　　　　　8月3日，美国顾问古德诺应袁世凯要求，撰写《共和与君主论》，鼓吹帝制。
　　　　　8月20日，梁启超在《大中华》发表文章抨击帝制派。
　　　　　8月23日，杨度等人成立"筹安会"，宣扬君主立宪，为袁世凯称帝造势。
　　　　　9月16日，梁士诒等人发起组织"全国请愿联合会"，要求召开国民会议解决国体问题。
　　　　　10月15日，筹安会改组为宪政协进会。
　　　　　10月25日，各省"国民代表"举行"国体投票"。
　　　　　11月20日，各省区"国民代表大会"全体赞成实行君主立宪政体。
　　　　　12月12日，袁世凯宣布接受帝位。

小常识1:"五路大参案"和"三次长参案"

为打击反对帝制的军政财界,袁克定指使肃政厅弹劾交通部所辖各铁路私人势力,并派专人前往津浦路调查,罗列、弹劾其贪污腐化等十大罪状,同时涉案的另有京汉、京绥、沪宁、正太四路,合称"五路大参案"。此次参案因涉及陆军次长徐树铮、财政次长张弧和交通次长叶恭绰,因此也称"三次长参案"。

小常识2:筹安会

筹安会是袁世凯复辟帝制的御用团体。1915年8月,由袁世凯授意,杨度联络孙毓筠、严复、刘师培、李燮和、胡瑛等人组建,因其宣称"筹一国之治安",故名筹安会。该会因宣扬君主立宪,招致舆论界抨击,后改组为宪政协进会。

相关链接:交通系

此处交通系指北洋时期的官僚政客集团,首脑为梁士诒。晚清时期,袁世凯取代盛宣怀控制了清廷的交通系统,其间,梁士诒被任命为铁路总文案。1906年清邮传部成立后,梁士诒任京汉、沪宁、正太、汴洛、道清五路提调,被称为"五路财神"。这是梁士诒进入交通系统后的关键一步,为其日后成为交通系首领奠定了基础。担任五路提调后不久,因京汉铁路的赎回问题,梁士诒又建议设立交通银行经办赎路事宜,成为交通银行创始人之一，随后掌握了交通银行实权。辛亥革命后，梁士诒先后在袁世凯政府任总统府秘书长及交通、财政总长，把持交通、银行事业，广结党羽，形成了以他为首领的"交通系"。袁世凯死后，梁士诒被通缉，曹汝霖继承其势力，任交通总长兼交通银行总理，称"新交通系"。1928年，该交通系随北洋政府覆灭而瓦解。

第四章 袁世凯的末路

"飞将军"潜回云南

1915年12月13日的凌晨,古都北京城一反常态,寂静无声。那些喜欢趁着晨雾遛弯吃早点的北京人也不见了踪影,只剩下士兵和警察在萧萧寒风中沿街立正,等候着原来的大总统、现在的皇帝袁世凯。

这一天,袁世凯要在中南海居仁堂受百官朝贺,他要按照古代皇帝的登极仪式,向上天寻求认可,向世人昭告他最终取得了权力的胜利。新华宫(原总统府)的主人似乎坚信,他统治下的中国将会消弭"内乱",成为亚洲强国。

袁世凯的信心并非空穴来风。各地反袁起义军陆续被镇压,就连孙中山领导的中华革命党也因内部分裂,难逃失败厄运;英、美、日各国公使的"支持",一切都使得"被迫屈从于人民意愿"的袁世凯一时间似乎"众望所归"。正如袁世凯发给美联社的专电:所有的必要性准备工作都已经就绪,就等元旦登极了。

决意要开历史倒车的袁世凯,沉浸在皇帝梦里不能自拔。很快,一个棘手的问题摆在了袁世凯的面前:12月25日,蔡锷、唐继尧、李烈钧联名通电全国,宣布云南独立。云南独立的消息,对正忙着筹备登极大典的袁世凯而言,绝不是一个好兆头。为安定军心,袁世凯夸下海口:待消灭了云南起义军,立即在1916年2月9日举行登极大典。想起远在云南的蔡锷,要在月余时间消灭护国军,袁世凯其实心中并没有底。

蔡锷(1882—1916),原名艮寅,字松坡,湖南邵阳人。1900年参加自立军起义失败后,他改名为"锷",立志为国"流血救民"。蔡锷在

袁世凯授予蔡锷等高级将领的九狮军刀

军界享有很高的威望，是民国初年公认的杰出军事领袖；蔡锷手下还有两个训练有素的德式装备旅，袁世凯知道这是国内唯一能够抗衡北洋军的新式军队。所以，袁世凯对蔡锷是既欣赏又防范。

虽然"二次革命"中蔡锷认为，总统当为国家行政中枢，并以调停之名出兵四川，但袁世凯并未因此消除对蔡锷的猜忌。当熊希龄邀请蔡锷进京督湘、处理"二次革命"后续事宜时，袁世凯认为控制、联合蔡锷的时机到了，于是他欣然同意熊希龄的提议。没想到蔡锷离滇至京后，熊希龄却倒台了，蔡锷督湘一事也就没了下文。

在袁世凯安排下，蔡锷被授予陆军部编译处副总裁、全国经界局督办等闲职。跟杨度"帮忙不帮闲"不同，蔡锷却是"闲职做成了热职"。他一面主持经界局工作，一面联络东京陆军士官学校同学蒋方震等人组织军事研究会，探讨军事学术问题，以防范袁世凯的暗中监视。

《民四条约》签订后，袁世凯开始策划帝制自为。蔡锷对袁世凯政府所谓的"交涉完，须咬定牙根，思一雪此耻"的决心大失所望，对身边友人感慨道：如果袁世凯此言若信，那我誓以血诚报之；如果袁背弃此誓言，我唯有飘然远引，打打个人的穷算盘罢了。蔡锷话虽如此，但心中已有返回云南的打算了。[1]

1915年8月，杨度等人炮制筹安会支持改国体，袁世凯的"司马昭之心"已是路人皆知。蔡锷认为袁世凯改国体必将招致强邻觊觎，尤其是在共和大潮流下，更改国体也会导致内乱潜滋。此时身为军人的蔡锷，决心"负重而趋"，以武力"为四万万人争人格"。

事实上，蔡锷身旁袁世凯的眼线众多，他的一举一动皆被人监视。要想神不知鬼不觉地在袁世凯的眼皮底下抽身逃离北京，蔡锷需要放一放烟幕弹。果不其然，不久袁世凯就接到暗探报告，称蔡将军经常流连酒肆茶楼、妓院青楼，乐不思蜀。

袁世凯听后很满意，认为昔日的"飞将军"已经玩物丧志了。其实蔡锷早已借到天津看喉病之由，与赋闲天津的梁启超制定了一套完整的护国讨袁方案。当然，梁、蔡能够会面还要感谢杨度。本来杨度是想通过蔡锷劝说公开反对帝制的梁启超，结果反倒促成了二人联合，在袁世凯的眼皮底下上演了一出暗度陈仓的好戏。

蔡锷是梁启超的得意门生。当年，16岁的蔡锷是长沙时务学堂最小的学生，却是学习最刻苦的学生之一。在时务学堂，梁启超针砭时弊，令蔡锷大开眼界，蔡锷的认真好学也吸引了梁启超的注意，师生二人亦师亦友。后来梁启超流亡日本，蔡锷也一度追随，蔡锷始终尊敬、钦佩这位老师。因此，在讨袁这件大事上，蔡锷对梁启超说："我们力量虽然有限，但为四万万人争人格起见，非拼着命去干一下不可。"[2]

按照制定的方案，梁启超负责舆论讨袁。梁启超虽然之前曾联合袁世凯对抗国会中的国民党，但对袁世凯及筹安会更改国体的行为更为不

---

[1] 蔡锷：《致曾广轼函》，载曾业英编《蔡松坡集》，上海人民出版社，1984，第797页。

[2] 梁启超：《护国之役回顾谈》，载张华腾：《袁世凯与近代名流》，新华出版社，2003，第297页。

耻，他曾拒绝袁世凯20万元的收买，毅然在《大中华》上发表《异哉所谓国体问题者》，对袁世凯的复辟行径进行了猛烈抨击，后人称这篇文章的作用不亚于蔡锷的护国运动。

蔡锷负责具体军事部署。根据蔡锷制订的计划，袁世凯称帝后云南即刻宣布独立，之后贵州一个月后响应，广西在两个月后响应独立；三省独立后，由云南之兵攻下四川，以广西之力收复广东，时间为三到四个月；而后，五省形成联合之势会师湖北，以湖北为缓冲抵进中原。可以说，这是一个符合当时客观实际且颇具胆识的战略构想。

万事俱备，只欠东风。所有计划最关键的一步是蔡锷寻找机会离开北京，回到云南。而后，他方能联络南方各省旧部，发动武装讨袁起义。于是，就有了蔡锷整日消磨在青楼妓院的传闻，有了"飞将军"丧失斗志的传言，袁世凯渐渐放松了对蔡锷的警惕。

1915年11月17日，蔡锷借看病为由离京去津。已听到风声的袁世凯，秘密派政事堂办事处参议陈仪围堵蔡锷。陈仪与蒋方震两人既是日本士官学校的校友，又是浙江同乡，根据学者考证，可能是陈仪将消息透露给了蒋方震。

蒋方震不单是蔡锷的同学，他与梁启超的关系也十分密切。当年，蒋方震能够以官费入伍生的资格赴日留学，与梁启超从中斡旋有莫大关系。所以，蒋方震对蔡锷和梁启超的护国谋划应该是了解的，对蔡锷逃离北京也应该是知道的。

蒋方震听闻袁世凯要下手抓捕蔡锷，顿时心急如焚。怎么才能把这个消息告知蔡锷呢？这时他想到了一个人——教育部视学张宗祥。张宗祥与蒋方震同庚同乡，意气相投，至今海宁还以"文有张冷僧，武有蒋百里"为傲。"冷僧"即张宗祥的号，"百里"即蒋方震的字。二人商量之后，由张宗祥将消息告知蔡锷，蔡锷旋以治病为名东渡日本，后经中国香港、越南，于12月19日顺利抵达昆明，与唐继尧会合。

12月25日，蔡锷等人依计划即刻宣布云南独立，并按照中华民国成立时的体制和名称，恢复都督府，推举唐继尧为都督。随后，西南各省组织护国军，以蔡锷、李烈钧为护国第一、二军总司令，统兵进入四川、广西等地；唐继尧兼任护国第三军总司令，留守云南。1916年1月1日，护国军发布讨袁檄文，号召全国军民共同讨伐袁世凯，保卫共和制民国。

大事年表

1915年　11月，蔡锷离京辗转南归。
　　　　12月13日，袁世凯改中华民国为"中华帝国"，并改次年为洪宪元年。
　　　　12月19日，蔡锷潜回云南昆明。
　　　　12月25日，蔡锷、唐继尧、李烈钧通电全国，宣布云南独立，反袁护国战争爆发。
1916年　1月1日，云南军政府发布讨袁檄文。
　　　　1月5日，袁世凯颁布讨伐令，正式派兵镇压云南护国军。
　　　　2月23日，袁世凯宣布暂缓登极大典。

小常识：《异哉所谓国体问题者》

该文是梁启超批驳君宪救国论的一篇战斗檄文，最早刊载在《大中华》，之后被各大报纸竞相转载。梁启超运用大量史实对杨度等人提出的"君宪救国论"予以批驳，阐释了反对变更共和政体的观点，指责帝制派"无风鼓浪，兴妖作怪，徒淆民视听而贻国家以无穷之戚也"。文风汪洋恣肆，酣畅淋漓，揭开了反袁护国战争的序幕。

相关链接：蔡锷与小凤仙

小凤仙是蔡锷任职于北京期间结识的一名风尘女子。小凤仙本人既非"名妓"，也非助蔡锷离京的"侠妓"，她只是蔡锷离京发动护国战争谋略中的一环。后来，人们为缅怀蔡锷而赋予这段故事以传奇色彩，经文学家们不断渲染，最终成为一个红粉英雄的佳话。

这段佳话经过人们演绎，主要有三个版本。第一个版本是蔡锷欲纳小凤仙为妾，招致夫妻二人反目。后蔡夫人负气搬往天津居住，蔡锷邀小凤仙借酒浇愁，并以此为幌子搭夜车离京。第二个版本是蔡锷借为友人祝寿之际，摆脱监视人，乔装成人力车夫与小凤仙搭乘开往天津的火车离京。第三个版本是，蔡锷借与小凤仙乘车出游机会，溜到火车站与梁启超安排的人接头，登上开往天津的火车离开北京。

冯国璋与"五将军密电"

1915年年底,袁世凯终于达成夙愿,就等着登极了。那时候的袁世凯睥睨天下,国民党不成气候,立宪派徒具纸笔,北洋势力空前。12月25日,云南独立,护国运动爆发,袁世凯的北京政府起初也没有太当一回事,毕竟镇压二次革命的胜利余威还在。京城筹备登极大典的工作仍在有条不紊地进行,街头巷尾的人们热议着新皇帝登极。

北京城的人们也许还不知道,本可速战速决的南方战事陷入了诡异的不战不和状态。前线的北洋军在已包围护国军的大好形势下,并没有乘胜追击,反而停了下来。这是怎么回事?是前线将领临阵倒戈,还是隔岸观火?

是这位"新皇帝"错估了时局,低估了人们的民主共和思想,更高估了北洋老人们的"忠诚"。帝制倡议之初,北洋核心层就普遍反对。袁世凯最重要的支持者徐世昌也警告袁世凯,"志为帝王之人多则国乱"[1];袁世凯的亲家黎元洪力辞"武义亲王"封号,坚决反对袁世凯帝制自为;"北洋龙"王士珍因反对帝制险遭袁克定毒手,于是"乞假"西山避难;段祺瑞则早在半年以前就已归隐西山,之后更是辞去陆军总长职务,放野山林。裂痕早已从北洋内部蔓延滋生,袁世凯早已成了孤家寡人,云南起义只不过加速了矛盾的爆发。

云南起义后,长江沿线军防的胜败直接关系到北京安危,江苏都督

---

[1] 郭剑林、王爱云:《翰林总统——徐世昌》,吉林文史出版社,1995,第124页。

冯国璋成了南北诸省争夺的关键。其实,无论是镇压"二次革命",还是在取缔国民党、解散国会和废除内阁制等重大政治活动中,冯国璋可以说是鞍前马后,甚至扬言"使大总统以无限全能展其抱负"[①]。护国运动爆发后,冯国璋也马上联合张勋等人表态,向袁世凯提出"对滇作战计划之建议案"。但即使如此,袁世凯还是对冯国璋不信任。

袁世凯对冯国璋的不信任是因为冯国璋反对帝制。早在1915年6月22日,南京的冯国璋听闻袁世凯欲改国体,为打探消息虚实,亲自上京觐见袁世凯。结果,袁世凯信誓旦旦,矢口否认称帝的野心。吃了定心丸的冯国璋,当即借报纸向民众辟谣。辟谣的余音还未消,这边杨度"筹安会"的成立马上就打了冯国璋的脸,让冯国璋脸面尽失。

之后,袁世凯怕冯国璋反水,开始削其兵权。袁世凯先是委以冯参谋总长一职,以调离原驻地;接着派耳目暗中监视冯的一举一动,并随时向北京报告;然后调任倪嗣冲为长江巡阅副使,以监视江南。

以"长江三督"领袖自居的冯国璋自然不肯北上,袁世凯索性一不做,二不休,任命冯国璋当征滇总司令,南下与护国军正面交锋。冯国璋一看,直接装病,拒绝南下征讨。

明面上看,冯国璋是因为袁世凯的屡次欺骗和不信任而心生罅隙,但实际上,号称"东南砥柱"的冯国璋也有自己的小九九。他欲效仿当年袁世凯,静观其变,壮大实力,以待时机。云南独立后,冯国璋并没有马上表态反对帝制,只是做出一副抗命不遵、消极备战的姿态,暗中授意江西将军李纯阻止湘西第六师进攻护国军,于是战场上便出现了不战不和的诡异局势。就在冯国璋消极备战的同时,护国军取得了接连胜利。1916年1月21日,蔡锷占领叙府(一般指今宜宾);27日,贵州独立;2月,护国军连克湘西袁军主力。

其间,梁启超与冯国璋代表商谈反袁事宜,国民党方面也派出陈其

---

① 李新、李宗一主编《中华民国史》第二编第一卷下,中华书局,1987,第499页。

陈宦亲笔签名照

美等人接触冯国璋，希望他宣布独立，响应护国运动。但冯国璋始终不为所动，只是私下对各路代表表示了反对帝制的态度。不过，他向护国军保证，长江中下游各部将严守中立，不会接受袁世凯的任何增援命令。甚至他还表示，如果时机适宜，将联合各部发表通电。事实上，冯国璋也确实是这样做的。

双方达成中立约定后，冯国璋就以江苏省防务单薄为由，拒绝袁世凯组织征滇后援军的命令，并坚决辞去了征滇总司令一职。北京政府着急了，连忙部署10万兵力，筹措200万英镑作军费，以作持久打算。袁世凯的登极大典只得再往后拖。然而一切为时已晚矣！1916年3月15日，广西陆荣廷独立的消息传入北京，彻底粉碎了袁世凯从后路包抄云南的计划。

袁世凯只能寄希望于四川、广东、湖南战事，但时局的发展岂能遂了他的意！尤其是广东、湖南素有革命根基，两省独立只是迟早的问题。然而，当所有人都认为护国军要胜了，冯国璋却开始动摇了。

本来想隔岸观火的冯国璋开始重新考虑国内反袁力量，重新考虑他的下一步棋，是继续保持中立，还是公开反对洪宪帝制。据政治活动家胡鄂公回忆，四川的陈宧（yí）欲以冯国璋马首是瞻，只要冯国璋同意发电报，四川就马上独立。最初冯国璋是不相信胡鄂公的话的，但随着局势的发展，冯国璋态度明朗了。

3月19日，冯国璋密电与他关系密切的各省将军，建议联名发一密电，要求袁世凯取消帝制并惩办祸首。这份密电得到了江西将军李纯、浙江将军朱瑞、山东将军靳云鹏、湖南将军汤芗铭的积极响应。为了继续营造反袁声势，冯国璋以五将军的名义通电各省，请求袁世凯"取消帝制，惩办罪魁，自行辞职，以觇全国人民之意思"[①]。这就是轰动一时的"五将军密电"，这封密电预示着冯国璋正式从政治上与袁世凯决裂。

历史的一幕似曾相识。当年，袁世凯利用南方军逼迫清帝退位，同时又以清室大臣身份出面谈判换取利益，最后如愿代替孙中山就职第二任临时大总统，乃至成为第一任民国大总统。冯国璋似乎要效法袁世凯，他既要利用护国军逼袁，又借助北洋势力与护国军谈条件，也许最后坐上总统宝座也如探囊取物一般。

这份密电最终被袁世凯知道了，可以想象当时袁世凯的心情。南方局势陷入泥淖，外国人也开始蠢蠢欲动，北洋内部将领还暗中搞阴谋逼宫。袁世凯这才明白，自己一手培植的北洋心腹已经变成了自己的敌人，一时间惊恐得半晌也说不出话来。

4月16日，冯国璋再次致电袁世凯，称"自滇事发生，国璋屡欲有

---

① 《五将军劝退之确闻》，《滇声报》1916年4月28日。

陈……惧受谴责",如今"祸迫燃眉,难安缄默",况且"枢府采用集权……将军、巡按使之实权,几至限于一城,不能更及省外",希望大总统"尊重名义,推让治权"。他甚至还表示,如果大总统"念付托之重",自己将"在职一日,誓竭一日之孤忠"。[1]

这篇看似声泪俱下、满腔忠君爱国之心的电文,实则是一封反袁檄文,也是北洋第一封公开劝袁退位的檄文。然而,当我们细细琢磨这篇电文后,也许就会发现其中的"奥妙"。这封电文的发电时间是4月份,此时距离袁世凯取消帝制已过半月有余,那么冯国璋劝袁世凯退的是什么位呢? 只能是总统之位。

电报发表后,身处时局中的各路势力纷纷效仿,不再半遮面地"明修栈道,暗度陈仓",也不再与袁世凯虚与委蛇,开始直接逼宫,劝袁退位,甚至以往支持帝制的强硬派也开始转向,称"袁世凯的信誉已经完了,他就是还当这个总统,也很难维持下去"[2]。冯国璋一时间光环加身,俨然以北洋新领袖的姿态自居。来自北洋内部的反帝力量,最终成为压垮袁世凯的一个重要因素。

大事年表

1915年　　2月1日,冯国璋与段祺瑞领衔十九省将军通电反对"二十一条"。
　　　　　4月6日,冯国璋会见梁启超,商定赴京试探袁世凯是否实有称帝野心。

---

[1] 丁中江:《北洋军阀史话》第二册,商务印书馆,2012,第212页。
[2] 张伯驹:《续洪宪纪事诗补注》,第188页。

	6月22日，冯国璋第三次晋见袁世凯，探听袁世凯称帝意图虚实。
	12月21日，袁世凯封冯国璋为一等公。
1916年	1月21日，护国军攻克四川叙府（今宜宾）。
	1月27日，贵州独立。
	2月，护国军在泸州、纳溪一带重创曹锟军队。
	3月15日，广西陆荣廷独立，梁启超任参谋。
	3月19日，冯国璋与山东将军靳云鹏、江西将军李纯、浙江将军朱瑞和长江巡抚使张勋等五人联名密电各省，"要求撤销帝制，以平滇黔之气"。
	3月25日，冯国璋拒绝照发阮忠枢拟就的拥袁留任总统电稿。
	3月28日，冯国璋致电中央，反对用兵西南。
	4月16日，冯国璋致电袁世凯，劝其"推让治权"。
	5月1日，冯国璋发出"和平解决案八条"，简称"和议八条"或"东电八条"。
	5月18日，冯国璋主持召开"南京会议"。

小常识：和议八条

也称东电八条。1916年5月1日，冯国璋以个人名义发电袁世凯，内容包括总统问题、国会问题、宪法问题、军队问题、官吏问题、祸首问题及党人问题第八个方面。因冯国璋欲谋总统之位，故内容多为压制护国军和国民党人，因而遭到各方面的反对和抨击。

相关链接：南京会议

袁世凯帝制自为引发南北战争，为平息内乱及赢得政治主导权，袁世凯先后启用徐世昌、段祺瑞和黎元洪与独立各省商洽，陈宧和冯国璋与未独立各省商洽，以解时局。因各方对袁世凯是否继续担任民国大总统各执己见，为协调各方意见，冯国璋决定联合张勋、倪嗣冲在南京召开各省代表会议。此次会议是护国战争后期的一次重要会议，1916年5月18日开始，至30日结束。袁世凯最初对南京会议抱有一线希望，但冯国璋试图借会议造成以自己为中心的第三方力量，迫袁退位，结果引发张、倪武力干涉。之后，各省代表就总统退位是否由国会解决争执不下，冯国璋提议独立各省来宁商洽，但西南独立各省表现冷淡，最终无果而散。南京会议是冯国璋争夺最高权力的开始，也预示了北洋集团的渐趋裂变。

刺杀陈其美

"二次革命"后,孙中山等国民党主要领导人远走日本,成立中华革命党继续进行反袁革命。此时国内因为袁世凯的倒行逆施,反袁声势高涨。陈其美辗转大连、广东等地组织国内革命力量,武装反袁。1915年10月,孙中山任命其为淞沪司令长官,主持上海革命党人军事活动。

陈其美(1878—1916),字英士,号无为,浙江吴兴(今湖州)人。东渡日本留学期间,他加入孙中山领导的同盟会,之后追随孙中山、黄兴等人从事反清、反袁斗争,历任国民革命军沪军都督、上海讨袁军总司令等职。

上海曾是陈其美的大本营。清末,陈其美以当铺伙计的身份来到大上海,而后在上海洪帮的支持下站稳了脚跟,并与上层社会建立了关系。走在上海街头,不论是戏院、茶馆和澡堂,还是酒楼、妓院,到处都有陈其美的党羽。辛亥革命后,陈其美为巩固上海同盟会实力,先后逼走和暗杀了光复会的李燮和、陶成章,上海成了同盟会的根据地。

再次回到上海的陈其美,遥想昔日峥嵘岁月,为一洗败走东瀛之耻,振奋中山革命事业,抱着"事如不成,决不再到日本亡命"[1]的必死决心投入上海的反袁军事斗争中。陈其美先后拉拢大部分绿林势力及海军军官,支持诸多群众性集会斗争,甚至为了解决革命经费问题,甘愿"以其身筹款"——以自己性命换取袁世凯巨额悬赏。

---

[1] 朱信泉编著:《孙中山与民国元勋》,团结出版社,2011,第88页。

陈其美的努力没白费。在袁世凯眼线密布的上海，一些北洋海陆军军官"归附者日众"，革命形势看似大好。于是陈其美制定了以上海为中心，"以谋浙为主，而兼谋苏"的作战部署。在具体实施过程中，陈其美决定先杀"袁党中坚郑汝成，以寒海陆军之胆"，而后"取制造局"。

"暗杀之王"陈其美刺杀郑汝成自然手到擒来。11月10日，时任上海镇守使郑汝成赴日领事馆，参加庆贺日本天皇登极宴会。车行驶至外白渡桥时，被埋伏在此处的革命党人射杀而亡。"可惜袁家一忠仆，吴淞江口试枪声。"

郑汝成一死，陈其美为发动肇和兵舰起义扫清了障碍。不料，袁世凯听闻上海风声，突发调令，"分调赞成革命之军舰于12月6日出往外海"。仓促之下，陈其美不得不提前发动起义。在与陆路革命党人"分途并进"下，经过顽强斗争，陈其美一度控制了肇和兵舰。但最终还是抵挡不住北洋军的反扑，军舰和江南制造局先后落入袁世凯手中，被孙中山寄予厚望的上海计划破产。

其实，郑汝成被刺后，袁世凯就对上海革命党人提高了警觉和防范。他曾命令冯国璋混编两支部队随时待命，如遇警报即可迅速剿灭；同时袁世凯以100万元为诱饵收买各舰官兵，结果"应瑞""通济"两舰官兵临阵叛变，导致起义失败。之后，陈其美虽又接连策动海陆军起义，但都未能成功。

不管怎样，陈其美上海的革命活动还是给袁世凯带来了巨大麻烦。云南独立，护国运动爆发，上海局势如果不能稳定，那么整个西南战局将会受到极大牵制。令袁世凯更加不安的是，西南当权人物或是原同盟会成员，或是具有革命倾向，且对孙中山、陈其美等革命党人心存景仰，如果双方联手，后果更加不堪设想。除掉陈其美，也许是上策。

据《民国日报》报道，为剿灭上海革命党，袁世凯专门在上海租界及闸北地区设立暗杀机关，中华革命党的一些重要干部先后被袁世凯密探暗杀身亡。上海的白色恐怖令人极为担心陈其美的人身安全，尤其是北京传来消息说，袁世凯忌恨陈其美的程度远甚于孙中山和黄兴，人们提醒陈其美日后行动一定要秘密谨慎。

然而，此时的陈其美已经无暇顾及个人安全了。接连的失败使得他柴毁骨立、形容枯槁。更伤脑筋的是，经费严重不足已经影响了接下来的革命行动。为推动上海革命发展，他要想方设法筹到一笔钱，而这恰好给了刺客可乘之机。

经部下李海秋介绍，陈其美认识了两名矿商——许国霖和程子安。这个李海秋在北京时已秘密被捕，重刑之下不仅供出了革命党人诸多秘密，而且还成为袁世凯的爪牙被派往上海。对李海秋的叛变，上海的陈其美一无所知，他很容易就钻进了圈套。

李海秋介绍的这两个人，在广西经营着鸿丰煤矿公司，并在上海法租界设有办事处。二人出手阔绰，渐渐与陈其美攀上了交情，陈其美对二人也不甚怀疑。1916年5月18日下午，许、程二人以公司作抵押资助革命活动为由，约至陈其美住所签订合同。陈其美因经费有着落而不疑有他，欣然同意。

双方坐定后，趁陈其美低头看合同之际，李海秋溜出房间。这时，一名刺客推开门，对准陈其美连开三枪，子弹贯穿脑部，陈其美当场倒在血泊中。等护卫赶来时，陈其美已经命丧黄泉。

关于陈其美遇刺，众说纷纭。被捕的许国霖供认，称自己是受袁世凯密令刺杀陈其美的，再加上袁世凯曾经许以陈其美70万大洋以放弃革命的事实，因此，坊间普遍认为是袁世凯指使了暗杀。也有说是冯国璋为巩固自己地位，派张宗昌暗杀陈其美。还有的说光复会为报陶成章之仇而暗杀了陈其美，更有说"暗杀之王"陈其美是被他的仇家暗杀。最后，随着许国霖等人的翻供，案情更加扑朔迷离。

扑朔迷离的案情真相因动荡的时局湮没在尘埃中，陈其美也算是实践了自己"俯仰无愧天人，事业争光日月"以身殉国的革命心志。陈其美遇刺后，革命党人无不痛心，孙中山在祭文中评价陈其美："生为人杰，死为鬼雄，唯殇于国，始与天通。"①

大事年表

1915 年	10 月，孙中山任命陈其美为淞沪司令长官，主持上海革命工作。
	11 月 10 日，陈其美遣人刺杀上海镇守使郑汝成。
	12 月 5 日，陈其美发动肇和兵舰起义，失败。
1916 年	1 月 22 日，孙中山委任陈其美为中华革命军苏浙皖赣四省总司令。
	4 月 12 日，陈其美在上海发动海陆军起义，失败。
	4 月 14 日，攻击同安舰失败。
	4 月 16 日，陈其美派杨虎策反江阴部队独立，26 日遭袁军反攻，江阴失守。
	5 月 18 日，陈其美于上海法租界被刺身亡。

小常识：中华革命党

1913 年二次革命后，孙中山有感于国民党组织涣散，希望通过组建强有力的政党继续革命。经过半年多的努力，1914 年 7 月 8 日，孙中山

① 浙江省民政厅编《碧血丹心——浙江烈士英名录》总卷，浙江人民出版社，2014，第 6 页。

召集部分国民党党员，在日本东京成立以"扫除专制政治，建设完全民国为目的"的中华革命党。因该组织缺乏明确的政治主张，且采取单纯军事冒险方式进行反袁革命活动，以至于屡屡失败。1916年，该党总部迁至上海，1917年领导护法运动，1919年改组为中国国民党。

相关链接：陈其美与刺杀陶成章

1912年1月14日凌晨，陶成章在上海法租界广慈医院，遭蒋介石收买的歹徒王竹卿等人持枪暗杀。陶成章是光复会的重要领导人，关于陶成章的被害，光复会认为陈其美是幕后主使，起因是陶成章的"倒孙"活动。

1909年陶成章提出《七省同盟会员意见书》，列举孙中山"蒙蔽同志"等罪状，要求罢免孙中山总理之职。1910年2月，陶成章重建光复会，与同盟会分家。民国建立后，陶成章又借"南洋筹款"一事攻击孙中山以谎言骗取"总统"。同时陶成章一意孤行编练"光复军"，引起上海陈其美的猜忌和警惕，光复会与同盟会矛盾不断加深。后来，陈其美因向陶成章索要南洋募款未果，反遭陶讥讽"嫖妓之用"。在诸多因素影响下，陈其美指使蒋介石刺杀陶成章。

陶成章被刺后，虽孙中山、黄兴发电上海，要求"严速究缉"，但在陈其美的庇护下，蒋介石逃到日本，此案也就不了了之。

"关门皇帝"的最后一搏

云南、贵州、广西相继独立后,广东因护国军掣肘无法北上支援四川北洋军,西南形势事危如累卵;西方各国又因战事影响广东口岸贸易,掀起外交抗议;国内反帝浪潮此起彼伏,风起云涌。内外交困的袁世凯开始为自己铺后路了。

袁世凯想起了昔日老友徐世昌。当初为蓄谋变更国体,袁世凯派袁克定去探徐世昌口风,徐世昌曾明确告诉袁克定:"帝制我不阻止,也不赞成,请诸君好自为之!"后来,徐世昌还在日记中表露心迹:志为圣贤之人多则图治,志为帝王之人多则国乱。徐世昌不入彀的态度令袁世凯极为不满,他虽特封徐世昌等人为"嵩山四友",但在徐世昌看来,是袁世凯欲借汉高祖"嵩山四皓"之典令其退居山林,表永不叙用之意。

昔日鸟尽弓藏之举仍历历在目,如今放低姿态欲以握手言欢。四面楚歌的袁世凯只能把希望寄托在徐世昌身上,还说什么"这个时候老朋友不帮忙,谁来帮忙"?放下身段的袁世凯商承黎元洪去邀请徐世昌进京。

此时,袁世凯身旁还有一群人聒噪,劝阻袁世凯打消以撤销帝制换取西南息兵的念头。这帮人说,一旦帝制撤销,中央威信尽失,总统之位恐怕也保不住,袁世凯又有所心动。恰好此时徐世昌修书一封,称现在撤销帝制,局势还有转圜余地,否则失此将无余地,劝袁世凯撤销帝制。

接到信函后,袁世凯派人到天津邀请徐世昌上京商议相关事宜。到京后,徐世昌与袁世凯密谈半日,对取消帝制及善后诸事宜进行了磋商。徐世昌认为,此事关系重大,如果没有段祺瑞的支持,恐怕局面难以收拾。

对此,袁世凯无奈摊牌:"我已经请过他了,他不肯出山!"徐世昌微微一笑:"他的意思无非是要取消帝制。"潜台词是只要袁世凯取消帝制,段祺瑞是会回来的。结果,袁世凯还没等到"救星"段祺瑞,冯国璋却抢先一步将袁世凯逼到了退位的绝境。①

1916年3月19日,冯国璋策划"五将军密电",公开逼袁退位。收到电文的袁世凯,马上召集国务卿徐世昌和各部总长开会,正式讨论撤销帝制的决议。此时聒噪的帝制派们也像熄了火的哑炮,不敢再有什么异议。

撤销帝制势在必行。3月22日,已经无从选择的袁世凯宣布取消帝制,废除"洪宪"年号,恢复民国纪年。从称帝到取消帝制,袁世凯一共当了83天皇帝。这个皇帝既无登极仪式,也无号令群臣之威严,充其量就是关起门来,自己过了一把皇帝瘾。

"关门皇帝"退位后,本打算以退为进化解当前政治危局,保住总统大位。然而,占据主动的护国军不可能再被袁世凯的把戏欺骗,4月初,护国军政府对北方政府下最后通牒:"袁世凯一日不退位,和议一日难以就范。"②

袁世凯要作最后一搏。他推出黎元洪,邀请黎元洪共同办公。黎元洪的露面释放了两大政治信号:一是消除独立各省疑虑,安抚护国军政府,表明袁世凯任期一满就退位、不恋栈的态度;二是安抚北洋各系将领,表示袁世凯要培养黎元洪为总统接班人,表示自己"天下为公"的态度。

---

① 侯宜杰:《无大无小?袁世凯与朋僚》,东方出版社,2018,第14—19页。
② 郭剑林主编《北洋政府简史》上册,天津古籍出版社,2000,第382页。

袁世凯指示徐世昌从中调节。临危受命的徐世昌通电各省以征询和解意见,设法召回昔日政界人才以免孤立;电请伍廷芳、唐绍仪等人物与南方调停,未果;请张謇进京,以融洽各政党意见,期望重建国会;甚至与黎元洪、段祺瑞联名发电护国军,声称帝制已经取消、护国目标已达,希望西南再勿动干戈,以图善后。然而,时局的发展远远超出了徐世昌的想象,任何支持袁世凯继续担任大总统的协商都已经无济于事,全国反袁护国的斗争继续扩大。

"三顾茅庐"恳请段祺瑞出山。怎奈这只"北洋虎"屡次以"身体抱恙"为由拒绝出山——段祺瑞要的是实权,在没有得到袁世凯任何承诺之前,他是不会回去的。毕竟当年袁世凯设陆海军大元帅统率办事处,就是为了夺段祺瑞陆军部兵权。最后,以国务卿之位为条件,段祺瑞才答应出山。

袁世凯安抚冯国璋,希望冯国璋能够出面挽留并向冯承诺:"改弦更张,自当别订政治保邦之计……"他甚至低声下气说:反思过去的所作所为,将来好改正错误,我虽然没有大德,岂敢忘了你的忠告。①

袁世凯恐怕是无法善后了。1916年元旦后,护国军政府不断通电,称袁世凯犯下谋逆大罪,应取消民国大总统资格,由黎元洪接任总统和海陆军大元帅之职。蔡锷甚至指出,袁世凯数月间,总统、皇帝、总统,号令三嬗,威信何在?此后如若再为总统,纵使指天誓日,也无法得到人民信任。②

屋漏偏逢连夜雨。自3月底就不断有消息传出,称广东的龙济光可能会宣告独立。甚至有传闻说,龙济光已经与护国军达成协商,仍为粤省首领。尽管龙济光再三向袁世凯发誓,纵使粉身碎骨也不背叛袁世凯,但战局发展已容不得龙济光作其他打算了。

---

① 丁中江:《北洋军阀史话》第二册,商务印书馆,2012,第213页。
② 参考杨锡贵、刘觅知:《近代湖湘文化与近代中国历史进程》,岳麓书社,2017,第347页。

龙济光的部队先是在广西百色被李烈钧和陆荣廷合围,缴械投降。之后,龙所辖钦廉、潮汕驻军被中华革命军策反,相继宣布独立。4月6日,护国军向龙济光下最后24小时通牒,四面受敌的龙济光被迫独立。不过,龙济光也算"忠心",发表的"独立文告"只字不提护国讨袁。

浙江的朱瑞也迫于形势,开始首鼠两端。表面上要求袁世凯取消帝制,暗地里却向袁世凯保证浙江中立地位,结果引发浙江革命力量和各方反对。一些浙籍革命党人纷纷回浙,其中包括一些高级军事将领要求浙江独立。4月11日,浙军起义,朱瑞逃跑。12日,浙江独立。至此,滇黔粤桂浙五省全部独立。

为挽回败局,4月21日,袁世凯发布政府令,试图为自己辩解。袁世凯痛陈自己执政两年多虽竭力经营但成绩未见效的原因是"内阁之未立,责任未明,虚拥治权,难厌众望"[①]。22日,袁世凯恢复责任内阁,拉拢段祺瑞的同时,也表达了他对南方的让步。

任何让步都已经无济于事了。冯国璋从"五将军密电"始就计划"效项城辛亥故事",以谋总统之位。4月底,他又对袁说"亟筹自全之策"[②]。5月份,冯国璋就与张勋、倪嗣冲在南京组织会议商议袁世凯退位问题。

寄予厚望的西南防线也被破防。护国运动爆发后,蔡锷与四川的陈宦进入拉锯战,双方各有胜负,川南战成平手。随着各地反袁浪潮的高涨,陈宦部下厌战且伤亡甚众,特别是3月底护国军开始反攻、收复失地,陈宦开始考虑自己的退路。陈宦一面派心腹与护国军谈判,一面默许部下冯玉祥休战,同时与冯国璋和湖南的汤芗铭会晤,商议成立反袁战线。为了确保四川顺利独立,陈宦还向蔡锷商借四个梯团兵力,以应对重庆的曹锟。5月22日,四川独立。四川独立引发了战局的连锁反应。

---

① 郭剑林主编《北洋政府简史》上册,天津古籍出版社,2000,第383页。
② 陶菊隐:《袁世凯真相》,线装书局,2007,第423页。

死守重庆的曹锟四面环敌；湖北王占元也面临四川、江西和湖南护国军的三面围攻；江西李纯迫于形势，直接提出辞职。29日，湖南独立，西南战局形势逆转。

自云南起义，袁世凯推迟登极，到南方各省独立，撤销帝制，再到南京电请退位，"纵横捭阖"的袁世凯深感人心大变，事无可为。一枕黄粱梦终于到了梦醒时分；北洋一系，人各一心，不听调度，进而昌言反对，愤懑之下的袁世凯已经走投无路。

大事年表

1915年	12月23日，唐继尧等致电北京，取消帝制，惩办祸首。 25日，云南独立，护国战争爆发。
1916年	2月23日，袁世凯宣布暂缓登极。 3月15日，广西陆荣廷宣布独立。 3月22—23日，袁世凯正式公布取消帝制，废止"洪宪"年号，仍自称大总统。 3月23日，袁世凯向南方谋求妥协，提出八项议和条件。 5月22日，四川陈宧宣布独立；26日，湖南汤芗铭宣告独立。 6月6日，袁世凯在北京病故。

小常识：袁世凯所拟议和条件

袁世凯所拟妥协条件八条：大总统无辞职及退位之必要；速召集正式国会；罢斥祸首；南北军队即日息战；滇、黔、桂三省即日取消独立，归中央统辖；滇、黔、桂三省独立首领，不得任意提出他项权利之要求；滇、黔、桂三省军队除正额外，其独立后招募者解散之；速行修正宪法。

相关链接：孙中山与《第二次讨袁宣言》

护国运动中，孙中山在上海发表《第二次讨袁宣言》，宣称与袁世凯"并无私人之怨，违反约法，则愿与国民共弃之"，号召人民维护共和，将反袁斗争进行到底。同时，孙中山与西南护国军达成虽"无私人之惠，尊重约法，则愿与国民共助之"协议。孙中山电令革命党人："一切事宜，务求与讨袁各派协同进行，以收群策群力之效。"至此，孙中山领导的中华革命党与护国军休戚与共，形成反袁同盟，加速了袁世凯政府的垮台。

袁、段的最后"蜜月"

1916年3月21日,身心俱疲的袁世凯召集在京要员到怀仁堂举行联席会议,其中就有数月未曾谋面的段祺瑞。袁、段矛盾尽人皆知,先是段祺瑞以死力拒"二十一条"惹恼袁世凯;而后北洋众官员为"筹安"粉墨登场,段祺瑞又拒不"劝进",招致袁世凯忌恨,甚至有传闻袁世凯要炸死段祺瑞。

二人关系既已跌至冰点,本该躲在西山养病的段祺瑞会一改初衷,答应与袁合作吗?况且护国运动爆发后,袁世凯曾多次请段祺瑞出山,结果段祺瑞皆以"宿病未愈"婉言拒绝。而如今段祺瑞答应出山,是要与袁世凯"共渡难关",还是借此机会居高制人,以博再造共和之美名?

段祺瑞是不会与袁世凯共渡难关的,因为他提出的条件是"取消帝制"。尚未坐满百天皇帝的袁世凯还没有来得及举行登极大典仪式,皇帝梦就到头了。袁纵使心有千千结,却也无可奈何。

西南战事一起,段祺瑞便与冯国璋联手,暗中与护国军接触,进行消极抵抗。在段祺瑞的授意下,第二路攻滇总司令张敬尧对袁世凯阳奉阴违,最后在四川泸州败于蔡锷之军。之后,冯国璋又发"五将军密电"逼袁取消帝制。

陷入泥淖的南方战事,日渐窘迫的财政压力,还有麻烦不断的外交事务,让袁世凯不得不重新考虑自己的后路。袁世凯计划:先取消帝制,派段祺瑞与蔡锷谈条件,在保住总统位置的同时,寻找东山再起的机会。

1916年3月22日,袁世凯宣布取消帝制。随后,段祺瑞与黎元洪、徐世昌就滇黔息兵问题向各省将军和巡抚广发勘电。这标志着段祺瑞开始从幕后走向前台，开始了他执掌北洋政权的第一步。然而，袁世凯是不会轻易放权的，依然掣肘段祺瑞，以至段祺瑞出山一周，只到公府一次，今仍在寓中，不阅公事。

在袁世凯的默许下，徐世昌准备组建责任内阁，希望护国军能够看到袁世凯的诚意，作出让步，但是护国军坚持要袁退位下野；徐世昌发给冯国璋的组阁电函也泥牛沉海，徐世昌推荐的人选也诸多推辞，拒不就职，就连进步党人也不愿再"帮闲"了。徐世昌一看自己调度失灵，如果再恋栈恐怕自己也难以脱身。

徐世昌决定急流勇退，并推荐段祺瑞以自代。袁世凯想，段祺瑞与军方的渊源远深于徐世昌，收拾残局，段或许胜于徐，因而也点头同意了。不过，段祺瑞答应出任国务卿与西南谈判是有条件的，那就是变更政事堂为责任内阁。政事堂是袁世凯设立的一个总统府办事机构，是其颁布政令的主要机关。

段祺瑞要组内阁，袁世凯却要保留政事堂，那岂不是给段祺瑞开空头支票？！段祺瑞的意图很明显，就是要掌握实权，废除政事堂。颇有当年袁世凯以足疾未愈、拒不授命之风。袁世凯迫于形势，先是于4月21日任命段祺瑞为国务卿，而后于5月8日宣布废除政事堂，恢复国务院和国务总理名称。

组阁后的段祺瑞马上搁置了编练北洋军模范团的计划。模范团是1914年10月袁世凯为防止北洋军权旁落他人而编练的新军，这个"他人"其实就是陆军总长段祺瑞。最初，袁世凯欲从北洋各师中挑选优秀中下级军官，培训半年后再分配到各师充任军官，以此对北洋军重新洗牌。袁世凯甚至让自己的长子袁克定任模范团团长，而将段祺瑞的心腹军师徐树铮踢出陆军部。段祺瑞上台后，要收回兵权必然要搁置编练模范团。这无疑触碰了袁世凯的底线。

紧接着在内阁人选上，双方又因国务院秘书长人选口角不断。段祺瑞希望由自己的心腹徐树铮出任，但袁世凯却不喜这个巧舌如簧、飞扬跋扈、善于煽风点火的徐"小扇子"。这个徐树铮不仅当年直接上书袁世凯，直言帝制必败；而且不给袁家父子面子，拒绝袁克定往陆军部安插同乡。

段祺瑞深知其中缘由，为避免与袁世凯正面冲突，他特意拜托王士珍充当说客，结果袁世凯没给面子。段祺瑞接着又请张国淦帮助，没想到袁世凯大怒："军人总理，军人秘书长，这里是东洋刀，那里也是东洋刀。"好歹最后袁世凯松了口风，对张国淦说："你去告诉芝泉，徐树铮是个军事人才，就叫他再任陆军次长吧。"

段祺瑞一听这个消息，顿时鼻子气歪了，恨声道："总是不答应！到了今天，还是一点都不肯放手吗！"[①]令段祺瑞更加恼火的是，整个内阁除了段祺瑞，外交部、财政部、交通部、教育部，以及农商和司法部各部长均系袁世凯心腹。被架空了的段祺瑞自然心中怨气沸腾。

真正促使段祺瑞下决心与西南合作，是袁世凯拒绝了裁撤总统府机要局、统率办事处和军政执法处等三机关的提议。按照段祺瑞的意思，机要局改秘书厅，主计局改统计局，且将两局从总统府剥离，转归于国务院。专权的袁世凯怎能同意，他不仅反对，还指使梁士诒掣肘段祺瑞。段祺瑞愤恨至极，扬言要与西南通电，互谋讨袁。

在西南各省纷纷通电要求袁世凯下台的同时，段祺瑞在北京也开始调兵遣将。他以拱卫京师为名调北洋军第一师进京，分驻南苑和北苑；唆使陕西镇守使陈树藩联合山西阎锡山通电反袁；对主战的倪嗣冲等人泼凉水，称北洋军未敢期待必操胜券，北省局势非从前之稳固等。

段祺瑞的最后一把火是宣布中国银行、交通银行停兑，这把火直接让袁世凯彻底失去了民心。本来，中、交两行借第一次世界大战之际吸

[①] 丁中江：《北洋军阀史话》第二册，商务印书馆，2012，第241—242页。

揽了大量存款，现银准备金也空前充裕。后来，为筹措帝制活动经费和镇压护国军军费，袁世凯政府开始借梁士诒之手直接挪用两行准备金。

准备金的随意挪用，令袁世凯政府再度陷入财政危机。为应付不断增长的军费开支及滥发纸币导致的通货膨胀，段祺瑞决定冒险通令停兑。在当时的情况下，继续增发钞票引起通货膨胀，银行发生挤兑；直接停兑，引发市民恐慌，银行同样遭到挤兑，局面同样不堪收拾。但不论从哪方面看，银行停兑致政府信用扫地，人们对袁只会更加不满。

这边挤兑风潮尚未完结，四川、湖南的陈宧和汤芗铭等人也宣布独立，1916年6月6日，袁世凯在内外交困中走到了尽头。昔日协助袁世凯推翻清朝统治的段祺瑞，今天又亲手送走了洪宪闹剧的始作俑者，自己成了"二造共和"的大功臣，北洋江山似乎唾手可得。

大事年表

1916年	3月23日，段祺瑞出任参谋总长，并与黎元洪、徐世昌致电蔡锷，商议停战善后办法。 4月21日，袁世凯恢复责任内阁制，国务卿徐世昌辞职，段祺瑞出任新内阁国务卿。 5月8日，袁世凯撤销政事堂，改回国务院。 5月12日，北京政府命令中国银行、交通银行暂停兑现付现。后引发全国性停兑风潮，史称"京钞风潮"。 6月6日，袁世凯在北京病故。

小常识：国务卿

国务卿为中华民国时期的官职，即国务总理。1914年5月1日，袁世凯改国务院为政事堂，改国务总理为国务卿。政事堂设于总统府，成为总统府的办事机构。袁世凯死后，国务卿之名被废。

相关链接：1916年"中、交停兑"风潮

财政困难一直是北洋政府的顽疾。面对财政状况的竭蹶，袁世凯政府只能依靠"增税、借债和发行纸币"来应付。但因国内经济衰竭，地方势力阳奉阴违、政府信用低下，北洋政府只有依靠发行纸币一途以解困局。北洋政府可以利用的纸币，是由中国银行和交通银行发行的银行兑换券（俗称钞票）。由于持有兑换券的人可随时向中交两行兑换银元，所以，银行不能随意发行兑换券。袁世凯为筹措军费和帝制费，指使梁士诒发行大量钞票。时间一长，银行信用受损，导致通货膨胀、物价上涨，市民百姓开始大量挤兑，并迅速在京津等地发生挤兑风潮。1916年5月，北洋政府通过国务院向中交两行下达"停兑令"。上海中国银行的陈光甫、宋汉章、张嘉璈认为，骤行停兑"无异国家宣告破产，银行宣布倒闭"，因此提出抗议，"中央命令万难服从，沪行钞票势难停兑"。最后，宋汉章通过外国银行筹措到足够的资金，借张謇的关系成立"中国银行股东联合会"，宣布中国银行事务皆由股东负责，从此脱离政府控制。最后，在宋汉章等人的努力下，上海中国银行重新赢得了社会的信任。然而，"停兑风潮"却让本已岌岌可危的袁世凯政府滑向了深渊。

黎元洪继任大总统

饱受神经衰弱和尿毒症困扰的袁世凯，1916年6月6日，带着皇帝梦离开了他曾经睥睨一切的世界，北洋集团内部也随着他的离去四分五裂，形成直、皖、奉三足鼎立的局面。为争夺最高领导权，他们机关算计，内斗不断。当下，他们的首要任务就是谁来做总统。

南北双方在总统的人选上立场一致，希望由黎元洪继任。南方认同黎元洪，是基于黎元洪一贯的反帝态度。据黎元洪长子黎绍基回忆，当年袁世凯为称帝探听黎元洪口风时，黎元洪是这样回复的："革命目的是推翻帝制，建立共和。亲家，如果你做了皇帝，怎能对得起武昌死难烈士。"[1]随后，黎元洪还辞去了参政院院长的职务，拒绝袁世凯册封。当然，南方乐见黎元洪出任总统还有另外一个原因，即基于黎对《中华民国临时约法》的主张。

北方也倾向黎元洪。袁世凯生前指定的候选人有徐世昌、段祺瑞和黎元洪。徐世昌为北洋元老，老成谋国；段祺瑞时任总理要职且有兵符在手，论实力远在黎元洪之上。但就是黎元洪这位"泥菩萨"，却有徐、段二人不可比拟的优势。

这个优势就是身份的优势。黎元洪是副总统，以副总统代行总统有法可依。此外，黎元洪还有一个身份，他曾任湖北军政府都督、大元帅，

---

[1] 中国人民政治协商会议湖北省委员会文史资料委员会编《湖北文史集粹》政治军事卷上，湖北人民出版社，1999，第232页。

在南方革命党中享有较高威望。况且南方护国军势如破竹，北洋军为争取喘息机会，推选黎元洪也是不错的选择。

但是6月6日，段祺瑞却在发给各省的《大总统告令》上耍了个心眼，称"由黎元洪副总统代行总统职务"。此电一出，立即遭到南方各党派群起攻之，认为黎元洪不是"代行"而是"继任"总统职务。虽两字之差，却有天壤之别，文字的背后是袁世凯的《中华民国约法》与孙中山的《中华民国临时约法》之争。

段祺瑞遵循的当然是袁世凯的《中华民国约法》。这个约法是袁世凯为扩大总统权力、削弱内阁制衡权而炮制的"新约法"。所谓"新约法"是相对于民国元年制定的《中华民国临时约法》而言。按照"新约法"，大总统因故去职或不能视事时，副总统代行职权；且副总统代行总统职权限三日，三日内须从金匮石屋中取出袁世凯生前指定的候选人名单，从中选举新的大总统。

所以不难看出，段祺瑞推出黎元洪，实在是一石二鸟之计。接受黎元洪出任大总统，将袁世凯的总统独裁制改为责任内阁制，既满足了南方革命党对宪政的幻想，又可将黎元洪置于傀儡位置，自己以内阁总理掌握实权。黎元洪三日代行结束后，将来总统之位是谁还尚不可知。

革命党人和护国军识破了北京政府的伎俩。按照正常法律途径，选举总统应由国会来进行，而国会早在袁世凯当政时期就已解散，况且三日之内选举新总统更无可能。北京政府的这种做法，无非是继续将袁世凯的"新约法"定为民国政府的国家宪法，继续贯彻袁世凯的独裁统治。

南方明确提出要恢复民国元年《中华民国临时约法》，重新确定黎元洪的任职资格。护国战争变成了南北双方的新旧约法之争，变成了黎元洪是继任还是代行的争执。

护国运动中相继独立的西南各省也有自己的打算。当时，北方军阀大多听命于北京政府，而西南护国军控制下的军务院则与北京政府形成

黎元洪

对峙。如果北京政府坚持遵行袁世凯的"新约法",军务院就丧失了合法性,将来北京政府出兵西南也就师出有名了。

双方就"代行"还是"继任"争执不下,各不相让。如何读这个宣誓词,也让黎元洪左右为难。如按《中华民国约法》就职,南方不同意;如按《中华民国临时约法》就职,北方又不答应。要做到两不得罪,演讲措辞至关重要。

6月7日,黎元洪在北京东厂胡同私邸宣誓就职。面对各路媒体和各国政要,黎元洪闪烁其词,先说自己是依据《中华民国临时约法》接任总统职权的,接着又说自己在代行总统职位期间将遵守"国宪"。总之,黎元洪试图模糊法律界限,两边不得罪,周旋委蛇于南北。

诚如孙中山所言,《中华民国临时约法》与国会乃共和国命脉也。6

月9日，孙中山、黄兴等人先后发表主张，指出恢复旧约法，尊重国会刻不容缓，指责段祺瑞"以伪法乱国法"，要求段祺瑞组织内阁，严惩帝制祸首。甚至告诫段祺瑞，如果听任国会解散，约法废弃，那数十年之革命成果则化为乌有。

6月10日，西南独立各省为捍卫《中华民国临时约法》决定反击。唐继尧以西南各省名义通电北京政府，提出恢复《中华民国临时约法》，组织正式国务院，召开特别军事委员会议，撤回抵御护国军各军队等议案；同时还承诺意见如被接受，西南各省即可取消独立，军务院即可撤销。

段祺瑞拒绝了独立各省的要求。随后双方不断驰电往来，孙中山屡次要求恢复《中华民国临时约法》，尊重国会。上海国会议员们也纷纷联名通电，宣布不承认袁世凯《中华民国约法》，要求召开国会，补选大总统，组建新国会。段祺瑞以新政府不宜以命令变更法律为托词，屡屡拒绝。双方各执己见，"新旧约法之争"达到了高潮。

就在双方互不退让、僵持拉锯的关键时刻，转折点出现了。这个转折点就是驻沪海军总司令李鼎新宣布独立。加入护国军的李鼎新响应孙中山宣言，宣布拥护民国元年《中华民国临时约法》，并声明在恢复《中华民国临时约法》和8月1日召开国会之前，海军对北京政府独立，对北京海军部命令概不接受。

驻沪海军的独立完全打乱了北京政府的阵脚，直接威胁着北洋军在东南各省的势力，同时，西南护国军可借此运兵北上，进而威胁到北京政府，段祺瑞不得不防。

南京的冯国璋更害怕，近邻海军起义无疑摧毁了他割据江南的野心，他想要形成的第三方势力也只能是镜中花、水中月。在冯国璋不断地电促北京谋求和平解决之道时，段祺瑞不得不重新考虑自身的处境。

为避免陷入孤立、重蹈袁世凯覆辙，段祺瑞最终于6月29日接受南方条件，新旧约法之争以民国元年《中华民国临时约法》的胜利而告一段落。7月14日，护国军兑现承诺，撤销军务院，所有的事情似乎尘埃落定。

然而，那时暗流涌动的中国局势，并不会因为一个国会和一个民主政体总统的出现有所改变，军事力量依然是左右政局走向的关键。新的国会意味着新党争的开始，军人强权政治最终引发了督军团干涉宪政之恶果，进而激化了府院矛盾，直至闹出张勋复辟之丑剧。处于内乱边缘的中国政府，也许正如国人所期盼的，只有政府和国会的通力合作才能消弭战乱、实现和平。

大事年表

1916年　　6月7日，副总统黎元洪在北京宣誓就职，行驶总统职责。
　　　　　6月9日，孙中山发表《规复约法宣言》。
　　　　　6月10日，段祺瑞裁撤陆海军大元帅统率办事处，分权于陆军部、海军部和参谋本部。
　　　　　6月19日，莫理循、有贺长雄、韦罗璧以黎元洪政府外国顾问身份，敦促黎元洪恢复旧约法和旧国会。
　　　　　6月25日，驻沪海军司令李鼎新宣布不受北京政府节制。
　　　　　6月29日，黎元洪以大总统名义就约法、国会问题发表申令。
　　　　　7月14日，黎元洪发表关于帝制祸首惩治申令。同日，唐继尧以全体抚军名义通电全国，宣告撤销军务院。

小常识：惩办帝制祸首

1916年7月14日，黎元洪以大总统名义发布惩办帝制祸首命令。最初，护国军提出的祸首名单包括"筹安六君子"和"洪宪七凶"在内的13人，后来经北京政府权衡，先后以各种借口将名单缩减为杨度、孙毓筠、梁士诒、朱启钤、周自齐、夏寿田、薛大可、顾鳌等8人。其实在惩办命令公布之前，北京政府已派人通知上述诸人逃离北京，所谓"惩办帝制祸首"也就不了了之。

相关链接：李鼎新与海军起义

陈其美发动"肇和舰"起义失败后，袁世凯为防患于未然，撤销海军总司令处，罢免李鼎新海军总司令职务，清洗大批革命官兵。但各舰官兵并未丧失斗志，反而在张继、柏文蔚、孙洪伊等护国人士的影响下，斗志日渐高涨。广东、浙江的独立点燃了海军的反袁情绪，并拒绝执行袁世凯下达的炮击汕头海港、镇海炮台等命令。袁世凯死后，段祺瑞掀起"新旧约法之争"。在李鼎新等人的领导下，本已倾向于护国军的海军加入护国军，以"拥护今大总统、保障共和为目的"，要求北京政府恢复元年约法、召开国会，成立正式内阁，否则将视之为公敌，以武力劫制政局。受海军独立影响，北京国会议员联名呼吁恢复中华民国《临时约法》，最终段祺瑞被迫宣布恢复民国元年《中华民国临时约法》并同意召开国会。

第五章 段祺瑞控制北京政权

飞扬跋扈的秘书长徐树铮

北洋一系枭雄辈出。以秀才闻名者,先有"军中秀才"之称的冯国璋,后有登上美国《时代》周刊的吴佩孚。而人称"小扇子"的"小徐"——徐树铮,虽官位不及冯总统(冯国璋)、吴上将(吴佩孚),但他在北洋的知名度丝毫不逊这两位。

徐树铮(1880—1925),字又铮,江苏萧县人,黉门秀才出身,自小被誉为"神童"。后应举不中,他听说山东巡抚袁世凯编练新军,遂以秀才身份附翼攀鳞。阴差阳错之下,徐树铮被段祺瑞看中。

关于小徐投段这件事,坊间有两种说法:一种说法是袁世凯将徐树铮推荐给段祺瑞;另一种说法是徐树铮与袁世凯之幕僚朱钟琪意见相左,朱不愿意向袁世凯推荐徐树铮,于是徐投了段。但不管过程怎样,徐树铮最后成了段祺瑞的记室,从此二人便开始了焦不离孟式军旅生涯。

遇上段祺瑞是徐树铮军旅生涯中的幸运。经段祺瑞推荐,1905年,徐树铮东渡日本入陆军士官学校步兵科,1910年回国,任段祺瑞军事参谋。武昌起义后,徐树铮升任第一军总参谋。民国之后,随着段祺瑞势力如日中天,徐树铮也是一路凯歌官至陆军部次长。后来段祺瑞因与袁世凯罅隙益深,退隐幕后,陆军部事务完全依赖徐树铮,徐由此成为皖系乃至北洋政府炙手可热的人物。

遇上段祺瑞又可以说是徐树铮职业生涯中的不幸。徐树铮有才,清国史馆总纂王晋卿曾评价徐树铮:"诗嗜少陵(杜甫),词嗜白石(姜夔)、梦窗(吴文英)。"徐树铮更善谋断,尤其是在重大政治事件的决策上,像清帝退位等，徐树铮运筹帷幄，决断如流，是段祺瑞离不开的智囊，但是也养成了徐树铮大小事务插手的习惯。

个人性格加上段祺瑞的纵容，徐树铮"行霸道，弄纵横"。袁世凯曾评价他："又铮其人，亦小有才，如循正轨，可期远到。但傲岸自是，开罪于人特多。芝泉如爱之，不应反以害之……"①不幸被袁世凯言中，行事霸道的小徐最终没有善终，而他一心辅佐的段祺瑞也未能登上总统之位。从这方面看，徐树铮又是不幸的。

徐树铮的不幸缘于他的飞扬跋扈。袁世凯死后，徐树铮并没有把"泥菩萨"黎元洪总统放在眼里，反而处处让黎下不了台。最初，黎元洪反对徐树铮出任国务院秘书长。他曾对亲信说，看见"小徐"犹如芒刺在背；甚至放言，一万件事都可以依段祺瑞，只有这件事办不到。双方恶感由此与日俱增。

得势的徐树铮自然要架空黎元洪。前文提到，孙中山制定《中华民国临时约法》的初衷是为了限制袁世凯，所以总统没有解散国会的权力，也没有颁布紧急命令的权力，反倒是国务总理对内阁负有责任，处理具体政务。徐树铮以此为据，主张内阁盖印，总统只管念稿。但黎元洪不想只做一个傀儡总统，对国务院送请盖章文件，常以大总统身份予以诘问。

有一次，徐树铮为任命福建省三位厅长发文，到总统府盖章。黎元洪问这几个人的出身和经历，徐树铮一脸不耐烦，扔下一句话："总统不必多问，请快点盖章，我的事很忙。"类似这样的情况时有发生，甚至徐对黎说："总统但在后页年月上盖上印，何必管前面是何事情。"②

总统做到这个分上，黎元洪怒不可遏：现在哪里是责任内阁制，简直是责任秘书长制！当年受袁世凯压制，现在又受段祺瑞（因为徐树铮

---

① 丁中江：《北洋军阀史话》第二册，商务印书馆，2012，第315页。
② 曹心宝：《徐树铮与皖系兴亡研究》，广西师范大学出版社，2016，第51页。

是段祺瑞的人）的窝囊气。为了抗衡段祺瑞，黎元洪开始联合反段势力，大量提拔擢用湖北籍故旧，总统府一时被人讥笑为"湖北会馆"。

黎元洪邀请丁世峄出任总统府秘书长。丁世峄与徐树铮有类似之处，也是一个锋芒毕露、处世强硬的人物，而且此人素以打抱不平、同情弱者自居。果然丁氏一上任，就与徐形同水火，剑拔弩张，极力为黎元洪争取权力。

丁世峄痛斥国务院："会议之前，无议事日程，会议以后，无报告；发一令，总统不知其意，任一官，总统不知其来历。"为此丁为黎元洪起草了一份《府院办事手续草案》，主张大总统自由行使职权，阁员随时向大总统面商要政，以及要求国务会议日程提前呈报，并事后以记录呈报等。他还指责段祺瑞："匝旬不一晤总统，惟见有院秘书长来往传达于其间。"[①]

段祺瑞气愤地以辞职要挟，拒不理政。不过在徐世昌转圜下，段祺瑞暂时作出让步。他一面告诫徐树铮要凛遵总统之命办理，未经国务会议议决之命令，总统有拒绝盖印之权利；但同时也告诉黎元洪：徐氏耿介，不屑妄语，凡徐所为，本人愿负全责。[②]这样既顾全了黎元洪的面子，又开脱了徐树铮，府院之争稍事缓和。

权力斗争并未因双方表面的让步而有所弱化，徐树铮依然跋扈。他手握段祺瑞赋予他"便宜行事"之特权，行走于总统府和国务院之间，多所主张，结果惹恼了时任内务总长的孙洪伊。府院余波刚刚平息，府内之争又起波澜。

孙洪伊是同盟会老会员，也是国民党重组后北方组织中的骨干力量。徐树铮咄咄逼人，老资格的孙洪伊自然不肯低头。于是孙洪伊联合总统府秘书长丁世峄，欲与徐树铮一争高下。孙洪伊指责徐树铮越权行事，以国务院秘书长一职行阁员之权；徐树铮则对孙洪伊以阁员之身份对总

---

① 曹心宝：《徐树铮与皖系兴亡研究》，广西师范大学出版社，2016，第52页。
② 荣孟源、章伯锋主编《近代稗海》第六辑，四川人民出版社，1987，第233页。

理府指手画脚，心中不平。

双方几乎无事无时不起冲突，当徐树铮驳回湖南议员查办福建省省长胡瑞霖一案时，孙洪伊就联合众议院议员以"蒙蔽"总理、"伪造"文书等"罪名"，弹劾徐树铮；孙洪伊想裁撤内务部人员，徐树铮就唆使被裁减的内务部职员向平政院控诉孙洪伊。双方互不相让，龃龉不断。

段祺瑞当然支持徐树铮，于是一纸免职令送至总统府，要求黎元洪盖章免除孙洪伊职务，黎元洪拒不盖章。双方矛盾愈演愈烈，眼看着北京政府无法正常运转，这时候徐世昌再度充当和事佬，提议黎元洪将徐、孙二人都免职来化解双方冲突。

双方各打五十大板的做法暂时压制了府内之争，但黎、段二人怨气难平。黎元洪开始事事过问，从不问到要问，从要问到多问，小事不问，大事必须问。段祺瑞本来想拿黎元洪当菩萨供起来，结果事与愿违，时不时向属下发火："我是叫他签字盖章的，不是叫他压在我头上！"

为压制对方，双方各自拉拢支持者，以壮大己方声势。黎元洪以英美为后台，获得了国民党阁员和国会大多数议员的支持；段祺瑞则在日本支持下，拉拢北洋一系和前进步党人。其余各派系为能够火中取栗，在黎、段两大山头下乘机挑拨，府院冲突日趋尖锐。1917年，徐树铮奉段祺瑞之命，策动张勋复辟，北京城上演了一出复辟丑剧。

大事年表

1916年　　6月7日，副总统黎元洪就任中华民国大总统。

　　　　　6月13日，黎元洪任命徐树铮为国务院秘书长。

　　　　　6月29日，任命段祺瑞为内阁总理，兼陆军总长。次日，段祺瑞公布组阁名单。

7月13日，孙洪伊由教育总长改任内务总长，并于27日赴北京就职。

8月1日，原总统府秘书长张国淦辞职，丁世峄接任府秘书长职务。

10月18日起，徐树铮先后四次要求黎元洪罢免孙洪伊，遭黎元洪拒绝。

11月7日，韬园系议员向国会提出查办徐树铮案。

11月20日，黎元洪免去孙洪伊职务，22日准徐树铮辞职，府院之争暂时缓解。

1917年　2月25日，丁世峄辞职。

小常识1：段内阁名单

最初，段祺瑞拟定的内阁名单为外交总长汪大燮、内务总长许世英、财政总长陈锦涛、海军总长刘冠雄、司法总长章宗祥、教育总长范源濂、农商总长张国淦、交通总长曹汝霖，以及段自己兼任陆军总长。后由于黎派与南方护国军政府反对，改唐绍仪为外交总长，程璧光为海军总长，张耀曾为司法总长，谷钟秀为农商总长，孙洪伊为内务总长，范源濂为教育总长，许世英为交通总长。外长唐绍仪一直未能就任，后改由伍廷芳出任。

小常识2：广东问题

段内阁成立不久，徐树铮和孙洪伊因广东问题争执不下，对是否出兵"剿灭"李烈钧部发生意见分歧。该事件缘于原广东督军龙济光同进入广东境内的李烈钧部发生冲突，徐树铮以李为北洋"异己"而欲出兵，孙则认为李烈钧是假道广东讨伐帝制，应由龙济光承担战争责任。后徐树铮越过总统，直接签署出兵令，招致孙弹劾，进一步激化了二人矛盾，为"孙、徐交恶之始"。

相关链接：国会国民党系议员派系

民初国会复会后，人数占优势的国民党议员因政见不同分化为三个主要派系：吴景濂、张继等稳健派组成客庐系；林森、居正等数十人组成丙辰俱乐部；孙洪伊、丁世峄等数十人则组成韬园系。三派在制宪问题上意见相近，以"拥护宪法，巩固共和，发展平民政治为宗旨"组成"宪法商榷会"，成为国会主要力量。但三派在是否拥护段内阁问题上意见不一，客庐派主张拥护，丙辰俱乐部、韬园系则主张破坏。三系内部的分歧，进而因副总统人选问题扩大化。客庐系分裂为政学会和益友社，丙辰俱乐部与韬园系则合并为民友社。不论国民党系议员内部分歧如何，他们主要还是以黎元洪为政治依靠力量。不过，国民党议员内部矛盾本属政见不一，却因府院之争而激化，进而发展为恶斗，最终导致国会议员出现政客化、利益集团化倾向，致使张勋复辟闹剧发生。

"螳螂捕蝉　黄雀在后"

剑拔弩张的府院之争，并未因徐树铮、孙洪伊的相继落马而有所缓和，黎、段二人的权力斗争反而更趋激烈。自1917年始，围绕是否对德绝交，府院之争日趋激烈。而随后在对德宣战问题上，双方斗争更是达到了白热化。

以日本为靠山的段祺瑞主张对德宣战。三年战争让协约国和同盟国交战双方消耗殆尽，双方进入相持的堑壕战。日本人为抢夺德国在华利益，以借款援助为由支持段祺瑞宣战。日本人提出的条件相当有诱惑力，中国无须出兵，只需出劳工，同时日方提供一亿日元帮助段祺瑞训练军队并助其统一中国。面对如此诱惑力的条件，段祺瑞积极推进对德宣战，就连心腹幕僚徐树铮极力阻止也无济于事。

黎元洪的背后是美国人。美国人认为，中国参战与否并不是决定战局胜败的关键因素。美国人主要考虑的是中国由谁来掌握参战的主导权：如果是日本人支持的段祺瑞，战争胜利后，美国将失去在华话语权；这不仅有碍美国门户开放原则，甚至会影响美国在远东的整个战略部署。因此，美国人当然支持黎元洪。

于是在参战问题上，"府方以院方为专擅，院方以府方为游移"，双方争执不下。5月2日，黎元洪将是否参战推给国会，并说，只要国会通过，他马上发布宣战令。5月10日，国会就段祺瑞提交的对德宣战案进行讨论。为迫使国会妥协，段祺瑞搬出袁世凯的旧招，组织"公民团"包围国会，要求国会顺应民意。没想到，经过"斗争洗礼"的国会议员

《新闻报》1917年7月14日讽刺张勋的漫画

这次没有妥协，反而群起攻击内阁，决定不讨论对德宣战问题。段部下本欲摆平国会，结果搬起石头砸了自己的脚，引发全国舆论大哗。

黎元洪一看，倒段时机已到，趁机向北京英文《京报》披露段祺瑞向日本借款一事，声称段祺瑞欲借一亿日元，还说段祺瑞要让日本人代行整理兵工厂和训练士兵。此传言一出，无疑给国内反日舆论添了一把火，段内阁已然摇摇欲坠，出现内阁成员辞职潮。

黎元洪希望段祺瑞主动辞职，以纾民愤。5月22日，段祺瑞不得不抛出一个补充阁员的名单，其中大部分为黎元洪认可的人物。但为时已晚了，在幕僚的劝说下，黎元洪还是发布了罢免段祺瑞的命令。被强行罢免职务的段祺瑞撂下狠话，意思是说，今天总统违法罢免总理，他日局势如何发展，自己概不负责。

段祺瑞避走天津后，各省督军开始不安分起来，纷纷闹着要独立。安徽督军倪嗣冲称，黎元洪免段总理职务是越轨之举，要求黎元洪解散国会，重新恢复民国元年之治，重新选派议员并制定宪法；甚至还威胁，如果中央无法持平，将发问罪之师。天下风云大变在即。

黎元洪慌了神儿。虽然背后的美国人一再怂恿黎元洪严厉制裁倪嗣冲，支持他收拢中央行政权。但黎元洪不敢冒天下大乱之不韪，而且他也不想与北洋为敌，所以仍寄希望于督军调停。他先邀请徐世昌出山调停，但徐世昌却不愿蹚这一浑水，坚决予以婉拒。号称"北洋龙"的王士珍也不愿出来收拾这个烂摊子，但碍于情面，只愿出任陆军总长以示支持。

既然徐世昌和王士珍等北洋老人不愿出面，黎元洪不得不另谋他路。这时候，黎元洪走了一步棋——邀请张勋进京调解。张勋既不是北洋嫡系，也不是南方革命党信任之人，甚至张勋本人就是镇压革命党的刽子手，还率领着一支始终不忘前清的"辫子军"。黎元洪怎么会想到张勋呢？

这里有一个关键人物——李经羲，此人是李鸿章的侄子，经常以淮系老人自居。也许是看重他与北洋的那点渊源，黎元洪走投无路下，邀请李氏出山。本来北洋各系对李氏出任国务总理就甚为冷淡，私下动作频繁：徐树铮为谋段祺瑞复任，又策划八省独立，要求解散国会；国会里的研究系也打出支持段祺瑞的旗号，形势严峻。

李经羲一看局面不可收拾，吓得逃进天津租界不敢露面并声称：只有故交张勋进京"保驾"，才肯回京复职。张勋出身卑微，因战功赫赫而升至高位。武昌起义后，张勋曾主动请缨清政府要到湖北镇压革命军。在"第一次南京事件"中，以过人的"保皇胆识"击溃了南京城的革命军。之后，张勋声名远播，跻身于一流军阀之内。

李经羲提议张勋，黎元洪一琢磨，张勋并没有参与倪嗣冲搞的督军团，因此也想拉拢张勋来对抗督军团。6月1日，黎元洪发给张勋一封言辞恳切的电报，称张勋"功高德望，至诚爱国……必能匡济时艰，挽回大局"。

张勋自然也有自己的算盘。曾有一幕僚问张勋："黎为民党，我保皇，宗旨既不相同，公胡为而竟与总统缔交！"当时，张勋笑笑回答："君诚书生，吾岂甘为黎用者？特黎、段已成鹬蚌相争，我将作渔人耳。"[①]张勋的这番话无疑表明了他的态度，那就是借调停欲谋复辟。

袁世凯曾经搞复辟，结果弄得自己身败名裂。前车之鉴，难道张勋不明白逆势而为的后果？是谁给了他这样的决心去冒天下之大不韪呢？

上京调停之前，张勋曾在徐州召开四次各省督军会议，最后还整出个"十三省督军总盟主"。会议上，张勋以"团结团体，巩为中央"为烟幕弹，提出"会议纲要"十条，组成督军同盟，阴谋复辟。

参与会议的各省督军听闻复辟清王室，心中不免嘀咕。本来大家都是抱着各种心思来打探消息、以渔其利的，没想到张勋真要搞复辟。不等大家有所反应，张勋立马表示，既然这样，很好；不过，不能空口说白话，说定了就要干到底。

然后，张勋命副官到后宅取出一块黄缎子，心怀鬼胎的督军们纷纷在黄缎子上签了自己的名字。正是因为有了这样一个签名，复辟失败后的张勋不仅可以当个富家翁，而且还得以善终。

签名画押后，众人商议如何复辟。按照计划，第一步先解散国会；第二步逼总统退位；第三步就是拥立小皇帝复位。6月1日，拿着黎元洪的进京令，张勋率领3000名"辫子军"开往北京城。其间，黎元洪已经得到了张勋要复辟的消息。就在他举棋不定时，经不起周围那些反对段祺瑞复任的政客忽悠，结果失去了阻止张勋进京的机会。

此时的张勋也被徐树铮给忽悠了。当张勋为复辟召开徐州会议时，徐树铮曾明确提出拥护段总理、取缔国会、推倒总统的主张。只不过当时二人在解散国会上有着相同的利益，张勋也未细加追究，甚至后来为复辟一事辩解时，也称徐树铮是代表段祺瑞列席会议并投赞成票的。

这就是徐树铮的"高明之处"，当初他是说："芝老只求达到目的，一切手段在所不计。"段祺瑞的目的是什么，是倒黎而非复辟；不计手

[①] 袁灿兴：《北洋军征战史》，团结出版社，2021，第128页。

段,是要借张复辟以复段祺瑞之权。所以徐树铮才有"张勋是复辟脑袋,先让他去做,我们的机会就来了"[1]一说,才有他拒绝签名,才有张勋的自以为是。其实这不仅是段祺瑞一个人的想法。袁世凯死后,北洋大佬们心怀鬼胎,都想趁着乱局继承大位。张勋这个不懂政治的武夫,自然成了众人攫取权利的"希望"。

有了张勋的武力支援,没人没枪的黎元洪松了一口气。结果这口气还没放下,黎元洪的心又被吊了起来。因为按计划,张勋本应在天津和李经羲会合后,然后进京调停。谁知张勋却发来了一道催命符,要求黎三天内解散国会,否则后果自负。黎元洪此时进退维谷,无计可施。迫于无奈,黎元洪发布解散国会令,迎张勋入京。

在全国讨逆浪潮下,重新上位的段祺瑞马厂誓师,分三路大军进攻北京张勋。各省督军纷纷倒戈,倪嗣冲、冯国璋扼守蚌埠和南京,仅有几千人马的张勋彻底被包了饺子。大势已去的"辫子军"弃辫逃跑,张勋逃入荷兰使馆。

最后的赢家段祺瑞以"三造共和"的功勋重掌总理大权。至于总统之位,则由副总统冯国璋代任。之前悬而未决的对德参战案,自然顺理成章地予以通过。北洋政局开启了以冯国璋为首的直系和以段祺瑞为首的皖系之间的较量时代。半年后,被特赦的张勋余生一直在天津度过,自此不问政治。

大事年表

1917年　　3月4日,黎元洪拒绝对德绝交案,段祺瑞宣布辞职,离京

---

[1] 曹心宝:《徐树铮与皖系兴亡研究》,广西师范大学出版社,2016,第72页。

赴津。

3月10日，众议院投票通过对德绝交案。

3月14日，黎元洪发布对德断交。

4月25日，段祺瑞召集各省督军在京召开军事会议，商议对德宣战问题。

5月10日，"五族公民请愿团"等请愿者聚集在众议院门前，要求通过对德宣战案。

5月23日，黎元洪免段祺瑞国务总理及陆军总长职务，令伍廷芳暂代。

6月1日，黎元洪电召张勋来京共商国是。

7月1日，张勋通电全国，拥戴清宣统帝复辟。

7月2日，黎元洪逃入日本使馆避难，同时签署段祺瑞复任命令，并电请冯国璋代行大总统职权。

7月3日，段祺瑞马厂誓师"讨逆"。

7月7日，"讨逆军"攻占丰台，张勋率"辫子军"退守京城。

7月12日，黎元洪非法解散国会。

7月14日，段祺瑞以"三造共和"之姿回到北京。

小常识1：督军团会议

为迫使黎元洪及国会通过对德宣战案，段祺瑞借"军事会议"名义，在北京召开各省督军会议，并组成以皖系为骨干的督军团，行干政之实。

小常识 2：北京"公民团"事件

是由徐树铮和傅良佐策划的一起围攻议会事件。段祺瑞为迫使国会通过对德参战案，令徐、傅二人组织上千人手持"五族公民请愿团""陆军军人请愿团""商界请愿团""北京市民请愿团"等各种旗帜聚集在议会门口，散发传单，殴打议员，并要求国会即日通过对德参战案。在全体与会议员的抵制下，"公民团"无功而返，段内阁反遭全国舆论批评。

相关链接：日本与张勋复辟

早在袁世凯统治时期，日本大隈重信内阁一面支持南方革命派反抗北京政府，一面煽动北方宗社党大搞复辟活动。寺内正毅上台后，重新调整对华政策，对复辟一事既不反对也不积极。袁世凯死后，张勋驻扎徐州，与段祺瑞、冯国璋成三足鼎立之势。在日本黑龙会骨干佃信夫的承诺下，自认为有日本内阁支持的张勋遂全力以赴筹划复辟。时逢第一次世界大战，美国人想通过支持黎元洪政府参战，遏制日本在华势力。由于主战的段祺瑞也欲勾结日本，扩充实力，日本国内对张勋复辟一事产生分歧。为争取外交主动权、排挤美国人支持的黎元洪政府、实现独霸中国的野心，日本转而扶持段祺瑞政权，放弃支持张勋复辟。

梁启超筹谋改组国会

挑起"丁巳复辟"的张勋赶走了黎元洪。避难于日本使馆的黎元洪急电南京冯国璋，委任其代理大总统，重新任命免职的段祺瑞执掌国务总理。之后，段祺瑞马厂誓师，借助冯玉祥等人之力讨逆成功，赢得"再造共和"之美誉。一时间，人们似乎已经忘记了刚刚发生的"府院之争"，忘记了段祺瑞正是这场复辟闹剧的始作俑者之一。

顶着"三造共和"的光环，段祺瑞组建了新一届政府内阁。段内阁自组建之日起，就表明了改造新国会的态度。但是孙中山主张恢复旧国会，旧国会议员和西南军事势力出于自身权利考虑也主张恢复旧国会，实行地方自治，反对中央集权，力图维持南方的半独立地位。各方力量争执不下，"再造共和"给了段祺瑞一个机会，而以前进步党为主的研究系与前国民党的党争则让段祺瑞抓住了可乘之机。

研究系与国民党党争始于国会大选，之后又因为益友社与研究会冲突不断，党魁梁启超对国民党一党独大极为不满。为了拉拢进步党，打击国民党，控制北京政治，段祺瑞先后邀请"研究系"的梁启超担任财政总长，汤化龙担任内务总长，林长民为司法总长。其他如外交、农商和教育总长也与研究系有密切渊源关系，徐树铮因此抱怨，此次系研究系组阁，总理为研究系所挟持。他还说，我辈在前冲锋陷阵，却为几个文人创造了机会。

梁启超主张走议会政治的路子。在梁看来，议会解散国家尚可运转，内阁一旦停止运转，如果没有一个强硬的领导，国家就会陷入混乱；所

梁启超

以改革议会以适应内阁是符合当时国情的，而这一点恰恰也迎合了段祺瑞的心思。梁启超心目中的强硬领导，当然就是"不顾一身利害，为国家勇于负责，举国中恐无人能比"[1]的段祺瑞。

"倾心"老段这只"北洋虎"，也是梁启超的无奈之举。按照梁启超和汤化龙的打算，"北洋军人，不足与谋国，我辈隐忍以谋两法修改，选举完成，再另组政党内阁，届时则无庸与段过事迁就矣"[2]。张国淦曾说过，谈政治的人，如果要依附于某种特殊势力下去实现自己的抱负，是很难的。[3]何况梁、汤二人是要依赖一个军阀去建设一个威胁军阀统治的机关，结果可想而知。

双方各有打算。梁启超建议段氏：在旧国会解散、新国会尚未成立

---

[1] 袁灿兴：《北洋军征战史》，团结出版社，2021，第206页。
[2] 荣孟源、章伯锋主编《近代稗海》第六辑，四川人民出版社，1987，第237页。
[3] 庄建平主编《近代史资料文库》第二卷，上海书店出版社，2009，第42页。

之际，首先召集临时参议院代行国会职权，修改国会组织法及参、众两院议员选举法；之后再行召集新国会，制定新宪法，进而形成统一合法内阁，号召全国。梁氏执意以临时参议院代替旧国会，无非想借国会改组，剔除国民党势力，为进步党控制国会创造条件。

这个建议深得段氏之意。段派认为国会国民党系议员太多，也不愿拿着有限的财源去给异己政客挥霍。如果能够组建一个受自己控制的国会，岂不是锦上添花！既然两派都有改造国会的意思，双方很快就达成了协议，下一步便是组建临时参议院，以代替解散的国会行使立法职权。

协议的背后暗潮涌动。段派希望控制国会，而梁系却做着进步党控制国会的美梦，旁边还有冯国璋想要连任下一届总统，国民党系议员则因段祺瑞毁法横行，担心被排挤出中枢。一时间，北洋政局波谲云诡。

冯国璋

孙中山则于7月17日抵达广州，发表演讲，揭露中国共和已经六年了，但老百姓并没有享受到真正的共和之幸福，这是因为掌握共和政权的人实行的是假共和，仍然以专制手段对付老百姓；如今之形势，并非南北政见之争，而是真共和与假共和之争。

为联合反段力量，7月19日，孙中山通过上海、天津各大报馆，动员150余名旧国会议员南下广州召开议会，以抵制段内阁，重振国纪；

动员海军总长程璧光等人通电支持孙中山，程本人亲率海军第一舰队开赴广州以示支援；广西陆荣廷、云南唐继尧也先后通电支持孙中山。

与此同时，7月24日，段祺瑞发布由梁启超起草的召集临时参议院、改组国会的电文，之后段政府下令解散国会，废弃《中华民国临时约法》，电令各省重新选派代表进行议员选举。对段祺瑞此举，孙中山义愤填膺。他抗议段内阁自造立法机关，指斥此举与袁世凯解散国会、修改约法殊途同归，如出一辙。护法运动一触即发。

9月1日，孙中山领导和广州"非常国会"通过《中华民国军政府组织大纲》，成立护法军政府，任命孙中山为军政府大元帅戡定叛乱，恢复《中华民国临时约法》。护法军政府的成立，标志着南北正式分裂。面对声势浩大的护法运动，北京政府意见不一。段祺瑞承袭袁世凯武统政策，坚持武力消灭南方护法军政府；冯国璋担心北洋军借武力统一，蚕食他在长江流域的势力范围；梁启超也不同意段祺瑞武统南方，担心会让那些持观望态度的南方军阀彻底投向国民党阵营，而这是他最不乐见的结果。

梁启超对南方形势看得比较透彻。西南的陆荣廷和唐继尧虽通电支持孙中山的军政府，但那是拉大旗扯虎皮，纯粹为了自保。后来，孙中山强拉二人做元帅，二人随即拒绝便证明了其二人心猿意马。况且孙中山的这个军政府，主要是由中华革命党和国民党稳健派成员组成，陆、唐参与其中难免有替人做嫁衣的心思。正是因为这些罅隙，梁启超认为，不宜对西南用兵。

段祺瑞势要消灭护法军政府，拿下南方，武力统一中国。就是北洋军与护法政府在湖南和四川展开激战的同时，梁启超始终抱定拉拢陆荣廷、孤立国民党的策略，以分化护法军政府。他曾致电陆荣廷等人，称"若使国会克期有成，而又留执政者以转圜之地，似可鉴谅细疵，顾全大局"①——希望陆荣廷等人在重开国会这件事上顾全大局。岂料段祺瑞的武力南下,直接威胁到西南军阀的地盘,彻底将西南军阀推向了护法军政府。

如此一来,本来与段祺瑞亲近的梁启超,开始与政见一致的冯国璋亲近,梁启超与段祺瑞的矛盾直接导致了日后进步党的全面"沦陷"。失去了段祺瑞的支持,本来就对研究系不满的徐树铮开始夺权。

在筹备新国会和召开临时参议院会议时,徐树铮与交通系勾结,打压进步党。据说,当各省推荐议员名单时,梁启超推荐的进步党人被段祺瑞搁置,而徐树铮则利用与各省督军之关系,要求各督军放弃梁系所确定的议员名单。

梁启超苦心筹划的国会改组最终竹篮打水一场空,进步党人在国会改选中再次落败,国会落入了徐树铮之手,后人称之为"安福国会"。一番的忙碌,梁启超虽然达到了排斥国民党的目的,但也如梁漱溟所言,梁公"千不该,万不该,不肯恢复国会,而另造新国会,以致破坏法统,引起'护法之役',陷国家于内战连年"②。

大事年表

1917年　　7月14日,黎元洪辞职,段祺瑞重新出任国务总理。
　　　　　7月17日,段祺瑞组阁,研究系建议召集临时参议院改造国会。
　　　　　7月21日,海军总长程璧光率第一舰队开赴广东,加入护

---

① 记工编著:《历史年鉴1917》,吉林文史出版社,2006,第195页。
② 翟奎凤选编《梁漱溟文存》,江苏人民出版社,2013,第271页。

法斗争。

7月24日，国务院发"关于召集参议院问题政府之电文"，引发南北方对立。

8月6日，冯国璋抵京，宣布代理大总统。

8月25日，根据孙中山提议，南下国会议员在广州召开国会非常会议，商讨护法大计。

8月31日，非常国会通过《中华民国军政府组织大纲》，成立护法军政府。

9月10日，孙中山就任军政府大元帅，随后以广东、广西、云南和贵州四省为中心，掀起席卷全国十数省的护法运动。

9月29日，北京政府发出成立临时参议院命令，11月10日临时参议院在京开会。

1918年　2月，修正国会组织法及参众两院议员选举法公布。

小常识：非常国会

1917年8月，孙中山为发动护法运动而在广州召开国会。因来粤议员不足法定人数，孙中山决定效法法国大革命前夕第三等级代表自行召开国民议会的先例，召开"国会非常会议"，是为"非常国会"。

相关链接：护法运动中的西南军阀

为弥补国民党人军事力量薄弱的劣势，孙中山欲拉拢滇、桂实力派人物，希望通过政治联合来巩固护法军政府。在孙中山的一厢情愿下，云南的唐继尧和广西的陆荣廷不仅明确拒绝出任军政府元帅，而且还公开表示应由黎元洪复职重组北洋政府，而非由孙中山成立军政府。不过，相较于陆荣廷的坚决反对态度，唐继尧却打出了反段旗号。唐继尧之所以给孙中山一点希望，其实是为了借护法之机，调兵北上以保存滇军在四川的既得利益。护国运动后，唐继尧的驻川滇军一律改编为"中央军"，归北洋陆军部统辖。北洋政府为了遏制滇系，暗地支持四川实力派与唐继尧部抗衡，致使双方冲突不断。为了自救，唐继尧急于派兵解围驻川滇军。护法运动则为他提供了扩张地盘的机会，于是才有了唐继尧与护法军政府的暂时联合。

"文治"总统徐世昌出山

1918年9月4日，民国第二届总统选举。徐世昌以425票当选，超过了在场人数的3/4，成为继袁世凯、黎元洪和冯国璋之后的第四位总统，即中华民国第二任大总统。短短六年四位总统，北洋政坛生旦净末丑轮番上台。

当年，袁世凯邀请徐世昌做国务总理，徐不肯；刺宋案发生后，徐仍然退居幕后；袁大搞复辟时，徐出走河南。如今总统之位，冯国璋虎视眈眈，段祺瑞掣肘在旁，国家南北分裂。素称"水晶狐狸"的徐世昌为什么会一反常态来蹚浑水呢？

徐世昌拒绝袁世凯和段祺瑞出山，那是因为时局不稳，贸然出山只能扛包、顶雷。所以，除了给袁世凯做过一段国务卿外，徐世昌几乎不主动掺和北洋派系内斗。但如今形势不一样了。眼瞅着冯国璋代理大总统任期即将届满，而有资历坐大总统之位的除了徐世昌，只有冯国璋和段祺瑞，而且二人还内斗不断。徐世昌有机会登上总统宝座。

袁世凯死后，北洋一系以直系冯国璋和皖系段祺瑞为大。作为代理大总统，冯国璋当然想转正。于是冯国璋打出了两张牌。一张是所谓的"和平统一"牌。在冯氏看来，打和平牌，停止南北内战，既可以笼络西南军阀和广大民众，又可达到削弱段祺瑞势力的目的。另一张是反日牌。借段祺瑞向日本大借款一事，掀起民愤排段。但他却忽视了国会的作用，冯国璋的这一疏忽直接断送了他做总统的幻想。

此时的国会早已成了徐树铮和安福系的天下。为控制国会选举，徐树铮精心筹备。从最初虚高的选民调查数字,到"代行投票""涂污投票",再到贿选投票。安福系靠着强大的金钱攻势和政治压力,独霸国会。

安福系本想推举段氏为大总统,但段氏本人对总统之位不感兴趣,他感兴趣的是大权在握的总理。况且段氏因举债日本一事搞得舆论大哗、民怨沸腾,也只好作罢——向外界宣布不参选。冯国璋这边一看国会已然被安福系垄断,即使坐上了大总统宝座也没甚意思,8月12日,冯国璋借口上任一年以来"求所谓统一平和乃如梦幻泡影"①,政治上毫无建树为由退出选举。两人虽宣布退出总统选举,但两派内斗并没因此而停止。段祺瑞欲联合奉系张作霖对抗冯国璋,冯国璋则想借西南军阀之势壮大直系力量。双方内讧不断,愈演愈烈,最终

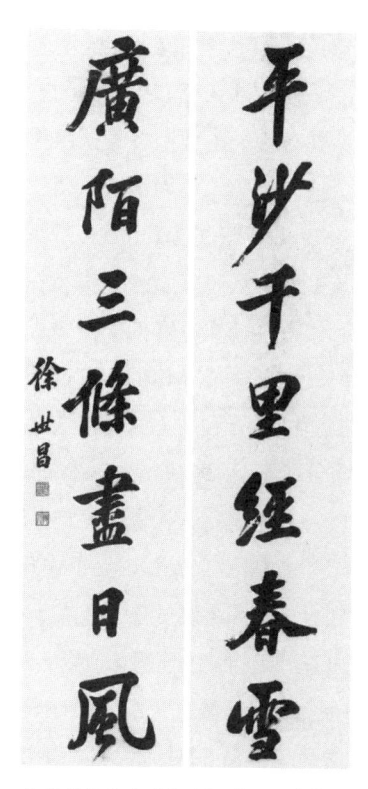

徐世昌被称为"文治"总统,其书法颇见功力。

演变为1920年的直皖战争。鉴于当时的情况,推出没有兵权的徐世昌坐总统位,无疑是缓冲双方矛盾的最佳办法。

徐世昌在北洋资历深,人脉广。徐氏虽为一介文人,手中无一兵一卒,却是最早跟着袁世凯打江山的那批人,是从小站走出来的北洋老人,也是从清末血雨腥风党争中走出来的老练政客。不夸张地说,曹锟、倪嗣冲、张作霖这些军阀都是他的老部下,见面都得尊称一声"徐相国"。

---

① 丁中江:《北洋军阀史话》第三册,商务印书馆,2012,第53页。

徐世昌要想当总统,来自北洋一系的阻力不大。

西南陆荣廷和唐继尧的态度也是徐世昌考虑的重要因素。当时,陆荣廷方面通电西南各省,声称南北双方并非有宿怨深仇,之所以造成今天这种局面,是因为双方调停不得当,双方相持意气使然,结果祸结兵连。[1]陆荣廷的潜台词是,只要满足南方的条件,南方就会立即停火,以至一些报纸还盛传,南方以徐世昌当选总统作为解决时局的条件。

既然南方有和谈的意思,那么徐世昌就认为时局尚有转圜余地。恰好,交通系梁士诒的支持也让徐世昌对掌控时局多了一分把握。为了说服南方国会和北方新国会选举徐世昌出任总统,梁士诒亲赴广州充当说客,信誓旦旦向广东方面保证南方权益。

万事俱备,徐世昌决定进京当总统。

9月4日,安福国会正式开会选举,地点设在太平湖国会大厅。除了到会的436名议员外,还有大批持械军警环立四周。投票后,徐世昌不出意外地以425票当选。令人惊奇的是,选票当中竟然有人提名"渔翁"为总统。虽然这张票因"查无此人"而作废,有心人却心知肚明,这张选票讽刺的正是徐世昌。正所谓"段冯相争,菊人[2]得利"罢了。

1918年10月10日,在这个秋高气爽的天气里,"德望兼足以复统一而造平和者"徐世昌正式当选为大总统。直系冯国璋称徐世昌"尚持谦志",还称将与众官员"一致推崇";张作霖等人也致电祝贺;就连逊帝溥仪也"赏银"一千两以示祝贺。徐府门前文武官络绎不绝,直至华灯初上,人群才散去。不过,南方的孙中山军政府,坚决不承认安福国会选出来的大总统。在孙中山看来,违反《中华民国临时约法》选举的总统是无效的,而这也为反对派日后倒徐埋下了伏笔。

不管怎样,"温和"的徐世昌似乎点燃了人们的希望。人们希望徐世

---

[1] 汤锐祥编著:《护法运动史料汇编》第三卷,花城出版社,2003。
[2] 徐世昌,字卜五,号菊人,亦作鞠人,一作菊存,又号东海、弢斋等。

昌能够借助内阁力量维系政府，通过与南方各军的联盟，尽快重建一个良好的政府。新上任的徐总统确实也表现出与其他总统的不同：黎明即起，会客阅电，一日竟亲阅往来函电数次；公暇之余，散步园中或吟诗赏文，一派"文治"氛围。

不过徐世昌也有隐忧，那就是副总统的人选问题。本来他的总统之位就是直皖两系均衡的结果，如果副总统之位出自直皖两系，将来他这个总统难免束手束脚。果然，徐世昌的担心变成了事实，皖系开始动作频频。为了拉拢曹锟背后的直系力量，段祺瑞派心腹徐树铮为曹锟打点就任副总统的一切条件。

曹锟原为袁世凯麾下大将，掌握着北洋第三镇军政大权。袁死后，驻扎保定的曹锟虽在地缘上隶属直系，但一直以独立力量游走于直皖之间，成为直皖两系竞相拉拢的第三方力量。在徐树铮的安排下，曹锟可先做一段川粤湘赣四省经略使，以便日后向副总统过渡；然后再利用安福国会力量，助其上台。

徐树铮的这一安排自然遭到徐世昌暗中抵制。徐主张副总统一职留给南方军政府——副总统一职留给南方可收一石三鸟之效：拉拢南方，以示和解之诚意；尊重南方，因为南方曾声明，既然北方已占据了总统之位，副总统理应让与南方；削弱安福系，以实现他"偃武修文、摆脱军人干政"的目的。

梁士诒也主张缓选副总统。对梁士诒的这种做法，北洋内部有人质疑：梁本身是广东人，难免会在副总统人选上偏向南方。但梁氏的说法正大光明，他认为：速选副总统虽然有利于北洋团结，但无利于南北时局。副总统一日未选，西南则一日抱有和谈之希望，此望未绝，则和平统一之机尚存。否则，一旦南北分立局面已成，和平统一终于无望。

副总统是否缓选，表面上是曹锟与南方之争，其实质仍然是武统还是和统的问题。双方为此争论不休，导致副总统选举因人数不足而流会。徐世昌在任期间，副总统一位始终高悬。

皖系主张继续用武力对付南方,徐世昌却要当"和平老人"。双方暂时达成的合作,终将会因为政见的不同再次决裂。徐世昌也因副总统一事得罪了曹锟,日后曹锟取得直奉大战胜利后,马上就赶走了徐世昌,迎回黎元洪当总统。徐世昌因此退走天津英租界,暂避风头。

大事年表

1918年　2月23日,徐树铮策划秦皇岛劫械案,施压冯国璋。
　　　　3月8日,徐树铮操纵下的安福俱乐部正式成立。
　　　　8月,吴佩孚通电停止内战,发起"和平运动",12日新国会开幕,临时参议院解散。
　　　　9月1日,前众议院议长汤化龙在加拿大维多利亚港中华会馆门前遇刺身亡。
　　　　9月4日,安福国会召开联合选举委员会,选举徐世昌为大总统。
　　　　10月10日,徐世昌正式出任北京政府大总统。

小常识:安福国会

安福国会,也称第二届国会。张勋复辟失败后,段祺瑞凭借"再造共和"之功出任国务总理,重组内阁。段内阁成立后,拒绝恢复旧国会,反而接受研究系的提议,重新进行国会选举。段祺瑞政府这种抛弃《中华民国临时约法》、重组国会的行为立即遭到了孙中山等国民党人及西南各省的反对。在徐树铮幕后指挥下,安福系用政治胁迫、金钱贿买、伪造选票等手段操纵新国会议员选举,结果大获全胜。当选的427名国会议员中,安福系议员竟占384名,而始作俑者研究系惨败,仅有20余席位,新国会因此也称为"安福国会"。

小常识:秦皇岛劫械案

1918年2月,因直督李纯和王士珍力主南北调和,徐树铮为迫使李纯和王士珍去职,私下勾结奉系张作霖,劫走段祺瑞政府向日本订购的军火,以此作为交换条件引奉兵入关,武力逼迫直系政府恢复段祺瑞总理之职。此案标志着皖奉联盟的形成,极大增强了奉系军事势力,为张作霖入关创造了条件。

相关链接:"文学博士"徐世昌

1918年10月10日,徐世昌正式当选为新一届北洋政府总统。为标榜"文人治国",徐世昌不仅提出"偃武修文""和平统一"等口号,迎合民众心理;同时还在府内设立"晚晴簃"诗社,召集严修、樊山等文人墨客每周饮酒赋诗。其间,创办中法大学的李石曾为投其所好,向徐世昌建议拿个外国博士头衔以充门面。后徐世昌以10万元的陋规收入为报酬,请黄郛捉刀撰写《欧战后之中国》一书,并译成中英法三国文字出版发行。在李石曾的游说下,法国巴黎大学授予徐世昌文学博士学位,徐世昌也成为北洋唯一的洋博士总统。

火烧赵家楼

徐世昌就任总统后，急需解决两个和会问题。一个是事关国家主权的"巴黎和会"；另一个是解决内政的"南北和会"。两个和会虽各有侧重，但辅牙相倚，无一不左右着徐世昌的政治命运。

1918年11月11日，第一次世界大战以协约国胜利而告终。中国虽未派一兵一卒，但以劳工输出的方式有力支援了协约国作战，得到了国际社会的广泛赞誉，中国理应也是战胜国。这一消息无疑鼓舞了屡战屡败的中国人民，全国上下为之欢腾。徐世昌特意在京城举办三天欢庆活动，邀请各省督军进京观礼，并亲自在太和殿举行阅兵礼。

欢庆过后，兴奋的人们希望能够在巴黎和会上更进一步。巴黎和会是由美国总统威尔逊倡导，为解决战后问题和建立国际新秩序而召开的国际会议。由协约国主导的这次国际大会，共召集了各国代表1000余人，其中全权代表70人。作为战胜国之一，中国也派出了五位代表组成全权代表团。

北洋政府派出的五位代表，是徐世昌深思熟虑的结果。这五位代表中除了陆徵祥、顾维钧、施肇基、王正廷均有留美经历，魏宸组也有留法背景。可以看出，徐世昌的和谈方针就是要以美为靠山、联美制日。在1919年1月，当他接受美国媒体记者访问时，徐世昌除了明确表示支持威尔逊建立"国联"，还希望这个国际组织可以减少国际争执、取消不平等条约。徐世昌没想到的是，他寄予厚望的"美国朋友"不久却背叛了他。

1918年11月，北洋政府筹备第一次世界大战协约国胜利庆典事务委员会。

　　承载着全国希望的代表团，带着收回治外法权、解决山东问题、废除"二十一条"等使命来到巴黎。到了法国，代表团被当头浇了一盆冷水，因为他们发现，此次和会实际是由美、法、英、意、日五国把持，中国代表虽可列席，却没有发言权，就连涉及中国利益的山东问题，中国也只有参议权而已。聊有安慰的是，美国至少还支持中国。

　　1919年1月27日，中国山东问题提上大会议程，威尔逊提议应邀请中国代表团出席。对威尔逊的提议，日本强烈反对，并以胶州问题属于德国问题为借口，称中国代表无资格参加；甚至声称，日本在对德作战中作出了巨大牺牲，理所应当继承德国在山东的所有权利。由于威尔逊的支持，日本的企图没有得逞。

　　1月28日，得到徐世昌支持的顾维钧代表中国出席"十人会"，并与日本代表唇枪舌剑，展开激烈辩论。他借用威尔逊的观点，强调各国应该尊重中国领土之完全权利。

顾维钧引经据典，对付日本"有如猫之弄鼠，尽其擒纵之技能"，一时间赢得了国际社会的赞赏和同情，国人以为胜利在望。这时，日方抛出所谓"中日密约论"，称山东问题已得到中国政府承认，威尔逊要求双方公布"中日密约"内容。国内的徐世昌获悉和会情况后，一面大赞顾维钧发言"探骊得珠"，一面支持公布"中日密约"。有了徐世昌的支持，顾维钧当即向大会表明态度，日方却退缩了。

第一回合的较量，中方胜出，国际出现了对中国的利好局面。这种局面并没有持续太长的时间，4月后，国际形势大反转。先是意大利因为阜姆问题退出"国联"，之后日本又以退会为要挟反对当时对中国山东问题的处置，这让召集人美国有些措手不及。

美、英、法三国既担心日本联合德国再次掀起世界大战；又担心"国联"解散后三国世界地位不保。再加上威尔逊中期选举失利，丢卒保车之下，美国开始转变对华态度。列强终于满足了日本的一切欲望。

4月30日，英、美、法、通过《凡尔赛和约》中的第156、157、158条款，最终承认了日本在山东的各种权利，也就是"山东条款"。随后，英、美、法等各国驻华公使也对中国政府进行劝告，奉劝中国政府签订和约。成为弃子的北京政府，面前只有三条路：一是不签，二是保留签约（以不承认山东条款为前提的签字），三是全约签字。签还是不签，如果签，怎么签？

反复权衡之下，北京政府认为签字是时下最好的选择。北洋政府考虑的是，如果不签字，占领胶州的日方不仅不会主动交还胶州，而且很可能造成中日双方的直接交涉。弱国无外交，本来就仰仗他人鼻息的北洋政府也会失去他国帮助，加入"国联"也就成了空话。于是徐世昌等人遂下决心，决定初步办法"自应力主 保留签字"，"保留签字"如实难办到，则主签字。

与政府态度不同，广大民众坚决反对签字。本来举国上下都盼望着能够借此机会，实现"公理战胜强权"，一举改变中国落后屈辱局面。结果先是被"老朋友"威尔逊出卖，后是被各国威逼签字。国人大哗，群情激愤，满腔怒火的中国人民开始走上街头抗议政府。

5月4日，北京3000多名学生走上街头，振臂高呼"取消二十一条""还我青岛""严惩国贼"等口号。学生们来到东交民巷使馆区，多次交涉无果。愤怒的学生于是涌向曹汝霖居住的赵家楼胡同，此时曹宅大门紧闭，学生们一边高喊"卖国贼曹汝霖出来"，一边将手中的旗子扔进曹宅。这时，一名学生——匡互生发现了大门右侧的窗户，于是跃上窗台打破窗户，冲进曹宅。

四五名学生紧跟着匡互生也冲进曹宅，惊恐之下，驻守的警卫竟然退出枪弹，眼睁睁地看着学生打开大门。当时有传言说，曹汝霖、章宗祥、陆宗舆三人正在曹家开会，冲进曹宅的学生遍寻三人。愤怒的匡互生取出火柴，一把火点燃了曹家内宅。

这边火势汹涌，那边学生们抓住了来不及逃跑的章宗祥，一时间赵家楼大哗。这把火不但引发了"五四"爱国运动，也拉开了中国新民主主义革命的序幕。

全国迅速掀起了反对签字的热潮，各省议会、南方各团体及各种民间团体纷纷致电反对签字，同时张謇、唐继尧、孙洪伊等社会名流也向徐世昌呼吁，请勿签字。6月28日，"国联"给中国下了最后通牒，要么签，要么不签，别无他途。面对国人的强烈反对，以及咄咄逼人的"国联"，徐世昌指示中国代表团拒签"对德和约"。

拒签"对德和约"打破了近代以来中国外交"始争终让"的惯例，不仅没有出现北京政府所担心的不利后果，反而赢得了国际舆论的广泛同情，从而为山东问题的解决创造了有利条件。

大事年表

1918年　11月16日，徐世昌发出停战命令，与南方军政府商定南北议和谈判。

1919年　1月7日，《纽约时报》刊登徐世昌支持美国建立"国联"的提议。

1月21日，北京政府与南方护法军政府派陆徵祥等人参加"巴黎和会"。

1月28日，顾维钧代表中国代表团在"十人会议"上发言，驳斥日本强占山东的要求。

2月20日，唐绍仪、朱启钤分别代表南北方在上海召开南北议和会议。

4月9日，因陕西停战问题，陷于停顿的南北议和正式复会。

4月30日，英、法、美三国议定《巴黎和约》关于山东总条款。

5月4日，北京爆发青年学生爱国反帝运动。

6月10日，北洋政府被迫免去曹汝霖、陆宗舆、章宗祥职务。次日，下令释放被捕学生，总统徐世昌提出辞职。

6月28日，参加巴黎和会的中国代表拒绝在"对德和约"上签字。

小常识1："世界第一好人"威尔逊

随着中国学习西方热潮的开始，美国对华影响日益加深，尤其是当威尔逊提出"十四点计划"后，其所主张的"民族自决"、反对"秘密外交"，以及建立"公正而持久的和平"的倡导赢得了国人的认同。1918

年,陈独秀在《每周评论》发刊词中称威尔逊为"世界上第一个好人"。

小常识2:十人会议

巴黎和会中一切重大会议须先由英、法、美、意、日五国召开会议讨论决定,即所谓"十人会议"。其成员包括美国的威尔逊和蓝辛、英国劳合·乔治和贝尔福、法国克里孟梭和毕盛、意大利奥兰多和桑尼诺,以及日本的西园寺公望和牧野伸显。"十人会议"是巴黎和会的"经常正式会议",其间共举行了60多次。

相关链接:一战赴欧华工

第一次世界大战爆发后,随着战争的推进,以英、法为首的协约国面临着严重的劳工荒。为解决难以为继的兵员和劳力,英、法两国希望中国以劳工输出的方式支援协约国一方作战。北洋政府最初并不愿意公开反对德国,因此招募劳工多以半官方形式开展。1917年中国对德宣战后,中国政府开始成立劳工部组织劳工输出。这些劳工大部分来自山东,也有的来自辽宁、吉林、江苏、湖北、湖南、安徽和甘肃等地。一战期间,中国共输出劳工约14万人。这支"中国劳工旅"虽是以工代兵,并不参战,但事实上,他们几乎工作在最前线,甚至直接参与战斗。协约国联军总司令、法军元帅福煕曾感慨道:"中国劳工是世界一流的工人!"然而,1919年的巴黎和会却无视中国的付出,将德国在山东的权利全部转让于日本。中国人民忍无可忍,发动了全国性的爱国反帝运动。

"水晶狐"的文统末路

推动南北议和、谋求和平统一是徐世昌的内政方针。该方针能否顺利推进,事实上取决于南方与段祺瑞,以及北洋派系之间能否达成一致。因此,交织着约法之争、权力之争、地盘之争的南北议和,前景势必不乐观。

就在徐世昌谋求文统时,段祺瑞及背后的主战派却是动作不断。一直以来,段祺瑞以武统为纲,始终看不上徐世昌那一套文统政策。为孤立徐世昌,段祺瑞一面纵容安福系拉拢直系曹锟,以钱能训组阁为条件,推举曹锟为副总统;一面打压旧交通系梁士诒等人,迫使梁氏避走天津。

徐世昌却欲毕其功于一役。国内,社会舆论一致要求南北议和:社会名流组织"和平期成会",商界、学界组织"全国和平联合会",普通民众痛恨战争。国际上,徐世昌取得了英美等国支持"在中国实行和平统一之前,不允许各国向中国各势力借款"的承诺。徐世昌认为:"和平统一时机已至,机不可失,中国安危其在此一举。"[1]

还有一个更重要的原因。1918年的下半年,以段祺瑞、徐树铮为核心的皖系势力日趋削弱,而以曹锟和吴佩孚为核心的北直系势力则不断扩张。在吴佩孚的力主下,南下的北直系与长江流域的直系力量和解,以对抗皖系蚕食。皖系一家独大的局面被打破,北洋内部重新达成了一种平衡。

---

[1] 周俊旗:《段祺瑞》,河北教育出版社,2006,第200页。

"得道多助",徐世昌信心满满地开始部署南北议和。徐世昌抓住时机,先是利用皖系同意钱能训出任国务总理,然后派特使游说广西的岑春煊、陆荣廷,最终取得双方共派代表,召开对等会议之成果。紧接着,1918年10月23日,徐世昌指示钱能训致电军政府,呼吁南北停战,并颁发南北停战令。11月16日,在各地军方的支持下,徐世昌正式签署总统令,宣布前方各军队即日罢战、一律退兵。11月23日,军政府也随后下令停战。

经过努力,徐世昌终于将双方推到了谈判桌前。但接下来,在确定开会地点和会议名称时,双方又陷入了争执。北方主张在南京,南方以南京为直系李纯辖区为由,拒绝以身涉险。北方作出让步后,双方决定在上海召开会议。

至于名称,南方坚持对等议和原则,坚决不同意北方提出的"善后会议"名称,主张取名"上海会议"。因为在南方看来,"善后"二字寓意中央对地方的绥靖。北方的安福国会则反对对等议和,主张"南北和平会议"。双方争吵不休,互不相让,只能各用各的说法。

关于代表人选,北方内部再次起争执。徐世昌建议由直系李纯担任北方代表,但皖系安福派坚决反对。南方因与皖系积怨颇深,如果派皖系代表与南方谈判,现场难免剑拔弩张。

双方谈不拢,徐世昌干脆派自己人——朱启钤出面,结果安福系因朱启钤主和而反对,南方也因为朱氏为洪宪帝制犯,而不承认其身份。谈判陷入了僵局,谁也不服谁,任何一方都想掌握谈判主导权。

就在北洋内部争吵不休时,五国公使再次出面,向徐世昌及南方军政府提出"劝告书",称:共谋和好,勿以个人感情用事……凡有障害于树立平和之一切举措,亟须力避……以举中国国内平和统一之实为要。[①]在洋人的逼和下,安福系不得不投鼠忌器,南方军政府也作出让步。

---

① 汪朝光:《中国近代通史》第六卷,江苏人民出版社,2009,第249页。

12月11日，一份容纳了直系、研究系、皖系、旧交通系的人员名单出炉了。1919年2月20日，北京政府以朱启钤为代表，广州军政府以唐绍仪为代表，双方在上海正式开始和谈。和谈以4月为界，分为两个阶段。

第一个阶段是关于陕西停战问题。陕西原由皖系陈树藩控制，后因陈专横粗暴，陆军第三团宣告独立，成立靖国军，加入西南护法军。陕西地势险要，为关中要道和北方屏障，段祺瑞断然不会舍弃。尽管徐世昌颁布了停战令，但段祺瑞借口陕西为"匪区"，拒不停战。

面对段祺瑞的军事进攻，南方代表多次提出交涉和质问，要求北京政府立即停战，并取消"参战军"。"参战军"是段祺瑞以参战为借口，并以共同防敌之名义向日本借款而编练的一支军队。"一战"结束后，段祺瑞继续向日本借款扩充这支军队。

参战军是段祺瑞的命根子，没有段祺瑞的同意，取消参战军无疑是异想天开。尽管徐世昌也有心废督裁兵，进行军民分治改革，但徐世昌无能为力。为了不使和会中断，双方提议以摊牌的方式进行和谈。也就是双方把全部议题摆在桌面上，然后一项一项讨论。

第二阶段的谈判，因涉及各个利益集团的权力分配，改为秘密谈判。南方提出了国会自由行使权、废督裁兵、善后借款南北分用、军民分治等十三项新议题，以及六项老问题；北方也提出了地方自治、发展国家经济、全国裁兵方案等五大问题。为了便于谈判，双方将各自诉求并为国会、军事、财政、政治、借款、未决等六大项。

双方在大部分内容上达成了一致。最后，问题又回到了原点，也就是是否恢复旧国会、解散安福国会。南方以护法为出师之名，此项若不坚持则为出师无名，因此南方坚持解散非法安福国会。南方的这一要求，既是对徐世昌总统地位的威胁，更是对皖系的威胁。

如何解决这个棘手问题？徐世昌决定"曲线救国"，提议恢复召开1917年南京宪法会议。除了继续完成宪法案外，追认徐世昌为总统，同时解散新旧国会，重新选举新的国会。这样南北方各退一步，既维护了南方的"法治"，又保全了总统之位。看似平衡，但徐世昌和南方忘记了皖系。

皖系当然不同意这种解决方案。安福系议员联名300余人向朱启钤施压，称议和代表为国会所委任，国会为立法机关，倘若越权擅议，则动摇国本，必尸其责。与此同时，南方也表现出不以牺牲护法原则乞和平的强硬态度，表示非恢复旧国会无以谈判。双方诉求鸿沟如此之大，和谈再次陷入僵局。

所谓和谈，是以谈促和。显然，1919年的南北和谈，南北双方都缺少和的诚意，都在追求各自集团的利益最大化。和谈不以和为目的，反而以"将诚莫妙于对唱高调，以此为最光耀"[①]。在这种心理作祟下，和谈必然失败。

1919年5月4日，北京爆发学生爱国运动，这让南方的唐绍仪看到了一丝希望。唐绍仪"鉴于外交失败之剧急，民意求和之迫切"，提出针对段氏的八项条件。徐世昌也呼吁北方各省军人支持和谈，以图南北统一，对外交涉山东问题，对内平息学潮。

皖系丝毫不让步，拒绝南方提出的八项相关内容，唐绍仪当即退席，和谈破裂。此时的"水晶狐"计无可施，在多次协商无果的情况下，于14日召开特别会议，拒绝了南方八项条件。15日，钱能训致电朱启钤，撤回北方代表。在南北方军人政客的争斗下，双方代表徒具其名。21日，徐世昌公开发文称和谈破裂。徐世昌以文统治天下，废督裁兵、军民分治的政治愿望也成了泡影。

[①] 全国政协文史资料委员会编《漩涡沉浮——亲历近现代重大历史事件》，中国文史出版社，2001，第49页。

大事年表

1918年	5月21日,孙中山离开广州,标志着第一次护法运动失败。
	10月23日,和平期成会在京津地区成立。
	11月16日,徐世昌正式签署总统令,与南方军政府商定在上海进行南北议和谈判。
1919年	2月20日,南北和平会议在上海召开。
	4月9日,南北双方共同拟定六项议案展开讨论。
	5月13日,南北双方就是否恢复旧国会问题再起争执。

小常识:和平期成会

为消除弭乱,社会名流、有识之士纷纷集会,组织团体,呼吁和平。10月23日,蔡元培、张謇等各界名流24位在北京发起"和平期成会"。12月18日,京师总商会和京师教育会发起组织"全国和平联合会",以极力促成"南北和平会议"、表达国民真正意见为宗旨。

相关链接:侮辱大总统案

袁世凯死后,段祺瑞及安福系控制了北京政权。安福系作为皖系重要的政治力量,一直活跃在北京政界,并操纵国会选举徐世昌为大总统,因此这届政府又称为"安福政府"。安福政府为实现武力统一中国的目的,不惜出让铁路、矿山及各种权益以换取日本巨额贷款扩充军事实力。

之后，安福政府掣肘南北和谈，致使和谈破裂。安福政府的倒行逆施激起举国公愤，1919年9月15日，上海《民国日报》以"某君戏作"的署名刊登了一篇文章《安福世系表之说明》。此文以安福系核心人物徐树铮为"本身"，用家谱的形式对安福系各政要的身份进行一一标注。其中祖为日本人，父为段祺瑞，兄为倪嗣冲，弟为曾毓隽，子为朱深、王揖唐、方枢，继子为龚心湛，私生子为徐世昌，义子为张弧，孙辈为靳云鹏等12人。此文一出，安福系立即指令律师拟定诉状，送至上海公共租界，控告《民国日报》"侮辱大总统及在职官员"。《民国日报》总编辑叶楚伧反驳道："实系以游戏文字对于政策上之批评，并无侮辱之意义。本报与作者的本意相同，是在希望中国有良好之政府，使中华振兴，独立富强，国民享和平自由幸福。"双方律师唇枪舌剑后，主审法官以"文字虽侮辱了大总统和政府官员，但本意良好"为由，判罚《民国日报》200元大洋。经此一案，《民国日报》洛阳纸贵，安福政府成了全国笑话。

"花国选举"斗艳

电影《一步之遥》中讲了个花国选美的故事，影片极力渲染了一个花团锦簇的选美场景，各国美女争相斗艳，比拼美貌，规模丝毫不逊现如今的选美大赛。时人曾赋诗："四面周遭马路开，轮蹄飞处满尘埃。五陵挟妓并肩坐，十里看花转瞬回。"

要说这花国选美并不是新鲜事。北宋年间，一些自诩风流的才子们闲来无事，吟风弄月，就想给青楼女子弄个排名，妓女们也因有利可图而趋之若鹜，于是品评妓女的"花榜"应景而现，"花魁"名号无外乎状元、榜眼、探花、传胪等。清兵入关后，"花榜"曾一度沉寂。没承想到了清末，公开狎妓冶游在上海已成风气，青楼选美死灰复燃。

最初是一个叫李伯元的清末报人，为了给自家创办的《游戏报》打广告，增加报纸发行量，想到了报评选美的点子，还把"花榜"一分为二——以歌胜者的"艺榜"和以色胜者的"艳榜"。这个李伯元的来头不小，晚清四大谴责小说之一《官场现形记》就是他的代表作。由此也不难理解，李伯元为什么会大开"花榜"，无非是借这么一出热闹的莺歌燕舞，来宣泄对现实的不满。

刚开始，"花榜"雷声大雨点小，参与者仅有寥寥十几个文人墨客。没想到转年再开"花榜"时效果极好，上海街头巷尾都在谈论着谁是十里洋场上的"花界状元"，一时间也是热闹非凡。揭榜后，《游戏报》还出资购买牌匾吹吹打打地送到"花魁"手中，如同昔日高中状元一般。这些"花魁"经报纸一宣传，立马身价百倍。那些没上榜的，也削尖脑

新世界花国的月季章

袋和这些小报拉关系，攀交情。《游戏报》一下子销量大增，每逢周日都要加印四五百份。

民国以后，"花界"选美之风有愈演愈烈之势。20世纪20年代的上海本就是远东最繁华的城市，文人墨客、达官显贵、三教九流的人物混杂在一起，无时无刻不在上演着一出出好戏，这其中当然少不了吸引市井老百姓的风流韵事。

1917年，上海最大的娱乐场所之一"新世界"开业。为了招揽生意，"新世界"的老板决定旧瓶装新酒，面向整个上海滩"花业"举办一次规模巨大的"花国选举"。这种活动虽然无聊且媚俗，但架不住市井百姓的喜欢，架不住挥金如土的阔少喜欢，也架不住那些沽名之辈的热捧，"新世界"花国选举"热火朝天"开始了。

当时，官僚政客如走马灯你上我下，"新世界"老板顺应民国潮流，于是将"花魁"的名号统统改为"花国大总统、副总统、国务总理、各种总长、次长"等。更绝的是，这次的"花国竞选"完全仿照民国北京政府的选举流程。

"新世界"老板专门请了《新世界报》的总编辑为这场竞选造势，还在报纸上登载了具体的投票流程：选票每人一张，一张售价一元，并在选票上填写所选"花魁"的住址和优点。参选妓女没有国籍、民族和学历限制,真正做到了"全民"参与。

此次选美艳惊沪上、震惊全国,老百姓们乐在其中。市民中无论是否有狎游癖好,都把它当作一桩新鲜、刺激的娱乐活动,身处其中的青楼女子更像着了魔。一旦入榜,麻雀变凤凰的传奇将在自己身上变为现实,或是成为大明星,或是嫁入豪门,从此踏进上流社会。于是为了夺魁,这些青楼女子使出浑身解数,真是八仙过海各显神通。

她们有的登台表演才艺,以获大众青睐;有的登报广而告之,以博大众眼球;还有的靠上个有财力的后台,一次性买个几万张票。种种手段,只为他日榜上有名。经过一番角逐,最终"总统"花落冠芳,"副总统"为贝锦,而呼声很高的王莲英仅列第四,为"花国副总理"。

位次分明,各安其座。讽刺的是,当时北洋政府还没有一个正式的大总统,副总统冯国璋只不过暂时代理,真正的徐世昌总统还在天津蛰伏。而上海滩的"花国"却是实打实地整出个"班子",堪称乱世奇观。

在这场闹剧中也不时传来一些小插曲。像拥趸众多的王莲英,以一袭另类男装出场,并配之动人的嗓音而风靡整个上海滩,结果却仅得个"副总理"头衔,以至王莲英的许多粉丝公开声称选举舞弊。其中还有个梁姓富商透露,他把全部选票的一半都投给了王莲英。本是一场游戏,戏中人却奔走运动,岂不是欺骗了一众热心的"吃瓜"群众?但不管怎样,这个王莲英算是火了。

一曲散尽伊人逝。当年这些花魁的命运如何,不得而知。风月场从来就是"但见新人笑,哪闻旧人哭","新世界"第一届花国选举结束后,转年第二届新的风月场红人又登场了。又是一轮的情色、阴谋、金钱满天飞,又是一波无聊的饭后谈资供人咂舌。

不过,在"新世界""花国选举"后,商人们似乎看到了其中巨大的商机。1920年,英商企妹牛奶糖公司高调举办"香国选举",以示与"新世界"的"花国选举"相区别。他们选择了上海最大的百货公司——

永安公司为开票点,起名"企妹香国选举大会"。当天,永安公司的天韵楼人满为患,楼外的英大马路也是人潮涌动,可谓盛况一时。

"新世界"一看,立马控诉企妹公司侵权,并迅速举办了第三届"花国选举"。为了和"企妹"打擂台,"新世界"推出一张新世界游戏场门票可兑换选票20张,以对抗"企妹"10元选票换10元购物券的办法,甚至还"别出心裁"地要参与竞选的2400多名花界女子轮流上台展示才艺,以得票多者获胜,并当即授予"官职"。

这些"花界"女子也许会变成凤凰,飞上枝头,但终究还是这场游戏中的陪衬,甚至是牺牲品。1920年"摇珠禁娼"后,"开花榜"渐渐退出人们的视线。之后,电影明星逐渐取代了难登大雅之堂的"花榜"。喧闹一时的"花国选举"曲终人散。

大事年表

1917年　　上海最大的娱乐场所之一"新世界"开业。
1920年　　英商企妹牛奶糖公司举办"香国选举"活动。
　　　　　12月21日,上海工部局推行"摇珠禁娼"政策。

小常识:上海花榜

在旧上海,嫖界捧妓之风颇盛。旧上海开花榜大致分为三个时期:一是19世纪70年代至90年代的晚清;二是19世纪90年代末至20世纪初的清末;三是20世纪20年代前后的民初。

相关链接:"摇珠禁娼"

辛亥革命后,民权观念和人格独立等新思想渐为社会各阶层所接受。其中,娼妓制度被视为妇女界最大的耻辱,各界掀起废娼风潮。迫于舆论,上海工部局成立临时纠风委员会,开始整顿公共租界妓院。1920年12月21日,为进一步缩减租界妓院数量,工部局举行首次"摇珠禁娼"。在珠子上分别注明妓院执照号码、门牌号码,凡是被摇到的妓院,责令马上停止营业。同时将该妓院的地址、妓女姓名等情况登载在报纸上,公示于众。不过,在进行了两次"摇珠禁娼"后,由于私妓和暗娼有增无减,最后也不了了之。

第六章 争夺北京政权

"中州王"力擒"北洋虎"

1897年的冬天，熙熙攘攘的北京街头出现了一个毫不起眼的书生，此人便是吴佩孚。吴佩孚（1874—1939），字子玉，山东蓬莱人；自幼与寡母相依为命，为谋生计从军登州水师营并考取秀才，时人也称"吴秀才"。但这位秀才是一个"莽撞人"，因大闹寿筵堂会剧场，掀翻了桌子，惹恼了当地士绅，结果被革了秀才功名。于是，吴秀才辗转到北京，靠给人算命和写春联维持生计，以待机会。①

落魄的吴佩孚一直在寻找机会。转年春天，吴佩孚通过堂兄吴亮孚，得知淮军聂士成部正在招兵买马。于是吴佩孚直奔聂部，这一奔造就了日后的"中州王"。因能识文断字，吴佩孚很快便崭露头角，考入开平武备学堂步兵班。聂士成战死后，吴佩孚几经辗转，最后投靠到曹锟部。

吴佩孚崛起于第一次护法运动。一则是因为吴佩孚英勇善战，同期驻常德的冯玉祥曾感慨：此君鹏程万里，必不久居人下也。二则吴佩孚适时倡导和平。为表息战决心，1918年8月南北战事正酣之际，吴佩孚下令停战，登衡山一游。"无处不有此君之足迹，"《申报》赞叹道，"古儒将风度不过是也。"从此，吴佩孚"和平军人""民族救星"的美誉不胫而走。

就在吴佩孚声名鹊起的同时，段祺瑞及皖系因不断膨胀的政治和军事野心遭到各方反对。1918年与冯国璋同时下野的段祺瑞，手握参战军

---

① 陶菊隐：《吴佩孚传》，上海书店出版社，1998，第4—7页。

和安福国会两张王牌,下野不放权,继续控制着北京政府,不仅掣肘徐世昌南北和谈,而且还借五四运动指使安福国会倒阁钱能训。

钱能训下台后,内阁总理换上了皖系"四大金刚"之一的靳云鹏,看似皖系一家独大局面形成。结果堡垒总是从内部被攻破,段祺瑞偏徐(树铮)疏靳(云鹏),直接将靳云鹏送进了直系阵营,成为日后吴佩孚崛起的助力。

奉皖两系的"蜜月期"也出现了裂痕。当初,段祺瑞借"一战"为由组建参战军。"一战"结束后,在段祺瑞的庇护下,本该裁撤的参战军摇身一变,成了边防军。段祺瑞将这支军队交给徐树铮,作为其控制西北边务,以及与南方作战的私人班底。奉系张作霖在东北经略多年,怎么可能听命于徐树铮,成为皖系南下炮灰?如今徐树铮和皖系边防军靠着中央行政令抢占地盘,岂不令张作霖恼怒?

直系曹锟部也对段祺瑞政府不满。早在冯国璋任代理大总统时,直皖两系矛盾便已激化。后来为加强京畿控制权,段祺瑞调直督曹锟任两湖宣抚使。彼时,曹锟正执第一路军总司令帅印与护法军酣战,段祺瑞背后挖墙脚的做法自然令曹锟不满。更让曹锟不满的是,段祺瑞无视吴佩孚连克岳阳、长沙、衡阳之功,而将湘督一职让于寸功未立的第二路军总司令张敬尧。

1919年5月,吴佩孚与南方将领联名发出重启和议的通电,这时西南各派为求得"自存"也决定"联直反皖"。8月31日,吴佩孚与西南各省签订"救国同盟条件"密约,以对抗皖系。11月22日,在吴佩孚的根据地——衡阳,双方又签订了"议决促进和平办法五条"。

在吴佩孚与西南互通款曲时,曹锟也开始与奉系张作霖联合,组成"七省反皖联盟"以抵抗皖系蚕食。不过,直奉最初并没有将打击目标直接对准段祺瑞,而是以"清君侧"的名义要求剪除段祺瑞的重要羽翼——徐树铮,一场倒皖行动即将上演。"和平军人"吴佩孚深孚众望,自然成了这个计划的具体实施者。

根据吴佩孚与各省达成的协议，撤防北归已是箭在弦上。这时，直系内部发生了一件大事：1919年12月28日，冯国璋去世了。冯氏的去世，意味着直系内部将要重新洗牌，有望成为新直系领袖的曹锟更加迫切回兵北归。此时吴佩孚正式向段祺瑞提出撤防北归，段祺瑞显然不会答应。

　　吴佩孚却要执意北归。段祺瑞欲派妻弟吴光新任河南督军，以切断吴佩孚北归路线，阻止曹锟、吴佩孚与长江三督联合。结果，段祺瑞的调任命令，不仅遭到国务总理靳云鹏的消极应对，而且也遭到了徐世昌"罢赵用吴，激起反动，我决不为"[1]的反对，更糟糕的是，原河南督军赵倜在"保境自存"的心理下扯起反旗，通电支持吴佩孚。

　　1920年年初，"七省反皖联盟"变成了"八省反皖联盟"，直皖矛盾白热化。重重压力之下，段祺瑞只好作罢，吴佩孚及反皖同盟赢得第一回合胜利。为拆散反皖联盟，段祺瑞也在加紧安排部署。他派安福国会成员游说结盟各省，以达离间之效；调动皖系军队，严防京汉线，阻止直系撤防；成立所谓"十一省联盟"对抗八省反皖同盟。然而段祺瑞的一切部署没有取得什么效果，吴佩孚最终完成撤防部署，与皖系形成对峙局面。

　　直皖大战一触即发，为缓解两派剑拔弩张的局面，徐世昌电召张作霖、曹锟和李纯入京以解困局。结果，李纯"生病"，曹锟"事务繁忙"，最后只有张作霖答应以"调人"身份进京。不过，张作霖这个"调人"却带来了吴佩孚的最后通牒——调停政局五条，徐树铮因为这个"通牒"丢了官。心生忌恨的徐树铮欲杀之而后快，张作霖逃脱后，干脆扔掉"和事佬"外衣，直接加入了直系阵营。

　　徐树铮被解职后，段祺瑞要求徐世昌罢免曹锟、吴佩孚等直系要人官职，并交由他来处置。徐世昌自然不肯得罪直系，拒不签署命令。被

---

[1] 刘景泉：《北京民国政府议会政治研究》，天津教育出版社，2006，第560页。

开缺的徐树铮立即派兵包围总统府，徐世昌无奈之下只得签署罢免令。此时的总统令已形同虚设，两派的矛盾只得通过战争来解决了。

1920年7月14日，直皖战争爆发。最初，段祺瑞是有信心的。他手中有两张重要的牌：一个是边防军——在段祺瑞看来，装备精良的边防军能够抗衡直奉两系，当时日本陆军部曾夸口说，中国真正有用的军队，除了边防军别无其他；一个就是日本背后的支持——将段祺瑞视为侵华代理人的日本，自然是不会错过此机会。段祺瑞甚至还制订了96小时作战计划，妄图速战速决。

双方沿京津铁路，以及京汉铁路线上的涿州、高碑店、琉璃河一带开战。从1920年7月14日至16日，两场战役均以皖胜直败告终，吴佩孚退至高碑店。然而到17日，战局发生逆转。吴佩孚指挥西路军迂回包抄，攻占皖军前敌指挥所。奉系张作霖也派兵入关，以作后援。随后，直军以破竹之势占领涿州，在长辛店将皖系军队合围全歼。

苦心经营了大半辈子的段祺瑞，不到五天便丢盔弃甲。18日段祺瑞通过徐世昌表示停战，19日段祺瑞被迫辞职。23日至24日，直奉两军进入北京，直皖战争以直胜皖败结束。上将伐谋，真正的战争是谋略的较量。皖系在短时间内溃不成军，除了内部诸将倒戈、叛逃外，显然在谋略上也输了吴佩孚一筹。

吴佩孚善于抓住时机，利用舆论树立正义之师形象。不论是对护法军政府由主战到主和的转变，还是撤防北京，吴佩孚不仅要求部队严守军纪，还自撰《登蓬莱阁》作为军歌，沿途高唱。直系部队俨然一副久经训练、纪律严明的爱国之师。治下尚且如此，吴氏本人所费心思更不在其下，吴氏也绝非他人口中的"廖化之辈"。

吴佩孚公开表明他的反日立场。他善用报纸等媒介攻击亲日皖系，在皖系军阀招致天怒人怨的局势下，中国公众需要一位强者来推翻皖系统治，吴佩孚的能力和他的反战、反日言论，让公众似乎看到了希望，一时间吴氏众望所归。

这是吴佩孚的高明之处,也是段祺瑞自恃武力、无视民意的短视之处。自诩为北洋正统的"北洋虎"段祺瑞不得不以惨败的结局退出北京,吴佩孚则借此机会成为北洋的一股新兴政治力量。至此,直系曹锟、吴佩孚控制了直豫鄂三省,形成了纵横中原的进攻态势,吴佩孚本人也开启了他军事生涯中的巅峰时代。

大事年表

1918 年	8 月,吴佩孚向段祺瑞提出撤防北归请求。
1919 年	6 月 19 日,吴佩孚通电反对在"巴黎和约"上签字,表示支持学生运动。
	8 月 31 日,吴佩孚与西南各省签订对抗皖系的"救国同盟条件"。
	11 月,吴佩孚主持衡州会议,签订"议决促进和平办法五条"。
	秋冬之际,曹锟促成"七省反皖同盟"。
	12 月 28 日,前大总统冯国璋在京去世,临终遗言:和平统一,身未及见,死有遗憾。
1920 年	5 月 17 日,段祺瑞同意吴佩孚撤防北归请求。
	6 月 22 日,直奉提出调停政局五项办法。
	7 月 14 日,直皖战争爆发。19 日,段祺瑞通电引咎辞职。

小常识1：反皖联盟

最初，反皖联盟是由直系的直、苏、鄂、赣四督和奉系奉、黑、吉三督组成的"七省反皖联盟"，豫督加入后，"七省反皖联盟"变成"八省反皖联盟"。

小常识2：最后通牒

鉴于直皖大战在即，1920年6月，徐世昌电邀张作霖、曹锟和李纯三人进京筹商对策。后直奉提出最后调停政局五项办法：解散安福系；靳云鹏复职；取消上海和议，由中央与西南直接谈判；罢免安福系三总长；解除徐树铮兵权，撤销筹边使官制，改编边防军归陆军部直辖等。双方未能达成一致，直皖战争一触即发。

相关链接：直系曹锟、吴佩孚部

1898年，吴佩孚投入天津武卫前军聂士成部。庚子之变的天津保卫战中，聂士成战死于天津南郊八里台，其所属各部统归于袁世凯的天津陆军警察队，吴佩孚也转入袁世凯麾下，并划归曹锟统领的北洋第三镇。袁世凯死后，曹锟、吴佩孚因地属直系范围而成为直系一部，但二人并非冯国璋一派，而成为游离于直皖两系的一支重要力量，并借此扩张地盘。冯国璋死后，曹锟成为直系新领袖。

吴佩孚的"民主"尝试

1920年7月19日，直皖大战以直胜皖败落下帷幕。此时大可傲视群雄、一展鸿鹄之志的吴佩孚，却于8月17日返回洛阳练兵。

究竟发生了什么事情，让吴佩孚甘愿跑去练兵？人们纷纷猜测：是吴佩孚高风亮节，急流勇退；还是被迫无奈，主动让出中枢权力；抑或是以退为进，为武统中国积蓄实力？这还得从吴佩孚召开国民大会一事说起。

段祺瑞为实现武力统一中国，不惜调动各路北洋军与西南护法军政府展开激战。为谋直系发展，吴佩孚自衡阳撤防郑州，并通电全国，呼吁召开真正民意公决之"国民大会"，以和平对抗武力。吴佩孚此电一出，立刻站在了舆论制高点。不过当时直皖大战在即，召开国民大会一事也因此作罢。

直系入主北京后，吴佩孚认为此事也应该提上日程。1920年7月29日，直系的曹锟、奉系的张作霖，以及辞职的前国务总理靳云鹏在天津召开会议，讨论善后相关问题。吴佩孚再次提出召开国民大会，众人不置可否，反遭张作霖奚落。8月1日，吴佩孚未经曹锟、张作霖及府院同意，单独发表召开国民大会计划大纲，决定要靠一己之力，力促召开国民大会以解时局。

吴佩孚可能是高估自己的实力了。对吴氏一意孤行的做法，曹锟认为是洛阳派争权而对吴佩孚心生防范；张作霖则认为，吴佩孚也就是一后生小辈，打仗是本分，开口、伸手还轮不到他。张作霖甚至对天津记者说:"我所合作的是曹经略使。吴佩孚小小一个师长,全国就有几十个师长,而我手下也有好几个。"①轻蔑之意溢于言表。

曹、张二人的意思很明白,吴佩孚还没有资格要权。吴佩孚可不这样想,从护法、直皖大战走出来的战将恐怕早就有了"钓鳌客"的心思,而且他也有钓鳌资本。

吴佩孚有个"爱国将军"的好名声。五四运动爆发后,国人呼吁拒签和约。当时正在湖南前线作战的吴佩孚以师长身份直接致电徐世昌,痛陈:"大好河山,任人宰割之时,稍有人心,谁无义愤?"还说"莘莘学子,激于爱国热忱,而奔走呼号,前仆后继……其心可悯,其志可嘉,其情更可有原"②,援救被捕学生,支持学生要求拒签"凡尔赛和约"的主张。护法运动期间,吴佩孚屡次要求停战、撤防北归,这又为他戴上了一顶"和平军人"的帽子。与其他军阀相比,孰高孰低,国人一目了然。

吴佩孚还有"廉洁"的好名声。董必武曾对吴佩孚有过这样一个评价:"吴氏做官数十年,他统治过几省地盘,带领过几十万军队,他没有私人积蓄,也没有田产,有清廉名,比较他同时的那些军阀腰缠千百万,总算难能可贵。"③

有着一定声望的吴佩孚当然想要"更进一步",他要树起自己的旗帜。直皖战争结束后,各方处理善后问题的政治主张大多是在民国法统下,围绕是恢复旧国会还是召集新国会这个问题展开。吴佩孚却另辟蹊径,主张召开"国民大会"。按照吴佩孚的说法,召开代表"真正民意"的国民大会既能避免军人干涉、政客钻营,又可消除议员彼此倾轧。

之后,吴佩孚在接受《字林西报》记者采访时,再次表示:"此次举

---

① 陶菊隐:《北洋军阀统治时期史话》第五册,生活·读书·新知三联书店,1958,第181页。
② 胡云霞:《"二·七"惨案前后共产国际联吴政策的演变》,《西南交通大学学报(社会科学版)》2004年第3期。
③ 成云雷:《党员干部修养手册·廉政篇》,山东人民出版社,2019,第123页。

《新闻报》1921年1月26日刊登的漫画《湖广会馆之武剧》。1921年，湖北自治，发生了驱逐王占元的事件。后来，吴佩孚利用了此事件，与他所说的"民主"背道而驰。

兵（直皖之役），纯为维护中国民主主义而起……战后所得的良好结果须使国民得以享受，不可由一般奸人从中掠夺而去。召开国民大会，用意就在于使此次改造中国的大业，夺之于北京官僚武人之手，而还之真正人民代表使自为办理。"①

革命、进步形象让吴佩孚一时拥趸众多，当时许多知识分子因为报纸报道而对吴佩孚心生崇拜，称吴是"了不起的英雄"，并幻想有了吴佩孚总算不会亡国了。

吴佩孚的国民大会计划无疑具有相当号召力。事实上，吴佩孚一推出计划大纲便迅速在全国掀起了"国民大会热"。从1920年8月到9月，普通民众、商学各界、早期共产主义者和社会名流纷纷各抒己见，争相为国是献言献策。

社会名流以促进会、策进会、商榷会等多种形式，对吴佩孚提出的

---

① 苏全有：《孙中山与三角联盟》，河北人民出版社，1998，第92页。

计划大纲，或以讲演的形式向民众宣传解释，或以文书的形式鼓动促进大会召开，或以辩论形式为促成国民大会提出解决办法，甚至有团体建议由省议会代行国民大会组织权，等等。

以李大钊为代表的早期共产主义者也表示支持。8月17日，李大钊发表《要自由集合的国民大会》，称此大纲可鼓励全体中国人民走向政治舞台，很可能会创造一个新纪元。21日，李大钊还联名蔡元培等北大教授发表重要启事，要求召集临时国民大会，实行地方自治。

当各界为召开国民大会竞相奔走时，北洋大佬们却反其道而行之。张作霖早就看不惯吴佩孚的做派：当初要不是奉军出关合围皖系，就凭吴佩孚的实力根本不可能打败段祺瑞；现在吴以区区师长之职，不尽自己的本分，反而插足政治，甚至制衡奉系，简直是夜郎自大、自不量力。

按理说，曹锟应该支持吴佩孚，但出于对权势和地位的考虑，尤其是害怕吴佩孚势力坐大，"只知有吴玉帅""不知有曹大帅"，于是倒向亲家张作霖。他亲自通电各省，随后声明吴佩孚召集国民大会一事他认为无效；各省机关如若接到（吴）电，概不可认为事实；各电报局接得该电，可以随时扣留。

现任大总统徐世昌就更加反对了。吴佩孚要搞国民大会，撤销安福国会，那么，他这个由安福国会选举的总统当然就名不正、言不顺了。一旦国会撤销，他的总统之位也就坐到了头。徐世昌一介文人能够制衡各方军阀势力，并稳坐总统之位达四年，能力非一般人可想象。吴佩孚想立马赶走徐世昌，是不可能的。

其他各省督军和西南各派也质疑吴佩孚假公济私。本以为打败了段祺瑞，西南便可以与直系平分天下，结果吴佩孚要搞国民大会，取消旧国会，为直系控制国会铺路，西南的愿望彻底落空。曾经联直反皖的岑春煊也通电，对于国民大会，颇有不赞同之表示。[1]至于安福系及其党羽

---

[1]《国民大会与国会问题》，《大公报》1920年8月8日第2版。

也不闲着,以"保护法统"为名,不断攻讦国民大会。

在各方势力的压力之下,吴佩孚不得不站出来表态:召集国民大会是为了南北统一,是一时的政治问题,而各团体所主张的国民大会制宪等问题,均为"偏激之论","实属革命行为"。吴佩孚的表态,也意味着热闹一时的国民大会还没正式召开便宣告终止。

其实,吴佩孚虽然提出召开国民大会,但具体由谁来主持,他并没有明确表示。何况,吴佩孚也不肯吸纳像李大钊、蔡元培这样具有新思想的人物。国民大会有始无终在所难免。

国民大会的夭折也让吴佩孚意识到:以目前的实力,自己尚未能掌控北京政局走向。唯一的办法就是积蓄力量,扩充军事实力以图将来。曾经的"和平统一"斗士也走上了"武力统一"的老路,于是出现了开篇吴佩孚退走洛阳练兵一幕。

大事年表

1920年	7月29日,曹锟、张作霖和靳云鹏在天津召开会议,讨论战争善后问题。吴佩孚提出惩办安福系祸首建议。 8月1日,吴佩孚提出召开国民大会具体办法,以解时局。 8月17日,李大钊发表《要自由集合的国民大会》,号召民众行动起来。 9月2日,北洋政府任命吴佩孚为直鲁豫巡阅副使。
1921年	4月,靳云鹏、张作霖、曹锟和王占元在天津曹家花园举行天津会议,以解战后时局。也称"巡阅使会议"或"北方四巨头会议"。

小常识：吴佩孚的国民大会大纲

该国会大纲共计八条，涉及国民大会的性质、宗旨、会员资格、监督、事务所、经费管理及期限等内容。该大纲以省县区域职业代表制取代原国会代表，倡导一切纠纷由农工商学各界国民代表公决解决。后因遭到各派反对，最后不了了之。

相关链接：孙中山关于国民大会的设想

按照孙中山的《国民政府建国大纲》，国民大会是宪政时期国家最高权力机构。孙中山关于召开国民大会的设想，最早是在1916年发表的《在沪举办茶话会上的演说》中提出。之后在1919年《孙文学说》和1921年《五权宪法》中，孙中山关于国民大会的设想愈加成熟。他认为国民大会有制定修改宪法之权，对中央政府官员有罢免权，对中央法律有创制和复决权；但国民大会无选举权，总统是由各县人民投票选举。到1924年，孙中山在《国民政府建国大纲》中进一步明确了国民大会的产生与职能。如全国半数省份进入宪政时期，即可召开国民大会；每县地方自治政府可选一名国民代表，以组织代表会、参与中央政事；国民大会对中央政府官员有选举权和罢免权。孙中山将国民大会置于政府之上，而人民又可以通过国民大会管理政府，进而彰显国家主权在民的思想。

"东北王"火中取栗

皖系大败后,直奉各怀心思。按照吴佩孚的想法,要严惩安福系、解散国会、没收祸首财产、囚禁段祺瑞。为此,吴佩孚精心筹备国民大会,幻想借民众热情彻底清除皖系。没想到,奉系张作霖却搅乱了"一池春水"。

张作霖当然不希望直系一家独大。一来奉系政治影响力不及老牌直系;二来奉系以关外之兵介入中原政局,底盘不稳,所以张作霖想吞并皖系以壮己力。

双方各自打着自己的小算盘。为维持表面平衡,徐世昌继续保留总统之位,而张作霖的亲家、曹锟的结拜兄弟靳云鹏再次被推到前台,任新一届内阁总理。曹锟接任直鲁豫巡阅使,掌握三省军事大权,吴佩孚则虎踞洛阳练兵。

当然张作霖也不差,除了趁火打劫了大部分皖系军火外,还捞了个蒙疆经略使,节制热、察、绥三特区。至于皖系的处理结果,最后则不了了之,这为日后段祺瑞复出和直奉反目埋下了伏笔。

友谊的小船说翻就翻了,直奉之间薄如蝉翼的关系变得岌岌可危。吴佩孚在河南以练兵名义购置武器,编制新军,扩充师旅,甚至还编练了学兵队和幼年兵团,为直系培养后备阶梯式人才。

吴佩孚精心打造了一支北洋军翘楚。有了强大的军事实力,吴佩孚先是推出齐燮元任江苏督军,之后亲任两湖巡阅使。直系在长江领域的不断扩张,张作霖是看在眼里、谋划在心里,他在等一个机会。

很快，总统徐世昌与总理靳云鹏因人事变动，引发北京政府政潮，这为张作霖下一步布局提供了契机。靳云鹏的上台是为了平衡各方势力，结果，靳云鹏借组阁先是挤走了交通系的周自齐和叶恭绰，改由直系政客担任交通、财政总长，得罪了徐世昌和交通系的梁士诒。

1921年8月9日，靳云鹏内阁又"擢升"吴佩孚为两湖巡阅使，使其与东三省巡阅使张作霖平起平坐，甚至还同意召开新国会，激怒了张作霖和徐世昌。结果，当靳云鹏借口烟酒事务署督办张寿龄（徐世昌之心腹）财务不清、拟罢免张职务时，遭到府方强烈反对，府院矛盾公开化。

被排挤出权力核心的交通系也蠢蠢欲动，欲将靳云鹏拉下马。11月，受欧洲部分资本家和政客谣言蛊惑，汉口的中、交两行忽然发生挤兑风潮。在徐世昌的默许下，控制着北洋金融的交通系政客乘机提出中、交两行准备金不足，要求政府下令停兑。银行一旦停兑，打乱的不仅打乱了金融秩序，更重要的是影响了政府的信誉，处置不当，政府就要倒台。靳云鹏深知其害，但无计可施。

关键时刻还是直系解了靳云鹏的危机。11月29日，直隶省省长曹锟之弟曹锐出面破谣，称中行天津分行准备金充足，足以周转挤兑风潮；并且还查明此次谣言是蓄意而为，意在扰乱金融、危害国家等。靳云鹏当即派出军警秘密监视交通系相关人员，交通系的叶恭绰则在总统府的暗中协助下离开北京，北上沈阳，邀请张作霖进京干涉。这正合张意。

12月14日，张作霖亲自入关组织倒阁。与其说靳云鹏下台是张作霖、徐世昌及交通系围攻的结果，其实倒不如说靳云鹏自己也不想再干了。粤桂之战，桂系失败让支持武统的靳云鹏遭到府院攻击；任命安徽省省长又遭江朝宗当庭辱骂，威信尽扫；司法、教育、陆军总长因欠薪相继辞职，靳云鹏内阁难以为继。于是张作霖说，内阁必须改组才能有所作用。徐世昌也表示，自己不反对责任内阁，只是冀卿（靳云鹏）实不相宜。

赶走了靳云鹏，张作霖换上了亲日派梁士诒。这场府院内讧，上海《民国日报》曾一语中的地评论道："从徐、靳之讧，变为曹、张之讧；徐、靳之讧是唾余，曹、张之讧是精粹。"[①] 所以当吴佩孚得知梁士诒准备北上时，曾对浙江督军卢永祥谈及，梁氏组阁之日，便是大局翻腾之时。直系对梁士诒内阁的态度，由此可见一斑。

有了张作霖、徐世昌的支持，上台后的梁士诒连烧三把火。第一把火是大赦皖系"通缉犯"，启用曹汝霖、陆宗舆。众所周知，直系与安福系之间是你死我活的斗争，当初张作霖想特赦段芝贵，曹、吴就不同意。梁士诒这把火引发了二人怒火。

第二把火则是烧向吴佩孚的。吴佩孚与梁士诒本素无杯葛，但梁士诒是由张作霖支持上台，二人便成天然政敌；而后梁士诒取代了与吴有师生情谊的靳云鹏，并一再打压直系，吴梁遂结下梁子。在军费支出上，梁士诒一面对外声称财政支绌，表示要裁军费、裁员；一面对吴佩孚索饷请求虚与委蛇，不允照发。但反过头来就令交行贷给奉系400万元，甚至发行9000万元公债以资奉系。这样一来，吴梁矛盾上升为直系与内阁矛盾，直系倒阁势在必行。

梁士诒的第三把火是同意借款赎回胶济铁路，结果梁氏却因这把火而玩火自焚。梁士诒上台后，正值中日鲁案交涉阶段。当时中方提出以偿贷款收回胶济铁路的办法时，款赎路自办，此举赢得国人广泛支持，并在国内掀起了一场筹款赎路爱国运动。就在关键时刻，"谣言"四起，说梁士诒内阁准备"借日款赎路"。广大民众听闻此言，自然强烈反对，也给吴佩孚倒阁提供了绝佳时机。

鲁案交涉为吴佩孚倒阁制造了机会。吴佩孚马上使出惯用手法，以舆论压制对方。1922年1月5日，吴佩孚发出"歌"电，力斥梁士诒牺牲国脉、断送路权。梁士诒7日发"微"电辩解，此种缘由系因暌隔传

---

① 《因徐靳之讧而起讧》，《民国日报》1921年12月9日第3版。

闻，新内阁完全赞同中国代表团之宣言。紧接着直系将领先后通电声援吴佩孚，反对梁内阁。

为了掀起更大的反梁声势，吴佩孚每日一通电文诉诸报端。面对吴佩孚及其直系长篇累牍的电文，梁士诒难以招架，甚至想出了花钱免灾的歪招，拿出50万元拉拢吴佩孚，此时的吴佩孚怎么可能把这点钱放在眼里！

吴佩孚猛攻梁士诒的真实用意，张作霖心知肚明。本来张作霖还想作壁上观，奈何梁士诒被打得毫无招架之力。于是张作霖致电徐世昌，要求徐世昌将梁士诒组阁经过及外交现状向国人讲明白，以免军人造谣。没想到，吴佩孚直接通电，宣称有袒护梁氏者，即为吾人之公敌，矛头直指张作霖。张作霖只好表态，自己是出于公心才力推梁氏组阁，同时还指责吴佩孚不问是非、肆意讥弹。

已经站在"民族大义"上的吴佩孚根本上轻视张作霖的反击，他联合直系各将领致电徐世昌，称梁士诒"上负元首知遇之明，下违亿兆希望之切"[①]，要求立即罢免梁士诒以谢天下。同时，他联电驻京外交使团，取消梁内阁签订的任何条约。

徐世昌欲作最后一搏，派亲信游说直奉，但皆无成效。此时北京各团体国民外交联合会通电，宣布梁士诒十大罪状，给了垂死挣扎的梁内阁最后一棒。内外交困下，1922年1月25日，组阁仅月余的梁士诒托病告假，避走天津。被削了面子的张作霖咽不下这口气，为了自己的体面，也不能让自己拥立的人就这样被赶下了台，张作霖准备入关，直奉大战一触即发。

[①] 中国第二历史档案馆编《中华民国史档案资料汇编·政治》，江苏古籍出版社，1994，第188页。

大事年表

1921年　4月7日，国会非常会议参众两院联合会在广州举行，会议通过《中华民国政府组织大纲》，选举孙中山为非常大总统。
　　　　8月9日，吴佩孚任两湖巡阅使。
　　　　11月16日，汉口地方政府召集中、交两行行长到军署会议，决定由银行公会和钱业公所代为应对挤兑风潮。
　　　　12月14日，张作霖入京支持亲日官僚梁士诒组阁。24日，梁士诒出任内阁总理。

1922年　1月5日，吴佩孚发出"歌"电，力斥梁士诒牺牲国脉、断送路权。
　　　　1月19日，吴佩孚联合直系各将领致电徐世昌，要求立即罢免梁士诒。
　　　　1月25日，梁士诒避走天津。

小常识：中交第二次停兑风潮

第一次停兑风潮过后，中、交两行对政府的垫款问题并没有从根本上得到解决，反而导致两行现金准备减少、信用低落。此时，华盛顿会议正在召开，英、美等国企图破坏中国的财政金融，策划中国"门户开放"和"国际共管"；日本也在北京、天津、济南等许多地方进行煽动挤兑，导致京津两地出现停兑风潮，并波及上海等城市。

相关链接：胶济铁路问题

1914年，第一次世界大战爆发后，日本对德宣战并出兵山东，强占德国势力范围，进而控制胶济铁路。中国政府虽提出强烈抗议，但袁世凯当时一心想复辟，胶济铁路收回的问题也就此耽搁。第一次世界大战结束后，作为战胜国的中国本应取得赎回胶济铁路的权利，但由于英、美、法等国干涉，巴黎和会上中国代表团的提案再次夭折，中国借机赎回胶济铁路的意愿落空。随着美日在天平洋地区竞争加剧，为解决美日矛盾，1921年7月美国倡导筹备召开华盛顿会议，中国政府亦被邀请参会，山东问题再次成为会议焦点。在日本的强烈反对下，会议同意山东问题会外解决。12月13日，中日就胶济铁路进行会谈。日本要求中国偿还德国遗留的铁路财产并强迫中国借款赎路，中国代表拒绝。此时正值北京靳云鹏内阁倒台，梁士诒组阁。新任外交部长颜惠庆负责中日胶济铁路问题谈判，提议借款自办。但不久，外交部突然发出一〇六号电报指示驻美代表，称梁士诒主张"借款赎路"。吴佩孚为倒梁，发电国内，称梁士诒"借日款赎路"，于是掀起国人反日情绪，形成讨梁风潮，最终迫使梁士诒下台。

"法统重光"

自吴佩孚倒梁，直奉两系表面携手共商国是，但张、吴二人南辕北辙之意见已然预示了政局的走向。为修复直奉关系而召开的保定会议，尽管各路调停大员斡旋其中，终因双方无法取得共识而功亏一篑。先是传言吴佩孚调兵回洛撤防，同时派兵驻防德州；后有张作霖入关，增派兵力集中于廊坊，甚至将"奉军"改为"镇威军"。直奉大战一触即发。

1922年4月29日，张作霖在军粮城发动总攻，第一次直奉大战拉开序幕。张作霖投入了4个师、9个旅，约12万人，沿津浦、京汉铁路分东西两路逼向直系部队。面对12万奉军，素有谋略的吴佩孚并未放在眼里。按他的说法，奉军乃一群乌合之众，不堪一击。事实也的确如此，除了张学良统率的东路军尚具战斗力外，剩下的奉系老人亦兵亦匪，与那些军校出身的直系将领相比，孰优孰劣一目了然。

吴佩孚亲率十万之众，以保定为大本营迅速回防。双方沿马厂、固安和长辛店一带展开混战。5月3日，吴佩孚改守为攻，并在炮兵掩护下迂回至奉军西路后方卢沟桥一带。奉系腹背受敌，处境危险。5月4日，奉军第十六师临阵倒戈，西路奉军全面溃败，并殃及东路。所幸张作霖有东路军拼死抵抗，才抵挡住了吴佩孚进一步的攻击。

经此一役，奉军战死2万余人，逃跑1万余人，被俘4万余人。张作霖虽然损失了关内地盘和兵马，但关外根基未动，所以5月12日，当徐世昌下令免除张作霖东三省巡阅使等职时，张作霖索性宣布脱离中央。6月4日，张作霖在东三省打出"联省自治"旗号，厉兵秣马以待来日。

张作霖退出关内，北京政权落入直系囊中。一时间，吴佩孚声名鹊起，成为继袁世凯、段祺瑞之后的又一个北洋枭雄。汉口《英文楚报》溢美之词泛滥，竟称吴为"中国未来荡涤乱象、建法治邦国之磐石"。吴佩孚终于可以"睥睨"天下英雄，甚至一统南北。

曾经段祺瑞想武统，冯国璋想文统，各有各招，但终究以失败告终。吴佩孚想要名垂青史，建一番秦皇汉武之功绩，只能另辟蹊径。"以军人绝不干政"自居的吴佩孚接受了原众议院议长吴景濂的建议，欲借"恢复法统"来"重整河山"。所谓"恢复法统"，就是恢复1917年被解散的旧国会，恢复黎元洪总统之位。

"恢复法统"其实是吴佩孚的一石二鸟之计。当时，中国南北两位总统并立，直系要想名正言顺地成为唯一合法政权，必须挪走眼前孙中山、徐世昌两块"绊脚石"。所以"法统重光"一计，明修的是"宪法"栈道，暗度的是否定孙、徐总统合法性的陈仓，最终实现的是创造条件选举曹锟当总统的目的。

为达驱徐目的，吴佩孚指使下属发表通电，效仿冯国璋逼袁世凯退位之法，请徐世昌"敝屣尊荣"，及早下野；同时声称总统合法离职的条件，只有死亡缺位、弹劾去职或因故不能执行职务等三种情形，黎元洪因是被迫离职，是为非法去职，所以依照法律规定应补满剩余一年零三个月的任期。失去了奉系和安福国会的支持，无计可施的徐世昌不得不于1922年6月2日辞去总统职位。

徐世昌的辞职让南方的孙中山陷入了窘境。早先为推翻徐世昌代表的非法国会，孙中山曾立下誓言，只要北京的徐世昌辞职下野，他也立即下台。没想到徐世昌很快就被吴佩孚赶下了台，这下"非常大总统"的处境就越发尴尬了。南方的陈炯明不再支持孙中山北伐，北方的一些知识分子也要求和平，掀起舆论要求孙中山下野。吴佩孚的计策成功了。

徐世昌辞职当日，曹锟、吴佩孚牵头联合直系军阀17人发表通电，力邀黎元洪依法复位。当时，坊间流传着这样一种说法：黎元洪只不过又是一颗受人摆布的棋子。再加上反对黎元洪复职的声音此起彼伏,南方非常国会甚至以武力威胁。尚未出山,风雨已满城,黎元洪不得不谨慎从事。

相对于黎元洪的踌躇,直系曹锟、吴佩孚却是四方奔走。直系各路督军先后发出劝驾电文数十通,曹、吴二人也发电黎元洪"早定中枢,以巩国基",希望黎元洪能够"以公意为进退"。在一片劝进通电下,大有"黎元洪不出山,如苍生何也"之势。赋闲五年的黎元洪一时间成为众望所归之人,他开始考虑复出的条件和时机了。①

为了表明自己并非渔一己私利,也为了能够周旋于曹、吴之间,黎元洪以"废督裁兵""南北统一""整理财政"作为复职条件,其中尤以"废督裁兵"为重。为此,黎元洪口出重言,称如果曹、吴和国会不依此条件,他绝不就职。为表心迹,黎元洪于1922年6月6日发表"废督裁兵"之通电。

那边黎元洪废督裁兵通电一发,大有俘获民心之功效,这边曹、吴却不爽了。"废督裁兵"的核心就是削弱军阀专权,裁减军阀兵力,这对军阀割据的中国而言,显然是黎元洪一厢情愿的事情。然而,黎元洪要一意孤行,要广收民心,曹、吴二人还真有点骑虎难下。总不能刚说了要恢复"法统",马上就自断其臂吧?于是,曹、吴在黎元洪发表通电的第二天,马上予以回应,同意实行废督以做各省之表率。

1922年6月11日,解除了后顾之忧的黎元洪发表就职宣言,重新接掌大总统之印。6月12日,黎元洪正式迁至中南海居仁堂办公。为履行承诺,6月15日,曹、吴二人在保定召开"废督裁兵"会议。直系不仅提出设置军区的方案,而且还提出了裁兵的具体办法。但直系裁掉的可不是自己的兵,直系的借口是,抵御南军要保存实力。关外的奉系更是

---

① 公孙訇编著:《直系军阀始末》,中国人民政治协商会议河北省委员会文史资料研究委员会,1987,第118页。

置之不理，反而大张旗鼓地扩军备战。至于一些小军阀，他们的反应亦可想而知。裁兵一事终究是雷声大、雨点小。

号称"绝不干政"的吴佩孚在干政的道路上越走越远。当黎元洪提出以省长取代督军、以民权代军权时，吴佩孚马上致电国务院，警告当前国家尚未统一，如果擅自更换封疆大吏，恐生变故。于是他提出在维持现状的基础上，以督理或督练代督军行使地方权力。这种换汤不换药的做法，除了自欺欺人外，于军阀毫无制约，黎元洪的废督计划也泡汤了。

与此同时，南方陈炯明与孙中山正式决裂并炮轰总统府。因提前收到消息，孙中山化装成一名医生转移到停靠在珠江的中山舰上，随后乘船离粤赴沪。孙中山逃离广州，意味着南方也失去了与北京直系政权对峙的阵地。

"法统"成了舞文弄法之政客和舞枪玩法之武夫的遮羞布，而一般民众也天真地以为南北纷争就是法统的问题，只要北京政府恢复法统，那国家就统一了，天下也就太平了。殊不知，招牌只是招牌，各路派系之间的纷争终究还是要靠武力去解决的。

大事年表

1922年　　2月5日，吴佩孚召开直系保定军事会议，商讨对奉作战。

4月29日，张作霖在军粮城发动总攻，第一次直奉大战拉开序幕。

5月10，吴佩孚在保定召集直系将军会，筹备恢复旧国会。

6月2日，徐世昌辞去总统职位。

6月11日，黎元洪发表复职宣言，后迁至中南海居仁堂办公。

6月15日，曹锟、吴佩孚二人在保定以召开废督裁兵会议为由，改督军之名为军区长，扩张督军权力。

6月16日，陈炯明攻击总统府，孙中山逃离广州。

6月17日，直奉双方以榆关为界，签订停战协议，第一次直奉大战结束。

小常识：陈炯明炮轰总统府

1917年，孙中山南下护法，为抗衡南方各省军阀掣肘，组建了一支以陈炯明为总司令的援闽粤军。粤桂战争后，陈炯明军事势力迅速扩大，实际控制了护法政府。在护法政府财政困难的情况下，陈炯明与孙中山在是否北伐的问题上产生分歧。之后，二人政见分歧日增。1922年6月，陈炯明发动政变，炮轰孙中山的观音山住所粤秀楼，孙中山避走上海，护法政府覆亡。

相关链接：联省自治

1916年，袁世凯死后，皖系段祺瑞控制了北京政府，主张对南方系的武统，但遭到直系军阀反对。为了对付皖系，以唐继尧、陆荣廷为首的西南军阀与吴佩孚达成"联直反皖"协议，即通过吴佩孚撤防北归，激化直皖矛盾，从而实现与直系平分天下之目的。直系控制北京政权后，在吴佩孚武统政策下，西南军阀平分天下的愿望成为泡影。1920年，湖南督军谭延闿通电宣布自治，欲借自治之名，在北京政府和广州国民政府之外，再建一个全国性的联省自治政府，巩固本省地盘，对抗直系。谭延闿宣布湖南自治，一方面迎合了社会名流、社会主义者及自由主义者和左翼知识分子对"人民自治"的渴望；另一方面也得到了川滇粤桂闽等各省军阀的响应。其间，一些处于兵败势弱的军阀，如皖系浙江卢永祥和奉系张作霖，也欲借"联省自治"割据自保，抵制直系攻击，以伺东山再起。面对地方军阀的"联省自治"，直系曹锟、吴佩孚以"国宪"取消"省宪"，以"中央统一"代替"地方自治"来应对。为此，吴佩孚于1922年5月14日通电称要恢复1912年的旧国会，恢复旧的"法统"，并电请黎元洪复职，以便"名正言顺"进行"武力统一"。

"好人"的乌托邦理想

第一次直奉战争后,秀才吴佩孚迎来了他的黄金时期。从"五四"到"倒梁",吴佩孚大量的反日爱国通电,让人们视之为"救时伟人";直奉战争后,吴佩孚恢复旧国会,标榜"法统重光",又吸引了大量知名民主人士;甚至由于他的反日政策,苏俄和共产国际也开始与吴佩孚接触,一时间"激进民主"的吴佩孚拥趸众多、万众瞩目。

众多拥趸之中,那些尚对政治发展抱有希望的人纷纷提出不同的政治主张,其中就有胡适等人提出的"好政府主义"。什么样的政府才能算是好政府呢?在胡适等人看来,能够监督不法官吏、能够利用政治机关为社会谋福利,能够爱护个人自由发展的政府就是好政府。"好政府主义"一经提出,立即引发全社会热议,人们呼吁要组建"好政府"。

黎元洪复位之初,先后提名伍廷芳、颜惠庆署理内阁代总理,但在直系的反对下,均未能成功。尽管8月国会通过了唐绍仪组阁,但仍为吴佩孚所不容。风云际会之下,"好政府主义"拔得头筹。由"好人"出面组阁,既全了吴佩孚本人"不干政"的说辞;又为"法统重光"加持了一层民主的外衣;还可通过亲信控制内阁。三全其美。

有了吴佩孚的支持,1922年9月19日,王宠惠署理国务总理,顾维钧等9人分别担任外交、内务、财政、陆军、海军、司法、教育、农商、交通总长。这届新内阁最引人注目之处在于,总理王宠惠、外交总长顾维钧、财政总长罗文干、教育总长汤尔和都是"好人政府"的倡导者,所以王内阁也有"好人政府"之称。

社会各界对"好人政府"是寄予厚望的。且不说从胡适5月份提出主张到9月份组阁成功,"好人"创造了一个政治奇迹;单就王宠惠、顾维钧等资深外交官而言,他们的上台也意味着北京政坛面貌的焕然一新。正如胡适所言,这届内阁虽不能做到清一色,但也渐渐趋向凑一色了。

组阁后的"好人政府"信心满满,他们要建立民主自由的政府,以解内忧外患之困局。既然标榜民主自由,首先要摆脱内阁"洛派政府"的政治标签。直奉战争后,直系内部分裂为曹锟的保定派(简称"保派")和吴佩孚的洛阳派(简称"洛派")。由吴佩孚扶持的王内阁,除了农商总长高凌属于保派外,其余皆为王宠惠的外交派和洛派。外人看来,王内阁就是"洛派内阁。"

《努力周报》登载《我们的政治主张》

王内阁要与洛派切割,得有自己鲜明的内政外交政策,"好人政府"选择从外交入手。以外交作为与洛派切割的手段,王内阁是有原因的。

这个原因就是王内阁强大的外交政治资源。这些阁员要么做过职业外交官,要么有显赫的外交履历,像顾维钧因在国际外交舞台上的不俗表现,赢得了国际社会各界的广泛赞誉。所以,在北洋统治权威江河日下之际,外交成为北洋政府的救命稻草,尤其成为王内阁标榜独树一帜的救命稻草。于是,一个标榜"华府会议善后的内阁"构想出炉了。但身处政治中枢的内阁,怎么可能与扶持他上台的军阀进行切割呢?

果不其然,就在"好人们"准备大刀阔斧改革时,王内阁遇上的第一个难题就是组阁。当时,吴佩孚为培植自己的政治势力,安排亲信孙

《我们的政治主张》签署人：（左起）蒋梦麟、蔡元培、胡适、李大钊

丹林和高恩洪二人进入内阁，但黎元洪及其他派系却因本派同人未入阁心生不满，对孙、高二人横加阻拦。为了让"好人政府"顺利组阁，王宠惠竟然通过吴佩孚压制国会。无怪乎时人评价王宠惠："以法学家蔑视法律，民治派违反民意，不得不为执事羽毛惜也。"[①]

最让王宠惠头疼的还是财政问题。王宠惠组阁后，中央财税因地方割据无法保障，北京政府财政几近崩溃。甚至要派往南方代表，政府却拿不出区区500元的差旅费，最后还得靠顾维钧去"化缘"。尽管如此，交通部还要给洛派拨出500多万元的军费。财政如此捉襟见肘，内阁又能有何作为呢？也只能"死马当作活马医"，尽人事罢了。

王内阁在军费上偏袒洛派，招致了保派不满。更让保派不满的是，王宠惠以中间人的身份为孙中山和吴佩孚牵线搭桥，力促二人合作。孙、吴的靠近让国会某些人看到了空子，他们开始乘机到黎元洪和曹锟面前

[①] 《北洋军阀史料·吴景濂卷8》，天津古籍出版社，1996，第275—276页。

挑拨离间,说什么孙、吴联合是要让孙当大总统、让吴当副总统。这一下子就戳中了黎、曹的软肋,"倒王"开始酝酿。

总统和国会反对王内阁,就连昔日的"好人"战友也开始心存罅隙。王宠惠入阁前,以王宠惠为首的外交派和以胡适为首的自由派知识分子相处甚好,这些知识分子不仅撰文支持"好人内阁",而且还通过茶话会形式建言献策。然而,这些政治热情极高的知识分子越来越不满意王宠惠的倒退,越来越不满意王宠惠倒向吴佩孚一边、丧失自己的立场。

9月份的一次茶话会上,王宠惠因财政困难牢骚满腹:"你们要问我有什么政策,我的政策只有'吃饭''过节'两项,此外别无政策,别无计划。"面对胡适等人要求他宣布大政方针和计划时,王宠惠彻底被激怒了:"你要我宣布计划,我没有计划,就是我的计划。"[1]双方彻底闹僵,茶话会也从此解散。

胡适愤懑地说:"王内阁过了中秋节之后,若有政策,还有继续存在的理由,若没有政策早就该走了。没有政策而不走,是为'恋栈'。"胡适甚至还说:"你们不要把自己看得太重要了。你们走了,中国不会就塌下来的!"[2]看似志同道合的"战友"彻底分道扬镳。

原本要超然于政争之外,本着为中国谋福利的目标而走在一起的"好人政府",原本是想依仗强大的外交政治资源干一番事业的"好人政府",没想到却深陷于总统、国会和直系权力斗争的泥淖中裹足不前,最后还不得不依靠吴佩孚来勉力维持。这正是吴佩孚的高明之处,但也是"好人政府"的可悲之处。

王内阁在政治上"一边倒",不仅失去了自由派知识分子的支持,也恶化了内阁与国会的关系。现在,国会只需要找到一个合适的倒阁理由。

---

[1] 《陶行知全集》第二卷,四川教育出版社,1991,第110页。
[2] 李建军:《容忍即自由——胡适的政治思想历程》,广西师范大学出版社,2016,第196页。

大事年表

1922年　　8月，孙中山与苏俄特使代表马林就中国革命和国民党改组问题进行讨论。

　　　　　8月29日，中国共产党第二届中央执行委员会在杭州西湖召开特别会议（即西湖会议），讨论共产党员加入国民党的问题。

　　　　　9月17日，胡适发表《假使我们做了今日的国务总理》，提出改变时局的具体计划。

　　　　　9月19日，王宠惠出任国务总理，组阁"好人政府"。

小常识："好政府主义"

1922年5月，胡适等人在《努力周报》发表《我们的政治主张》一文，提出好政府应是"宪政的政府""公开的政府"和"有计划的政治"。按此主张，这个政府不仅"要有正当的机关可以监督防止一切营私舞弊的不法官吏"；而且要"充分运用政治的机关为社会全体谋充分福利，充分容纳个人的自由，爱护个性的发展"。因此，他们主张只要由"好人"组织政府，中国便可富强起来。

相关链接：《我们的政治主张》与《中国共产党对于时局的主张》

20世纪20年代，为挽救时局，寻找救国出路，一些知识分子相继提出"联省自治""废督裁兵""制宪救国"等不同的改良主义救国主张。1922年5月14日，由胡适起草，蔡元培、王宠惠、罗文干、梁漱溟、李大钊等16人联名在《努力周报》上发表了《我们的政治主张》一文，文中提出，"中国所以败坏到这步田地，'好人自命清高'确是一个重要原因"，主张将"好政府"作为"改革中国政治的最低限度的要求"，"我们应该同心协力的拿这共同目标来向恶势力作战"。

对于王内阁的"好政府主义"，陈独秀代表中共中央起草并发表《中国共产党对于时局的主张》予以驳斥。6月15日，该宣言正式在《先驱》第九号上公开发表。宣言指出，中国内忧外患的根本原因在于军阀与国际帝国主义的勾结，"好政府主义"等改良办法都不能彻底解决中国问题。该宣言不仅阐述了中国共产党在包括关税、选举、司法、教育等方面的11项奋斗目标，而且还向国民党等民主派呼吁建立党外统一战线的政治愿望："邀请国民党等革命民主派及革命的社会主义各团体开一个联席会议，在上述原则的基础上共同建立一个民主主义的联合战线，向封建式的军阀继续战争。"随后，中共中央将此份宣言通过李大钊传递给"好人内阁"。军阀支持下的"好人内阁"自然不会认同中共中央关于时局的解决办法，最终深陷军阀权力斗争泥淖的"好人政府"不得不垮台。

三度入狱的财长罗文干

1923年，一首政治打油诗流传于北京的茶楼酒肆、街头巷尾："干倒罗文阁已空，一声混蛋滚匆匆。早知王宠难为惠，从此高恩竟不洪。"这首打油诗的机巧是什么？它又影射了谁呢？这得从震惊朝野的"罗文干案"说起。

罗文干（1889—1940），字钧任，广东番禺人，1904年入英国牛津大学攻读法律，1908年获硕士学位，后到内寺院学习法律事务。归国后，罗文干先后担任过广东审判厅厅长、广东高等检察厅厅长、司法部次长，是当时国内公认的司法专家之一。王宠惠组阁时，因欣赏其才能而招致麾下担任财政总长。

洛派支持的"好人政府"自成立始，就疲于内政外交之中。众议院议长吴景濂一心想当国务总理，时不时对王内阁呛声、掣肘；曹锟因想坐大总统之位，对吴佩孚拥立黎元洪不满，进而对王内阁也心生不满，更何况王宠惠还欲促进吴与孙中山合作；黎元洪也不满，之前认为王宠惠无党派色彩，能够与中央和衷共济，结果事与愿违。一场倒阁风潮暗中涌动。

吴景濂准备拿罗文干下手。一来罗文干掌管着北京政府的财政大权，打击罗文干对王宠惠内阁有伤筋动骨之痛；二来罗、吴私人恩怨颇深——吴景濂认为罗文干故意拖欠国会经费，甚至找借口阻止他对外借款计划；三来打击罗文干，还可以达到驱逐黎元洪的目的。种种因素叠加在一起，吴景濂决定要将罗文干拉下马，只不过他还需要等待一个时机。很快，这个机会就来了。

财政总长罗文干一上任，接手的就是一个财殚力痛的烂摊子。欧洲各国债券陆续到期，总额达到4.8亿元，持券方纷纷要求北洋政府偿还债券或发行新债券；同时军费及各城市所需款项支出高达1.8亿元，平均每月支出920万元，而当时北京政府每月平均收入也就20万元左右。可谓旧账不清新账不断，罗文干急于广开财源以维持政府运转。1922年11月14日，在国会未知的情况下，罗文干与奥国签订了为期10年的《奥款展期合同》（以下简称《展期合同》）。

正是这个《展期合同》给了吴景濂反击的机会。按照原来的《奥国借款合同》，中国政府向奥国订购战舰4艘，借款600万英镑，年利率6厘，奥国则以所得税7000英镑回赠北洋政府。后因第一次世界大战爆发，中奥合同终止。战争结束后，因中方所欠债款本金123万英镑未支付，奥方也未向中方交货。

罗文干上任后，中奥双方协商收回旧债券，另发九折新债券并取消原购货合同。但前提是，中国放弃原订购合同的62万英镑定金，以年息8厘的利息偿还577万余英镑新借款。合同生成后，奥国通过华义银行支付财政部8万英镑，同时收取3.5万英镑的手续费。这就是所谓的"华义借款"，又称"安利借款"。

听说罗文干与奥国签订了《展期合同》，国会正副议长吴景濂、张伯烈立即拜谒总统，指责罗文干未经国会议决擅自借款，控告罗文干从中受贿致使国家权利损失。1922年11月18日，黎元洪下达逮捕令。当天半夜，军警数十人突至罗寓所，押解罗文干至京师地方检察厅看守所羁留。

之后，围绕罗文干是否在签订《展期合同》中有受贿之事，15个月中，罗文干三进三出，命运跌宕起伏，直到1924年2月，京师地方检察厅向高等审判厅宣告撤销上诉，此案才告终结。罗文干虽然最终无罪释放，但他的被捕引发了北洋政治人地震，直接导致王宠惠"好人内阁"

的倒台。

罗文干第一次被捕后，吴景濂联合众议院诸议员四处奔走，欲使案件扩大化，彻底扳倒王内阁。王宠惠等人则前往拘留所，欲行保释。罗文干不愿不明不白受此冤枉，坚决不愿保释出狱。之后，王宠惠召开紧急国务会议，指责黎元洪逮捕现任财长的行为是在破坏内阁。破坏民主，并以辞职威胁黎元洪。

吴佩孚得知罗被捕后，11月20日通电质询黎元洪：罗文干身为现任财长，纵有违法一事也应由内阁公决后，经国务总理副署解除官职，而后方能送交法庭；如今罗氏未经解职直接送到法庭，总统有违法之嫌。很明显，吴佩孚是站在偏袒罗文干的立场上说的这番话。

一石激起千层浪。很快，整个社会舆论也跟着对罗文干被捕提出了质疑。顾维钧当面与黎、吴对峙，称二人行为不仅非法，且为政府之耻，造成了极其恶劣的国际影响。蔡元培更是以人格为罗文干作保，怒斥黎元洪拘人不依法之举"为国会与总统之自杀"[①]。梁启超则一针见血点出，吴、张未经院议，便以众议院名义要求总统拿办罗文干，实属程序违法，如此踩躏人权，有如草芥。

左右权衡下，黎元洪派人礼请罗文干出监。本以为事情会告一段落，令人跌破眼镜的是，11月25日罗文干再次入狱，而这次的推手却是曹锟。11月23日、24日，曹锟通电公开支持国会立场，罗列五大罪状，认为罗文干受贿渎职、丧权辱国，并请总统组织特别法庭彻底查办。曹锟的通电一出，也意味着直系保派和洛派的矛盾表面化。吴佩孚是要自己当老大，还是奉曹锟为老大，他要作出选择。

局势的发展并没有给吴佩孚过多的考虑时间。曹锟通电一出，直隶省省长王承斌马上表态要公开审判罗文干，以正纲纪，其他一些早看不惯吴佩孚一家独大的军阀们也随即通电响应，并警告吴佩孚——如果包

[①] 丁钢主编《中国教育：研究与评论》第19辑，教育科学出版社，2016，第114页。

庇罗文干,就以卖国罪对其进行制裁。看来吴佩孚操纵内阁以渔私利的跋扈行为,早为他人所诟病。

在巨大的压力面前,11月24日,吴佩孚只得让步,表示对"罗案"毫无成见,完全认同曹锟的主张。吴佩孚的臣服意味着洛派对保派的臣服,意味着洛派支持的王内阁失去了庇护。在曹锟的紧逼下,王宠惠内阁无力支撑,25日宣布集体辞职,被人们寄予厚望的"好人政府"仅仅存在了72天便垮台了,成为军阀统治下的又一出闹剧。

两个月后,京师地方检察厅以借款合同诚不得已、收受贿赂查无实据,作出了不予起诉、释放罗文干的决定。然而吴景濂并不罢休,再次操纵众议院议决法办罗文干。同时,吴景濂还鼓动教育总长在内阁中提议追查罗案,罗文干第三次入狱。

1924年春,由于政治原因而被监禁达一年之久的罗文干,因证据不足终得释放。罗文干自由了,"罗案"在混沌不清中结案,王宠惠、高恩洪、罗文干的"好人政府"也草草了事,"干倒罗文阁已空,一声混蛋滚匆匆。早知王宠难为惠,从此高恩竟不洪。"梁启超哀叹:"司法破产"到了这一步,国会也已名存实亡了!

大事年表

1922年	11月14日,罗文干与奥国签订《奥债展期合同》。
	11月18日,黎元洪下令逮捕罗文干,并羁押于京师地方检察厅看守所。
	11月20日,吴佩孚通电黎元洪,指责拘捕罗文干是违法行为。
	11月24日,吴佩孚妥协,赞同曹锟法办罗文干。

	11月25日,"好人政府"阁员宣布总辞职。
1923年	1月,蔡元培因罗文干案辞去北京大学校长一职。
	6月,罗文干再次入狱。
1924年	2月,罗文干无罪释放。

小常识:蔡元培辞职

亲津保派阁员彭允彝任北京政府教育总长期间,罗文干案事发。为迎合国会,彭允彝提出法办财政总长罗文干。1923年1月17日,蔡元培因彭允彝干涉司法独立,羞与其为伍,在《北京大学日刊》上宣布辞职。1月18日,北京大学全体学生举行大会,通过"驱逐彭氏""挽留蔡校长""警告国会"等决定,并于1月19日联合北京各学校千余人到众议院请愿,遭到警察武力镇压,学生300余名受伤,引发学潮。

相关链接:孙、吴、蔡的联合

第一次直奉大战后,以"好人主义"为圭臬的英美派知识分子视吴佩孚为"好人"。他们认为:吴佩孚支持学生运动,反对安福系控制的亲日派政府,打败了日本支持的奉系军阀,而且倡导"国民会议",有解决时局能力,是与其他军阀有本质差别的"好人"。根据北京大学校长蔡元培秘书汪崇屏回忆,支持"好人主义"的蔡元培也对吴佩孚寄予厚望。在蔡元培的周旋下,孙中山、吴佩孚达成妥协:第一步先由王宠惠内阁作为过渡,9月王宠惠组阁后,吴佩孚派高恩洪为交通总长兼教育总长——高恩洪后因在就职典礼上说其由吴玉帅委派,引发教育部大哗而被迫辞职;第二步由孙洪伊组阁办理南北和议,孙中山宣布下野,进行总统选举。当时,罗文干说:"没有'非正式'的款子作周转金,哪里会成功?"为筹备孙、吴、蔡政治合作活动经费,才有了后来的"罗案"发生。经过三方妥协,达成5项条件:吴佩孚统军;孙中山管党,吴佩孚亦加入国民党;蔡元培主政,由孙洪伊组阁;办理南北和议与选举各事;北方军队不进攻广东。后在保派的紧逼下,洛派只好让步,三方合作也就作罢。

"东北王"重整旗鼓待时机

败退东北的张作霖暂时失去了与曹锟、吴佩孚对峙的资本,万幸的是,他苦心经营的东北基业保留了下来。退回关外的张作霖索性宣布东三省独立,与中央脱离关系,关起门来搞自治。难道张作霖就此偃旗息鼓了吗?当然不会。时值全国军阀割据,中央软弱,一个拥兵自重的实力派人物怎能放弃一统中国的野心!

北京的曹锟、吴佩孚自然也不信,欲趁张作霖虎落平阳喘息之际,彻底剪除张氏之羽翼。曹、吴为挑起奉系内部矛盾,在罢免张作霖一切职务的同时,任命奉系将领吴俊升等人署理奉天、黑龙江督军和省长。这个"以奉治奉"的命令,旨在利用中枢政治权柄"合法性"迫使张作霖下野。

张作霖当然"抗旨"——不仅自己"抗旨",还号召属下联合抵制。1922年5月11日,东三省各社会团体通电,不支持北京政府的免职令;5月15日,吴俊升等人拒不接受任职令;5月21日,黑龙江各界代表通电,"我们只知有张使一人,不知其他也"。

既然不能"合法"赶走张作霖,曹、吴只能另外想辙。原来的吉林督军孟恩远看到张作霖兵败,认为重返东北的机会到了,于是找到吴佩孚,希望吴佩孚和直系支持他反攻张作霖。吴佩孚正愁没机会消灭张作霖,现在机会送到眼前,当然希望利用这颗棋子搅动东三省政局。没想到所用非人,张作霖的手下张宗昌从内部瓦解了叛军,孟恩远部在进攻哈尔滨时失败。

挫败曹、吴阴谋后，张作霖需要做的便是巩固他在东北的地位。张作霖先是知会非直系督军和南方政府，辞旨甚切地解释东北自治缘由，争取他们的同情；然后操纵东三省联席会议，自任东三省保安总司令；最后正式宣布东三省实行联省自治。

完成了政府的"合法化"，张作霖还需要做三件事：缔结同盟，联合反直力量；治理东三省，促进东北经济开发；发展军事，以待将来中原称雄。

寻找反直伙伴，张作霖外有日本，内有粤皖。日本欲在"满蒙"地区扩张势力，张作霖要"维护东三省治安"，双方的利益是一致的。华盛顿会议后，受英、美孤立的日本虽然不敢明目张胆地支持张作霖，却源源不断地为奉系供应军火，甚至还帮奉系扩建兵工厂，直接为奉系制造最新军火武器。

第一次直奉战争中，本来孙中山要北上与张作霖会合，没想到陈炯明继续联合孙中山。直接打乱了两人的计划。但在强敌面前，这种"不牢靠"的同盟关系还得继续维持。张作霖对孙中山极度慷慨，先后赠与孙中山百十万元及一批枪支弹药，甚至对孙中山提出的"三民主义"也虚与委蛇。至于皖系，已经是树倒猢狲散，仅存的浙江督军卢永祥一支势单力薄，终日惶惶不安，唯恐一不小心就被直系吞了。现在既然张作霖主动给予军费支持，而且双方反直立场一致，卢永祥也就顺势投靠了奉系。

同盟的问题解决了，张作霖将精力转向整军经武。俗话说，兵马未动，粮草先行。早年"奉省亏累甚巨"，至1916年除欠外债1000余万元之外，每年财政赤字也有200余万元。后来，张作霖启用理财能手王永江为财政厅厅长，三年的时间，王永江不仅还清了所有外债，甚至还有1100万元的结余。尽管直奉战争消耗甚巨，但到1923年奉天的税额高达3000万元，盈余820万元，可谓家底丰厚。

有了家底，张作霖和王永江却产生了分歧。王永江想利用充沛的资金来兴办企业、发展教育、兴建交通和鼓励屯垦，先建根本而后图发展。张作霖却不这样认为，他的目标就是要打进关内，赶跑曹、吴。这是关于东三省今后何去何从的大问题，双方争执不下。但毕竟事关钱袋子，张作霖决定不干涉王永江。

王永江代理奉天省省长后，振兴实业以辟财源，将奉天打造成"东方鲁尔"；甄别医师资格，兴建奉天公立医院；大力发展教育，筹办东北大学；改革文官体制，广开言路。一番改革，奉天的"现代化"气息全国闻名。

与吴佩孚的一仗，张作霖也意识到奉系部队建制改革的急迫性。原来靠着老人打天下的奉系，如果没有张学良、杨宇霆等新派在长辛店的拼死抵抗，张作霖差点丢了东北老巢。新派的作战能力和将士素质有目共睹，而张作霖也并非不学无术、顽固不化之辈。

依靠新派力量，裁汰匪兵是张作霖整军经武的主要目标。对临阵退缩、焚劫掳掠者，杀；对指挥不力者，撤；对老弱病残者，裁。一番整顿下来，尽管有些老人颇有怨言，但张作霖把他们"供起来"——给他们厚禄，这些人也就没话可说了。

张作霖虽然自己文化程度不高，对教育却是舍得花钱。他给教授开出的月薪高的有360—800元大洋，同时期南开大学的教授月薪仅有240元，就连清华大学、北京大学的教授月薪也只有300元。高薪之下，各种人才蜂拥而至。

当年，张作霖吃亏在武器装备差，陆海空防御能力低。退回东北后，张作霖决定两条腿走路。一条腿是自建兵工厂。有钱有人好办事，再加上日本人背后支持，1924年，张作霖的兵工厂日产子弹10万发，月产步枪1000支，年产大炮200门、重炮100门。如此大规模产量不但在国内首屈一指，甚至也超过日本兵工厂一倍以上，有亚洲第一之称。另一条腿就是从国外直接购买武器。第二次直奉大战之前，张作霖曾问候曹锟，"将由飞机以问足下之起居"。张作霖的确有口出狂言的资本，他利用从法国购买的新式飞机和及原来的飞机打造了一支拥有5个飞行队、250—300架战机的空军作战部队。他还组建了中国最早的坦克部队，装备全部配以法国雷诺FT-17坦克。

当张作霖在东北经略时,北京的曹锟、吴佩孚也在折腾,只不过他们折腾的是争权夺利。两年的休养生息,张作霖重整旗鼓再次冲进关内,直、奉两系的结局已是昭然可视。

大事年表

1922年	5月10日,北京政府下令免除张作霖一切本兼各职。
	5月9日,奉天省议会宣布东北三省实行联省自治。
	6月4日,张作霖以省议会名义自任"东三省自治保安总司令"。
	7月15日,东三省保安总司令部正式成立,张作霖开始在东北整军经武。
1923年	4月,东北大学成立,王永江任校长。

小常识:孟恩远与张作霖

1918年9月,张作霖虽被北京政府任命为东三省巡阅使,但张氏只对奉天、黑龙江有实际控制权,吉林的军政权则由袁世凯旧部孟恩远把持。为将孟恩远驱逐出东北,张作霖不断在东北扩张兵力,并利用孟恩远参与复辟一事,施压北京政府,要求解职孟恩远。之后,孟恩远处境更加雪上加霜,不得不退出东北,张作霖成为名副其实的"东北王"。

相关链接：张作霖的内政改革

第一次直奉大战后，张作霖为自保进行了一系列的内政改革。政治上，张作霖响应"联省自治"，宣布东北"自治"，并以东三省议会名义宣布"独立"；经济上，以"北京政府受强力控制不得行使职权"为由，截留东三省邮务、关税和盐款等收入，一律解交奉天省库，不准拨交北京；行政上，自任东三省保安总司令，成立东三省保安总司令部，出台《东三省联省保安规约》20条，以统东三省军政。张作霖借自治，意图实现"独立"于北洋政府之外的目的。其实，张作霖所提出的"军民分治""民选总司令""民选省长""官民共管"等措施均未实行，张作霖只是借"地方自治"积蓄力量以准备第二次直奉大战。

贿选闹剧

近代中国历史上，前前后后共有7部宪法出台，其中有一部宪法虽吸收了大量西方近代宪法思想，不失为一部资产阶级民主共和国性质的宪法，然而它与"贿选""猪仔议员"勾连在一起，为世人所诟病。这是一部什么样的宪法呢？

说起这部宪法，先要从曹锟竞选大总统谈起。布贩出身的曹锟胸有大志，当年为袁世凯冲锋陷阵，后又想当副总统，奈何实力不够、总统梦破碎。第一次直奉战争后，直系执北京政权牛耳，曹锟看到了当总统的希望。没想到吴佩孚虽有问鼎全国的野心，却和曹锟的想法不一样。

支持曹锟的津派和保派（一般称"津保派"），想直接赶走徐世昌，拥戴曹锟上台。与他们不同，吴佩孚想走一条"合法合宪"之路，虽无意挑战曹锟的"盟主"之位，但也想获得与自己匹配的政治资本，于是便有了"法统重光"这个一石二鸟之计，曹锟同意。黎元洪也就是在这种情况下恢复了总统权位。

按照吴佩孚的意思，黎元洪先做总统过渡一下，到期自动下台就可以了。结果黎元洪不但不肯主动退位，保黎一派还提出要先制定宪法、后选举总统的主张，认为黎元洪任总统的期限应延长至1925年9月。这显然与津保派的初衷背道而驰，津保派决定先下手为强了。

黎元洪要召开国会制定宪法，掌握军政大权的津保派就制造各种机会让制宪会议流会。保黎派又提出花钱让议员出席会议，比如出席者奖20元，缺席者扣20元（相当于同期普通工人一个月的收入），甚至还修改国会组织法，将应到议员人数比例由2/3改为3/5，投票议员比例人数由3／4改为3／5。但奖励的钱从哪来呢？

　　黎元洪决定从海关建筑费名下划拨120万元作为制宪经费，津保派认为这笔钱未经国务会议议决而由总统擅自划拨，实属违背责任内阁精神，甚至以退阁要挟黎元洪。黎元洪不为所动，反驳说这笔钱是用于国家事务，而非个人私务。

　　津保派一看文的行不通，便以索饷为名，发动军警迫黎退位。1923年6月7日，冯玉祥等人率部下军警300余人以索饷为名逼宫。黎元洪没有屈服，反而更加积极谋划。他请顾维钧、颜惠庆重新组阁；他致函国会抨击津保派行径，历数履职以来种种艰难，并指出如以此种方式退位，则国家纲纪不存，影响中国国际声誉。对手握重兵的军阀，这些说辞徒劳无益。

　　6月9日，北京城内外警察开始罢岗，10日上午围攻黎元洪官邸。津保派还雇用流氓千余人冒充"公民团"，大肆散发驱黎传单，在天安门前要求黎元洪即日退位，以让闲路。6月13日，黎元洪决定避走天津。不过在他走之前，黎元洪将总统印信交由夫人保管，而对外宣称即将到国会交印辞职。曹锟得知黎元洪坐火车去天津后，派直隶省省长拦截火车，将黎元洪困在天津车站。整整12个小时，不给吃喝，威逼黎元洪交出总统印信。民国大总统竟然被逼到如此地步，也是一大闹剧了。

　　6月14日，黎元洪被逼签发辞职电，曹锟得意了。但曹锟很快就发现了一个问题，那就是国会缺员甚多。议员要么南下赴沪，要么已经离职，反直各派联合起来一起来拆曹锟的"大选"平台。国会议员人数不足，总统肯定无法正常选举。

　　既然不能正常选举，那就"逼选"。吴佩孚等人准备在6月18日国会召开宪法大会之际，逼迫议员选举。孰料消息走漏，议员们纷纷辗转相告，相约不出席宪法大会。"逼选"的招数也失败了，只能拿钱"贿选"了。

　　重赏之下必有勇夫，有500余人甘愿为曹锟填选票。9月8日，为确保大选法定人数，吴景濂专门召开选举总统预备会，决定将议员出席费再提高200元，如果带病参加则再给医药费200元。没想到，这些议员嫌给的"出场费"太低，拒绝出席12日的总统选举会。

接受教训的吴景濂推迟了总统选举会,却答应在10月1日为各议员分发支票。曹锟比黎元洪大方得多,一张票平均5000元,当然有些高位者也能拿到上万元,这比黎元洪的20元要高出250倍。关于这些钱,有传言说源于保派向各省摊派及个人捐助等。有人曾统计,曹锟这一选举共花费了1356万元大洋。

拿到巨额"出场费"的593名议员终于来到了选举会现场。毫无意外,曹锟以480票高票当选为总统。而同时参选的孙中山仅得了4票,其他像张作霖等人也就得了一二票而已。曹锟终于在10月5日当选为大总统。

曹锟的当选引起了社会各界舆论反弹。各地民众举行示威大会,要求解散"猪仔国会",要求曹锟下台;孙中山也下令讨伐,通电各国使馆否认曹锟当选总统。旅沪国会议员痛斥曹锟、吴佩孚,呼吁各地合法议员择地自由开会;学生总会也表示,只要一息尚存就要申讨曹锟、吴佩孚。甚至还有烈女方瑛以死明志。

为掩盖贿选丑行,也为防时局变幻招致国际干涉,曹锟决定尽快颁布宪法。早在1913年,参众两院就通过了《天坛宪草》的修订,后因袁世凯解散国民党,该草案并未正式颁布和实施。1916年,参众两院再次提出制定《中华民国宪法》,结果由于军阀内部矛盾,致使宪法会议在3个月内连续召开44次,都因人数不够而流会,宪法制定也就此中断。

1922年,直系以"恢复法统"为号召,宪法修订重又提上日程。曹锟当选总统后,这些贿选议员在3日内匆匆完成了对宪法的二读和三读程序,对第一次审议、第二次审议未通过的部分也予以通过,并于1923年10月8日通过。

有了宪法的"加持",曹锟在就职仪式上厚颜称"国家之成立,以法治为根基;总统之职务,以守法为要义"。曹锟还说,以往历届总统,因国家大法未立而无所依据;如今这届政府成立正值宪法告成之际,今后定当依法举政。[①]一下子,曹锟的贿选头衔变成了合法的头衔,贿选的政

[①] 汪朝光:《中国近代通史》第六卷,江苏人民出版社,2009,第494页。

府也变成了合法的政府,"法统重光"的目标实现了。

既然此"宪法"是应曹锟选举而生,曹锟一旦当选,这部宪法的使命也就完成了。这场制宪闹剧,恰如《申报》时评所言,"今日都中所见所闻,实无一而不旧。离离原上草,一岁一枯荣,野火烧不尽,春风吹又生,此之谓矣"。

大事年表

1923年　　6月7日,冯玉祥等人率部下军警300余人以索饷为名"逼宫"。
6月8日,津保派雇用一批流氓冒充"公民团"在天安门驱黎。
9月,吴景濂提议贿选议员以备总统选举。
10月1—10日,吴景濂策划贿选总统。
10月5日,曹锟当选为中华民国大总统。
10月10日,曹锟宣布就职,并同时公布《中华民国宪法》。

小常识:津保派"逼宫"

1923年3月,津保派唆使军警向内阁索饷。4月,冯玉祥等人率众分乘35辆汽车到国务院向总理和财政总长索饷,正式上演"逼宫"闹剧。虽然黎元洪所代表的政府不断让步,但津保派并不满意,于是从5月27日至31日不断施压于黎元洪。6月7日,冯玉祥借口内阁无人负责军饷一事,率部众300余人持械齐聚总统府索饷,黎元洪被迫同意端午节前派发军饷。在直系"公民团"倒黎运动下,军警分别于9日、10日到黎官邸索饷。在外无洋人支持、内有军阀逼宫的情况下，13日，黎元洪只好避走天津。

相关链接："中间道路"与民初制宪

民国建立后，曾参与推翻清廷的革命派与立宪派，在国会中以政党形式分成国民党和进步党两党。国民党由民初革命派主导，进步党则以梁启超为首的进步党为主。但实际上，国民党中间也包含了愿与革命派合作的原立宪派，他们主张"主权在民"和议会中心主义。另外，他们也以国民党内的"稳健派"自居，以区别于激进的"革命派"，因此他们属于"中间道路"，吴景濂即是其中典型代表。

1921年之前，吴景濂倡导立宪、投身革命、捍卫国会，以及南下护法。然而，当孙中山因国会人数不够而召开"非常国会"并重建军政府之后，吴景濂以孙中山违反《中华民国临时约法》而坚决反对，从而与孙中山、吴佩孚由合作走上分裂。追求"稳健"的吴景濂认为只有与实力派合作，宪法才能制定成功，议会政治才得以存在和发展。当打着"恢复法统"旗号的直系找到吴景濂后，吴景濂以"拥护约法""支持制宪"为条件答应帮助直系恢复国会、制定宪法。

从法学意义上看，吴景濂参与的1923年宪法不失为一部较为优秀的宪法，但在军阀混战的北洋时期，除非承认依据该宪法产生的政体和国会的合法性，否则只能重建新的法统。段祺瑞上台后，立即以善后会议作为议政机构即说明了这一点，追求"形式合法"的"中间道路"也将因此丧失民众基础，注定被历史抛弃，"贿选"只不过是加速了这一历史进程。

"中国最强者"的覆灭

1924年9月3日，直系江苏军阀齐燮元与皖系浙江军阀卢永祥，为争地盘爆发江浙战争。9月4日，东北的张作霖以援助卢永祥为由，趁机大军压境，第二次直奉战争迫在眉睫。9月8日，美国《时代》周刊封面出现了一副中国人的面孔，这就是外媒称之为"20年代最有希望统一中国的军阀"——吴佩孚。

封面上的吴佩孚表情刚毅，目光如炬，尽管已后院失火，依然气定神闲。是吴佩孚太过自信，还是张作霖不自量力？蓄势待发了两年的张作霖，对这一仗的渴望远远超过了吴佩孚，他做足了准备。

吴佩孚却不是当年的吴佩孚了。曾几何时，慷慨激昂的吴佩孚反对日本帝国主义，反对段祺瑞政府，支持"五四"学生爱国运动，还赢得了德国驻华公使千金的仰慕。这位一心要召开国民大会，实现"法统重光"的军阀，让各界人士似乎看到了和平的曙光。然而，对权势的追逐成为直系内部的一个毒瘤。先是"二七"惨案造成京汉铁路总同盟工人死40余人、伤200余人的严重后果；后是曹锟贿选总统，闹得民怨沸腾。

真正令直系元气大伤的还是内斗。曹锟执掌中枢后，就要兑现当初手下的拥戴之功。既然论功行赏，势必牵涉派系间的利益调整。像出力最多的津派吴景濂要求内阁总理职务，保派则推高凌蔚，吴佩孚则力主职业外交家颜惠庆。曹锟想各不得罪，以孙宝琦出任阁揆。结果，吴景濂和高凌蔚上演了一出"龙虎斗"，议会变成了斗殴现场。曹锟对内政的无能，同样也表现在外交上。临城劫车案，曹锟为换得外人支持，不仅

登上美国《时代》周刊的吴佩孚

罢免了田中玉,而且还让顾维钧签署卖国条约。直系已成为众矢之的。

打仗是要烧钱的,张作霖不差钱,吴佩孚却缺得很。北京政府的财政本就是一笔糊涂账,本就是靠着东挪西借来维持,到了曹锟这一届政府,债无处可借,税无处可加,各军索饷代表常驻旅店等着发钱,"猪仔"议员们也无薪可支。这种情况下,让吴佩孚去打仗,前方将士岂能不哗变?

既然吴佩孚领了讨逆军总司令的活,军费的问题还得靠他来解决。摆在吴佩孚眼前只有两条路,一是靠筹,二是靠借。向直系财神们筹钱不太现实,这些财神刚刚为曹锟贿选造完血。那只能靠借了,向谁借呢?

吴佩孚的幕僚谢宗陶出了个馊主意:向中、交两行借。谢宗陶的办法是,要么中、交两行各发行军用券200万元,要么中、交两行各拿出100万元。两行行长都不乐意，结果竟然被谢宗陶软禁，最后不得不以120万元的借款成交。可叹吴佩孚为筹措军费，连绑票的招数都使了出来。

没钱自然也没法购置武器装备。直系军火大部分出自汉阳兵工厂，质量差，数量少，尤其是子弹少。就是吴佩孚想要购买意大利军火，也拿不出564万元的现款。反观奉军，不但有亚洲最大的兵工厂，而且还从俄、德、日购置了一批飞机和大炮，特别是奉军的迫击炮和坦克，其威力简直就是一台台行走的"绞肉机"。

就在直奉对峙期间，天津还有一双眼紧紧盯着风云变幻的北京政坛，那就是"赋闲"天津、过着吃斋念佛生活的段祺瑞。早在1921年12月，段祺瑞就派心腹徐树铮南下广州，联合孙中山反直。1922年2月，皖粤联盟初步建立。而曾经的敌人奉系，也因为直奉矛盾，以及背后日本人的撮合也与段祺瑞走到了一起。

面对强大的直系，孙中山、张作霖和段祺瑞认为必须形成"三角联盟"才能与之抗衡，其中段祺瑞在军界及在直系的人脉也让他成为同盟的核心。在张作霖的资金支持下，段祺瑞不负所望拉拢了众多直系军官，并影响了第二次直奉大战的走向。

对付直系，张作霖还有釜底抽薪之术，那就是策反冯玉祥。在北洋军中，吴佩孚和冯玉祥是公认的能征善战之人。二人本应惺惺相惜，却形同陌路。冯玉祥虽不是曹锟嫡系，但因治军有方，颇得曹锟赏识器重，曹锟曾拟将冯旅改编为师。冯玉祥的上升，让洛阳的吴佩孚如芒刺背。吴佩孚开始压制冯玉祥，吴、冯交恶伊始。之后，吴佩孚更是调任冯玉祥为有职无权的陆军检阅使，甚至还想把冯玉祥打发到库伦。吴佩孚的打压让冯玉祥心存怨恨，张作霖看到了这一点。于是，张作霖派心腹秘密接触冯玉祥。双方关系稳定后，张作霖还常常借他人之手接济冯部军火物资，馈赠财物。

万事俱备，只欠东风。一场新的大规模军阀混战就在眼前，而这场战争的揭幕战便是江浙战争。9月4日，张作霖以援助卢永祥为名，组织"镇威军"，自任总司令。9月13日，京奉铁路停开；9月15日，奉军分路向山海关、热河方向移动。同时，吴佩孚领命"讨逆军"总司令，"四照堂"点将后，第二次直奉大战正式爆发。

"四照堂"点将后，吴佩孚信誓旦旦地对各路记者说："我出兵二十万，两个月内一定可以平定奉天。张作霖下台后，他的儿子张学良可以派送出洋留学。"他还向各国政要保证："予以尊重外国人在东三省和南满铁路的权利，南方问题不久也可解决。"①

这一战双方共投入了45万兵力，兵种涉及陆海空。大战首先在中路热河打响，直系派出的是王怀庆。此人一直视热河为自己的势力范围，为防止他人插手热河，还特意曾向曹锟要求热河战役的指挥权。但其部下要么无心战事，要么指挥失策，再加上奉系张宗昌获取了直系的军事配备地图，热河战场上，直系连连败退。而此时的冯玉祥也有了倒戈之意，坐视直军失利而不救。

接下来双方在东路山海关展开激战。奉军以张作霖为总指挥，主力部队则由张学良和郭松龄的"奉天劲旅"担纲。同时张宗昌的"洋人"旅团和蒙古骑兵也前来助阵，另外，还有百余架飞机参战。直系则由吴佩孚兼总司令，投入约12万精锐陆军。10月10日，吴佩孚亲临山海关督战，同时调集大批援军，并辅以海上包抄。双方战斗惨烈，吴佩孚最后差点被俘。

困境之下，吴佩孚命令驻守西线的冯玉祥火速增援。二人早有心结，冯玉祥以种种借口百般推诿，关键是此时的冯玉祥早已倒戈张作霖了。冯玉祥的算盘是，如果直系胜了，他就出兵将吴佩孚拦截在关外，由曹锟任命吴为东三省巡阅使，倒吴不倒曹；如果直系败了，那就杀回北京城，倒吴既倒曹。

---

① 陶菊隐：《北洋军阀统治时期史话》第七册，生活·读书·新知三联书店，1959，第84页。

很快，冯玉祥收到了吴佩孚作战失利的消息，同时冯玉祥也收到情报，称拱卫京畿的第三师也已调往山海关增援。10月22日，趁北京空虚，冯玉祥联合孙岳、胡景翼等人倒戈，返回北京城。

23日，冯玉祥占领了北京城门及各要道，解除了总统府卫队武装，囚禁了曹锟，发动"北京政变"。政变后的冯、胡、孙联合发出主和通电。将在外的吴佩孚听闻北京兵变，急率一万亲兵回京救援，结果被以逸待劳的冯部堵在了天津杨村一带。

11月3日，大势已去的吴佩孚率领残部2000余人由塘沽登舰南逃。曾经傲视群雄的"最强者"，兵败后一时间竟无处可去，昔日那些毕恭毕敬的督军唯恐避之而不及，谁也不敢也不愿收留吴佩孚。最后还是湖南的赵恒惕迎吴佩孚入湘。吴佩孚便在岳阳休养生息，以待时机。

大事年表

1923年	2月4日，京汉铁路工人举行全线大罢工，抗议吴佩孚封闭京汉铁路总工会。7日，吴佩孚指令湖北督军对罢工工人进行血腥镇压，制造了震惊中外的"二七惨案"。
	5月6日，山东临城发生火车旅客绑架案，也叫临城劫车案。
1924年	9月3日，直系江苏军阀齐燮元与皖系浙江军阀卢永祥为争地盘发动了江浙战争。
	9月4日，东北张作霖以援助卢永祥为由，组织"镇威军"南下。
	9月8日，吴佩孚登上美国《时代》周刊封面。
	9月15日，吴佩孚领命"讨逆军"总司令，第二次直奉大战正式爆发。

10月22日，冯玉祥联合孙岳、胡景翼等人倒戈返回北京城。

10月23日，冯玉祥发动"北京政变"。

11月3日，大势已去的吴佩孚率领残部2000余人由塘沽登舰南逃。

小常识：临城劫车案

1923年5月6日凌晨，山东峄县抱犊岗土匪孙美瑶率领众匪拆毁了临城至沙沟之间的铁轨，拦劫国际联运京沪快车，挟持中外旅客60余人（包括39名外国旅客，其中1名英国人被打死）至抱犊岗。案发后，各国公使向北京政府提出抗议，要求3日内解决人质问题。山东督军田中玉一面派人与孙谈判，一面派兵围攻抱犊岗，结果未能奏效。后由曾任京师警察厅厅长的吴炳湘出面调解，解救了所有人质，田中玉也因此案丢官。

相关链接：二七惨案

1921年7月，中国共产党成立。为了加强对工人运动的领导，8月，中国共产党成立了领导工人运动的公开机构——中国劳动组合书记部。为谋求工人运动的进一步发展，书记部计划先成立京汉铁路总工会，而后成立各路总工会，最后成立全国铁路总工会。1923年2月1日，当中共领导的京汉铁路总工会筹备会决定在郑州开会时，吴佩孚下令全城戒严，禁止召开总工会成立大会。2月4日，全路两万多工人举行大罢工，争取自由，1200公里铁路线顿时瘫痪。吴佩孚调动两万多名军警在京汉铁路沿线镇压罢工工人，当场打死40余人，打伤200余人，抓捕60余人，江岸分会委员长林祥谦和著名劳工律师施洋均遇害，是为"二七惨案"。惨案发生后，在中国共产党领导下，全国掀起了"打倒军阀"的热潮。

第七章 奉张主阁北京

冯玉祥雷霆驱溥仪

"先生"是民国对有一定身份的成年男子的尊称，溥仪是皇帝，他怎么就成了一个平民先生了呢？这还得从冯玉祥的"北京政变"说起。

直奉开战以来，曹锟坐镇北京城。孰料战事逆转，冯玉祥倒戈回京，吴佩孚半路被截，迫走湖南。困在总统府的曹锟，眼瞅大势已去，不得不同意冯玉祥提出的三点要求：颁布停战令、惩办主战人物、召集全国会议共商时局。1924年11月2日，曹锟辞职。转瞬间，北京城易主了。

控制了北京城的冯玉祥，立即组织摄政内阁，参与策划"北京政变"的黄郛则被任命为代理国务总理。此时北京城的溥仪料想冯玉祥和其他军阀一样，便抱着谁来欢迎谁的态度，安心地待在自己的小朝廷——紫禁城里过日子。但这次不一样了！

自冯玉祥一进北京城，全城就流传着各种奇怪的谣言。有说冯玉祥不但要推翻曹锟，还要把溥仪驱逐出宫，连带溥仪身边伺候的太监们也一并赶出宫。甚至还有人说，太监向冯玉祥告密溥仪自盗国宝，冯玉祥要逮捕溥仪等。曹锐自杀、曹锟辞职后，这种传言就更是有鼻子有眼了。

紫禁城里的溥仪害怕了，开始安排具体出逃计划。其实早在两年前，摄政王载涛就开始着手为溥仪安排后路了，他在天津英租界购买了一所楼房以备不时之需。之后溥仪的弟弟溥杰，借"伴读"机会，趁机将宫内的一些珍宝字画也陆续偷运到天津。如果溥仪平安出宫的话，靠变卖这些宝物足够让他舒舒服服过下半辈子。

北京"变天"后，溥仪开始与他的外国老师庄士敦策划出逃。奈何形势变化如白云苍狗，溥仪没等到接他出宫的轿车，反而等到了冯玉祥的"催命符"。11月5日，冯玉祥切断了皇宫与外界的联系，将溥仪及其近支宗室软禁在醇王府。

冯玉祥以雷霆之势驱赶北京小朝廷，有他的考虑。一是为完成夙愿。1917年张勋复辟时，冯玉祥就有了驱除溥仪之心，并"决心以全力贯彻之"[①]。二是为表共和之意。冯玉祥倒戈后，立即将军队更名为"中华民国国民军"，以示拥护共和之意，并得到孙中山"复辟祸根既除，共和基础自固"[②]的嘉许。三也是为自己正名。世人眼中的"倒戈将军"，其实是为反对贿选而"反叛"的"正义之师"。

11月5日，已升任北京警备总司令的鹿钟麟奉冯玉祥之命，切断了紫禁城的电话线，封锁了部分街道，禁止包括外国人在内的任何人进出。当天下午，当溥仪的弟弟溥佳如往常进宫"伴读"时，结果被"请进"了军警包围的什刹海醇王府。溥佳一进北府，就发现了早已被鹿钟麟"请"出皇宫的溥仪、溥杰。之后三天，三人如坐针毡地待在北府等候冯玉祥的命令。

溥仪前脚一出宫，冯玉祥后脚就下令组建"清室善后委员会"。该委员会负责遣散宫女、太监；清点清宫文物，登记造册；修改《清室优待条件》。按照新规定，溥仪将同中华民国国民一样享受应有的权利。既然成了平民，王室的优厚待遇也就没有了。

听说冯玉祥拿下了皇帝，京城内外有看热闹的，有奔走营救的，有制造阴谋的，有四处逃亡的，一时间人心惶惶。

在与外界隔绝的三天里，醇王府上下两派争论不休。摆在溥仪面前有三条路可选：第一条是安心做个富家翁；第二条是争取外界支持，恢复袁世凯时期的条件；第三条是避走海外，意图复辟。溥仪心里虽倾向

[①] 冯玉祥：《冯玉祥回忆录》，东方出版社，2011，第269页。
[②] 韩信夫、姜克夫主编《中华民国大事记》第二册，中国文史出版社，1997，第251页。

于最后一条,但当冯玉祥部下鹿钟麟询问软禁的溥仪,是要当皇帝还是要当平民时,溥仪不得不违心说今后只愿意当个平民。

冯玉祥虽说赶跑了溥仪,但他的日子也不好过。那些清朝遗老们"义愤填膺",到处聒噪。他们不仅向天津的段祺瑞和东北的张作霖求救,而且还通过军政界对外呼吁。庄士敦等人还联合他国公使出面干涉,要求恢复溥仪自由。

北洋老人们也反对冯玉祥驱逐逊帝。段祺瑞直接发电指责冯玉祥,称冯玉祥驱逐溥仪是置国家信用于不顾。张作霖也表示了相同的看法,出主意让庄士敦作为中间人,联合外国公使向冯玉祥施压。对于张、段的做法,冯玉祥直接斥责其为畛域之见,是出于私愤,而非为国为民。冯玉祥要彻底与北洋军阀划清界限。

外国人也表示不满。英国公使施压于外交总长,声称英王乔治十分挂念中国皇帝的人身安全。日本公使也表示,天皇陛下内心也激荡着同样的感情。英美公使甚至怀疑,冯玉祥是受布尔什维克的蛊惑,要在国内掀起反帝情绪。11月14日,外交团集体抵制黄郛安排的招待晚宴。

一些自由派知识分子也对冯玉祥此举不满。当时,鹿钟麟只给了溥仪20分钟收拾,然后这些手无寸铁的清宫一干人,在全副武装警卫的押送下出了故宫。难怪一些知识分子和民主人士虽在理智上认为"做事非如此不可",但从情感上又认为"此事手段太辣,予心甚不忍"。

胡适当晚也得到了消息。他立即给摄政内阁外交总长王正廷写信:"条约可以修正,可以废止,但堂堂的民国,欺人之弱,乘人之丧,以强暴之,这真是民国史上的一件最不名誉的事。"①面对这些诘难,冯玉祥向国人告白:"我此次班师回京,可说未办一事,只有驱逐溥仪,才真正对得住国家对得住人民,所告天下后世而无愧。"②

不管冯玉祥心中是如何盘算的,总之他是打着反复辟的旗号,将溥

---

① 罗尔纲:《师门五年记·胡适琐记》,三联书店,2014,第160页。
② 齐庆昌、孙志升:《直奉大战》,社会科学文献出版社,1993,第84页。

仪赶出了皇宫。事实上，后来也确实在清宫文献中发现了有关"复辟"的内容，这让冯玉祥的"北京政变"更具合法性。但是，冯玉祥在北京的所作所为引起了张作霖的不满。

张作霖为冯玉祥摘桃子的行径不爽。当初，直、奉两军在前线打得两败俱伤，冯玉祥却在背后捡了个大便宜，而且还控制了北京，成立了自己的摄政内阁，这让"东北王"很不爽。于是，张作霖暗示两名奉系内阁成员暂缓入京，以示对黄内阁的抵制。更令张氏不满的是，冯玉祥欲插手接管山海关、保定和丰台一带的直军。

就在冯、张矛盾不断激化的同时，黄郛内阁免去了吴佩孚得力干将张福来河南督办、李济臣河南省省长之职，分别任命胡景翼和孙岳为河南督军和省长，又刺激了一大帮直系督军。江苏、湖北、浙江、陕西、福建、江西、安徽、河南等省的督军们害怕被胡、孙二人抢了地盘，索性联名邀请段祺瑞出山。

对各方面而言，段祺瑞上台是最好的结果。冯玉祥的国民军原意是请段祺瑞主军、孙中山主政。对孙中山，奉系是极力排斥的，并声称挽救时局，舍段无他。其他直系督军当然更不愿孙中山上台，也不愿让仇人冯玉祥和张作霖上台，没有一枪一炮的段祺瑞自然是最佳人选。

面对奉军的武力威胁，面对皖、奉、直督军和列强的压力，冯玉祥不得不妥协。冯玉祥不再坚持自己的共和理政观点，反而全盘接受了段祺瑞和张作霖的建议。1924年11月15日，冯玉祥附和张作霖等人推举段祺瑞为中华民国临时执政的建议，24日段祺瑞就任中华民国临时执政。

24日，冯玉祥通电下野，为保存实力匿迹于京郊西山。同一天，段祺瑞解除了对溥仪的监视，28日撤除醇王府守卫，恢复溥仪自由。恢复自由的溥仪，果真要做平民吗？当初的权宜之计随着冯玉祥的下台不了了之，在幕僚的帮助下，溥仪住进了日本使馆。转年，溥仪在日本军国主义者的庇护下离开北京，来到天津张园暂住，并在张园开始了他的"复国"迷梦。

大事年表

1924年　　10月24日，冯玉祥改组军队为"中华民国国民军"，并电邀孙中山北上主持大计。

11月2日，曹锟辞职。

11月5日，冯玉祥派兵封锁紫禁城，驱溥仪出宫。

11月10日，孙中山在广州发表《北上宣言》，提出废除不平等条约和召开国民会议。

11月12日，段祺瑞、冯玉祥和张作霖在天津开会，讨论战后政治善后问题。

11月15日，张作霖、冯玉祥等人联名通电，支持段祺瑞为中华民国临时执政。

11月24日，冯玉祥通电辞职，12月9日自行解除总司令职务。

12月5日，张作霖发表通电，宣布"自行解除东三省巡阅使之职"。

小常识：修改后的优待清室条件

内容包括：永远废除宣统尊号，溥仪与中华民国国民在法律上享有同等一切权利；政府每年补助皇室家用50万元；特支200万元开办北京贫民工厂，尽先收容旗籍贫民；清室即日移出宫禁，自由选择居住，但民国政府仍负保护责任；清室宗庙陵寝永远奉祀，由民国酌设卫兵保护；皇宫一切私产归清室，公产归民国政府所有。

相关链接：1924 年孙中山北上

1924年的中国仍处在动荡之中，孙中山先生开始在中国共产党的帮助下，改组国民党，提出"联俄、联共、扶助农工"三大政策。第二次直奉大战后，冯玉祥、张作霖、段祺瑞电请孙中山北上共商国是。为争取国内和平统一，推动国民会议召开，宣传革命主张，孙中山毅然决定北上。广东革命政府内部出于安全考虑，认为北方局势复杂，此行"险恶"。但孙中山认为，"北上是于中国大局有利的事情""是为革命，是为救国而奋斗，又何危险之可言耶"。11月10日，孙中山离开广东，并发表了旨在取消一切不平等条约和特权、召开国民会议、谋求中国统一与建设的《北上宣言》。12月4日，寒风凛冽中，孙中山乘坐"北岭丸"轮船抵达天津法租界美昌码头。随后，孙中山因身体不适滞留天津。12月8日，孙中山再次发表宣言，呼吁召开国民会议。病榻上的孙中山多次表达了希望能够联合一切力量，通过政治协商把国家统一起来的心愿。然而，军阀相互间的猜忌和斗争，导致孙中山召开国民会议的设想再次落空。连日的劳累加速了孙中山病情的恶化，1925年3月12日，孙中山先生在京逝世。

郭松龄喋血巨流河

冯玉祥倒戈吴佩孚，攻下北京城，赶走了曹锟，建立了自己的摄政内阁。而与冯玉祥订下密约、联合反奉的郭松龄却没有那么幸运。郭松龄的倒戈非但未能把张作霖拉下马，反而葬送了他们夫妇俩的性命，还搭上了一个高级幕僚——民国才女林徽因的父亲林长民。

郭松龄（1883—1925），字茂宸，出身于奉天一个贫困的塾师家庭。他于1910年加入同盟会，后考入北京陆军大学，之后参加孙中山领导的护法运动，1918年折回奉天任东北讲武堂教习。

关于郭松龄返奉，有一种说法是，他任广东军警卫营营长时，曾谒见孙中山，并为"中山主义"所折服。后来，郭松龄到韶关讲武堂任教官，经常和旅粤东省的同志探讨东三省改造问题。也就在韶关，郭松龄决定以身探险，返回奉天，谋取兵权，蓄势待发而图"中山大业"。

回到奉天的郭松龄遇见了张学良。惺惺相惜之下，二人亦师亦友，焦不离孟。有了张学良的信任，奉军军队改制时，郭松龄如愿当上了第六旅旅长，张本人则任第二旅旅长。因二人欢若廉蔺，两旅的人事和训练自然也就由郭说了算。郭松龄治军确有一套，他带的第二、第六旅编制之严、训练之勤、武术之精，堪称奉军中的王牌之军。

郭松龄的才能得到了张学良的赏识，张学良甚至赞郭松龄能于其父。郭氏虽有少帅器重，却未必能获得老帅青睐。奉系内部分化已久，素有新旧两派之分。老派是那些追随张作霖打天下的老人们，以张作相为首；新派则是那些军校毕业的新进人才，以杨宇霆为首。新派又分为留洋士官派（包括杨宇霆和姜登选等人）和本土大学派（以郭松龄和李景林为主）。而张作霖恰恰欣赏的是杨宇霆为首的士官派。

因为杨宇霆深知张作霖的政治"雄心"。杨宇霆自比诸葛亮，要辅佐张作霖"经营八表"。趁北京政府"府院之争"，杨宇霆来往于京、奉，结交徐树铮，劫夺秦皇岛军械，壮大了奉军实力；支持张作霖拉拢皖系打压直系，"援湘之战"让奉军巧收渔翁之利；直皖战后，杨宇霆鼓吹穷兵黩武，帮助张作霖谋划攻打直系曹、吴。可以说，杨宇霆深得张作霖之心。张作霖也不止一次向旁人说："你们办事，都赶不上邻葛（杨宇霆）。"①

对杨宇霆的穷兵黩武，郭松龄是反对的。郭当年返奉，是想利用奉军这支实力雄厚的军队，以及富庶的东三省资源，来实现自己的雄心壮志。所以郭松龄要立足东三省，搞好根据地，雄踞关外伺机而动、引而后发。这显然与张作霖和杨宇霆急于扩张的野心不同，自然也就不受张作霖待见。更让郭松龄闹心的是，奉军南下与曹、吴争夺统治权，与冯玉祥争地盘，损兵折将后还得派郭松龄出兵护驾。郭松龄不止一次向张学良抱怨：东北军的事都叫老杨这帮人弄坏了。所以，郭松龄日后反奉，多少有点想"清君侧"的意思。

张作霖冷落郭松龄，还有一个原因：郭松龄是从南方来的。因为郭松龄的革命军经历，张作霖一直对他防范有加。比如第一次直奉大战，如果不是张、郭两个旅，吴佩孚可能就端了张作霖的老巢，如此大功无人能及。第二次直奉战争，要不是张、郭在山海关击溃了吴佩孚的直系精锐，战事也不会进行得如此顺利。怎么看，郭松龄都不应该只当个旅长。

结果论功行赏的时候，郭松龄这个"灭火队长"一点彩头都没有。更让郭松龄不爽的是，张作霖曾许诺给他的安徽督军给了姜登选，混混

---

① 《沈阳文史研究》1986年第1辑，第49页。

张宗昌也当上了鲁督,连未上战场的杨宇霆竟然通过自荐也得了一个苏督头衔。郭松龄心里难免有马援之比,对张作霖及他庇护下的亲信失望至极,认定奉军积习太重,不会有前途。

对郭松龄这个人,张作霖也有微词。根据郭松龄的部下回忆,郭松龄颇有野心且对功名十分看重。受到张作霖排挤的郭松龄,一度想要从政,想要选议员进而竞选总统。而且郭松龄本人也颇有点恃才傲物。九门口战役与姜登选闹翻,临阵竟然擅自撤离前线,且未经张作霖同意收编直系;军演时讥讽张宗昌,丝毫不顾及张作霖的面子;张作霖欲去高山子别墅休养,郭松龄以事务缠身拒绝送行;张作霖派人到郭军任军需处长,郭松龄以军需独立为由挡驾;张作霖下派个团长,郭松龄也概不接受。

张、郭矛盾日渐加深。1925年10月25日,本已跌至冰点的二人关系,因郭松龄到日本观操更加雪上加霜。当时,郭松龄无意间得知张作霖欲向日本借款打内战,这让素有"驱敌寇,复国土"抱负的郭松龄深恶痛绝。于是,郭松龄便向同行的国民军代表韩复榘表露心声:"我是个军人,不是个人的走狗,不能昧良心服从乱命。他要打国民军,我就打他。"[①]韩复榘回国后,随即将郭松龄的心思透露给冯玉祥。

不久,郭松龄被张作霖电召回国。不过,郭松龄没回奉天,而是躲在天津养病,只不过这个病是"倒戈"的病。在津期间,通过李大钊等革命者,郭松龄与反奉人士不断加强联系。王若飞曾说,郭倒戈反奉事前与李大钊有关。同时,郭松龄也在公众场合发表反对奉军打内战的言论,察觉异样的张作霖于是派张学良到津一探虚实。

张学良不相信郭松龄会倒戈。在医院的病榻上,张学良恳切希望郭松龄能够回奉天,面陈"上将军"(张作霖)解决问题。同时,张学良也

[①] 张静如、张树军、柳建辉主编《中国共产党九十年历程》第二卷,吉林人民出版社,2011,第559页。

对郭松龄作出了一定的让步，尽管郭松龄已明确有了倒戈意思，甚至已经和李景林、冯玉祥结盟，张学良仍对郭抱有希望。

张学良返奉不久，11月23日郭松龄滦州通电，要张作霖即日下野并将军政大权交由张学良，30日将原奉军第三方面军改称东北国民军。以张学良的名义号令全军，郭松龄这步棋也是颇为无奈。奉军上上下下受张家恩惠多年，人人都知道当兵吃的是张家饭，从老帅到少帅，不管是谁具体管军务，奉军都是张家人的奉军。

郭松龄深知这一点，况且他也是少帅一路提拔上来的，对张家始终有一份知遇之恩。这一点与冯玉祥不同，冯玉祥的兵都是跟着自己南征北战过来的，甚至士兵的小名，冯玉祥都能叫出来，冯就是这个大家庭的家长。所以当冯玉祥起兵时，部队是没有异动的。

最初，郭松龄以张学良名义起兵，属下尚能齐心，然而，一旦张学良发表声明，郭松龄肯定后患无穷。张作霖抓住了郭松龄的软肋，在滦州、秦皇岛一带散发张学良签署的传单，攻击郭松龄盗用张学良名义倒戈反奉。同时，北大营军官教育班和教导队的军官军士们也秘密潜入郭军，策反各部队长，结果，与郭松龄素有矛盾的几个旅团长冲出警戒线，投奔了张学良。

然而，更大的危机正等着郭松龄。郭松龄在山海关受挫后，冯玉祥想借道李景林进关援救。岂料李景林非但不同意，反而借冯氏"假途灭虢"之由与冯玉祥火拼，其时的李景林早已被张作霖策反。冯、李反目意味着郭、李、冯反奉联盟的瓦解，也为郭松龄的反奉战争蒙上了一层阴影。

郭松龄起兵后，托人游说林长民出关。林长民感念郭松龄的知遇之恩，于11月30日晚乘专车秘密离京。12月20日，林长民随郭军进驻白旗堡时，不料遭遇伏兵袭击，乱军中误中流弹而亡。

卧榻之旁的日本也在蠢蠢欲动。早先日本想拉拢郭松龄，但郭松龄明确表示：自起义时起，凡是与日本签订的条约一概不认，且警告日本不许干涉中国内政。既然拉拢无果，日本开始在张作霖身上打主意。面对日本投来的橄榄枝，张作霖毫不犹豫地答应了日本扩大满蒙权益的要求。

12月23日，巨流河决战。人心思变的郭军作战计划频频失误，郭松龄兵败新城。混乱之中，败退的郭松龄夫妇化装成老百姓，躲在农家菜窖里，准备搭乘大车逃走，没想到被尾随而至的骑兵连连长发现而被捕。在杨宇霆的劝谏下，张作霖直接下命令处死二人，并拉回奉天暴尸三天。张作霖虽解决了"反叛"的郭松龄，但奉军经此一役，人员和军火损失数目也超过了两次直奉战争的总和，奉军遭到了重创。

大事年表

1925年　　10月，郭松龄赴日本参观秋季军事演习，得知奉系与日密约进攻国民军。

11月22日，郭松龄、冯玉祥签订联合倒奉协议。

11月23日，郭松龄滦州兵变。

11月30日，郭松龄兵出关外，自称东北国民军总司令。

12月6日，郭军占领锦州。

12月7日，张作霖与日本关东军司令在沈阳签订密约五条。

12月22日，日本关东军配合奉军向郭军发动进攻。

12月24日，郭松龄巨流河兵败后被杀。

小常识：日本与张作霖的密约五条

（一）承认日人在东三省和内蒙古东部享有商租权，即与当地中国人一样有居住和经营工商业的权利；（二）将"间岛地区"（延吉、珲春、和龙、汪清四县）行政权移让日本；（三）延长吉敦铁路，与朝鲜境内的铁路连接（即完成吉会路）；（四）准许日本在洮昌道各县开设领事馆；（五）以上四项的详细实施办法，另由日中外交机构共同协商决定。

相关链接：中国共产党与郭松龄反奉

1922年8月，孙中山接受中国共产党建立联合战线的主张后，把扩大中国国民党在东北的党务工作委托给共产党人。1924年，国民党哈尔滨市特别党部组织成立后召开第一次全国代表大会，标志着第一次国共合作在东北地区形成。1925年11月，中共中央和共青团中央联合发表《为郭松龄倒戈告全国民众》书，并组织力量开展反奉运动。12月12日，东三省中国国民党党部发表《东三省中国国民党对时局之宣言》，号召东三省民众组织农工商各种武装团体与奉系军阀斗争。中共党员任国桢等人以国民党员身份参加国民自治军，并与郭松龄建立了联系。他们奔走于奉天、长春、哈尔滨之间，积极为郭松龄部募捐、筹款，接济弹药、武器等；《东北早报》也连续发表反对帝国主义、反对奉系军阀，支持郭松龄反奉的报道和评论。郭松龄反奉失败后，张作霖包围东北国民自治军司令部，任国桢等人被捕，国民党组织陷于瘫痪。

日落西山"北洋虎"

1924年11月,冯玉祥发动"北京政变"后,直系退出中枢,段祺瑞作为各方都能接受的人选,走马上任北京政府临时总执政。历届北洋政府要么是总统,要么是总理,怎么到段祺瑞这里就变成了"临时执政"呢?

原来冯玉祥想搞委员制,张作霖则要总统制;冯玉祥力主议会掌权,张作霖则希望内阁说了算。二人争执不下,所以到段祺瑞这儿,只好妥协地称之为"临时执政",其实也有过渡的意思。

既然是"临时执政",各路军阀自然希望段祺瑞做一个维持局面的空头首脑。但不管怎样,树倒猢狲散的皖系能够有一个这样的职位,也不枉老段谋划多年的心血。当然,段祺瑞也不会甘心当一个摆设,他还是要想方设法扩军,为自己争地盘。

段祺瑞要保的是卢永祥,这是皖系仅存的一支力量。在段祺瑞的安排下,卢永祥当上了苏皖宣抚使。奈何段祺瑞的命令对地方却不好使,苏皖地方军绅拒不接受此任命。然而,苏皖军绅的抗命给了张作霖趁火打劫的借口,1925年年初,张作霖以"援助"卢永祥为借口,派兵南下长江流域,浙奉战火随之燃起。

一边是军阀混战,另一边国共合作下的工人运动也在如火如荼地展开。广州成立了工人代表会,组织沙面罢工,打击了英法殖民者;上海、青岛纱厂工人大罢工,"反对东洋人打人",迫使日本资本家提高工人待遇;"五卅运动""省港大罢工"后国内反帝工人运动、学生运动风起云涌，掀开了大革命的序幕。

外交方面，"金佛郎案"虽然暂时为段祺瑞执政府解决了财政的燃眉之急，为执政府换取了列强对召开关税会议的认可，也达成了所谓裁撤厘金和施行"国定税率"的协议。但由于法郎贬值，按照金佛郎比价计算的话，中国需多赔付给法国庚子尾款8000多万元，招致国内社会各界人士反对，认为外交总长、财政总长"图利外国而故意议定，触犯刑律，构成外患罪"[①]。

最让段祺瑞头疼的是冯玉祥、张作霖之间的矛盾。天津会议后，张、段、冯暂时在各方面取得了一致意见。郭松龄反奉后，冯玉祥欲联合原直系孙传芳南北合围张作霖，结果张作霖先是撤回东北，而后策反李景林，之后镇压郭松龄，战局逆转了。郭松龄虽然失败，但其残部却在魏益三的率领下改编为国民军第四军，援冯反奉。新仇旧恨，张作霖决定拉起反冯联盟，要和冯玉祥算总账。

吴佩孚是张作霖最坚定的反冯同盟者。当年吴佩孚败走北京后，一直在寻找复仇反击的机会。冯玉祥因先"倒戈"吴佩孚，后又支持郭松龄"倒戈"张作霖，同样的敌人让张、吴二人走到了一起。照吴佩孚的说法，是为了"讨赤"而与张作霖合作，并非"今天联甲倒乙，明天联乙倒甲"的小人做法。

1926年1月，张作霖以讨伐魏益三为由出兵关内；吴佩孚在汉口召开会议，决定向河南的国民军进攻；张宗昌与李景林的"直鲁联军"则由山东向河南逼近。处于京畿的国民军三面受敌，形势危急。

1926年3月，吴佩孚和张宗昌逼近北京城。作为策应，奉军的渤海舰队从大沽口登陆。万幸的是，国民军的10门野炮和10个机械水雷，暂时顶住了奉军的进攻。大沽口是什么地儿？那是当年八国联军登陆的地

[①] 吴斌：《百年法治回眸：法律人群体的兴起与近代中国法制现代化的演进》，光明日报出版社，2021，第76页。

儿，也是《辛丑条约》上明文规定不许中国部队设防的要塞。本来就对中国反帝运动心存余悸的西方列强，这下找到了借口，要求国民军拆除大沽口封锁线。

国民军答应拆除封锁线，但也要求外交团不得为奉军运送物资和兵员，也不得让奉军军舰趁乱混入。对国民军的要求，外交团是听而不闻，置若罔闻。尤其是日本，1926年3月12日，公然无视国民军之警告，驱舰驶入大沽口并炮轰国民军，制造了"大沽口事件"。在国民军的抵抗下，日舰退回塘沽。西方列强不高兴了，16日，荷兰公使代表《辛丑条约》关系国各使，向执政府下达"八国通牒"。

内外交困下的段祺瑞只能全盘接受。长久以来中国人民被压抑的怒火，犹如火山喷发，势不可挡。3月17日，北京学生总会党团书记陈毅率各界代表到国务院请愿，要求驳斥"八国通牒"，遭执政府卫队殴打。

《辛丑条约》签订现场（杨艳丽拍摄于嘉兴南湖革命纪念馆）

3月18日上午，北京各大学、中专学校学生及各界民众2000余人聚集到天安门前，高举"反对八国通牒"的标语，悬挂请愿代表的血衣，上书"段祺瑞铁蹄下的血"八个血字，抗议段祺瑞执政府。

爱国民众呼口号，散传单，沿着东长安街、东单牌楼、米市大街、东四牌楼行进至执政府所在的铁狮子胡同。执政府卫队竟然朝手无寸铁的人群开枪，200余人顿时血染铁狮子胡同，47人死亡，其中便有北京女子师范大学学生刘和珍。更令人发指的是，对那些已经牺牲了的烈士，刽子手们在清理现场时不仅尽数掠去身上财物，甚至连衣服也剥光了。这是民国最黑暗的一天，北京城陷入了一片白色恐怖中。

有人说，接到报告的段祺瑞沉默良久。也有人称，段祺瑞以跪谢罪，并立誓终生食素以示忏悔。姑且不论此传言是否真实，单就事实看，外有列强干涉，内有军阀混战，全副武装的军警竟然朝手无寸铁的学生开枪，身为执政的段祺瑞难辞其咎。

况且段祺瑞对学生运动主张以严厉办法镇压。他曾放话，对破坏学纪的学生和教职员，要"依法从事，决不姑息"。所以也有报道说，段祺瑞以请愿学生为"土匪"，要重赏镇压学生运动的卫队官兵。所谓下跪一事，纯属政治作秀，纯属缓解民众反政府情绪。

段祺瑞执政府已经摇摇欲坠。北京的国民军迟早与奉系有一战；吴佩孚兵临北京城，段祺瑞自身难保；再加上心腹徐树铮已被冯玉祥逮捕枪决，段祺瑞唯一能够抓住的救命稻草就是张作霖了。于是段祺瑞与张作霖签订密约，欲以内应的身份联合镇压北京的国民军。

国民军鹿钟麟截获了这份密约。情急之下，鹿钟麟包围了北京执政府，段祺瑞仓皇下逃亡东交民巷避难。鹿钟麟随即释放了软禁中的曹锟，欢迎吴佩孚进京。但是吴佩孚并没有领鹿钟麟的好意，反而要求国民军解除武装。在直奉联军的威逼下，国民军退走北京。1926年4月20日段祺瑞通电下野，皖系也彻底退出了中国政治舞台。

大事年表

1925年　2月23日，溥仪秘密离京赴津。
　　　　3月1日，国民会议促成会全国代表大会在北京召开。
　　　　4月12日，中国与法国达成"金佛郎案"协议。
　　　　5月30日，上海发生五卅惨案，全国掀起全民族反帝国主义浪潮。
　　　　6月19日，广州、香港工人为声援上海工人五卅反帝爱国运动举行大罢工。
　　　　10月15日，直系浙江督办孙传芳与奉系张作霖为争夺东南地盘发生混战，史称浙奉战争，也称第三次直奉之战。

1926年　3月12日，日军舰炮轰防守大沽炮台的国民军，国民军被迫反击，是为"大沽口事件"。
　　　　18日，段祺瑞政府枪杀反对帝国主义干涉的爱国群众，制造了"三一八"惨案。
　　　　4月20日，段祺瑞通电下野。

小常识：金佛郎案

　　第一次世界大战后，法国发生通货膨胀。为转嫁法郎（佛郎）贬值危机，1922年法国提出将退还中国未付庚子赔款，同时提出要清结中国所欠中法实业银行各款，所有款项以金佛郎（即法郎，当时法郎纸币贬值，金法郎实际并不存在）计算。按照法国的计算标准，中国将损失8000多万元。财政枯竭的段祺瑞政府，为了取得海关税务司扣留的关余、盐余1500多万元，于1924年4月与法国公使换文，达成解决"金佛郎案"的协定。协议一经公布,立刻引发全国反对。

相关链接:段祺瑞的"努力"

第二次直奉战争后,韬光养晦的段祺瑞凭借昔日"威望"成为中华民国临时执政。由于段政府本身缺乏军事实力,为巩固自身统治,段祺瑞公布《善后会议条例》,意图以国民代表会议代替孙中山提出的国民会议。根据段祺瑞制定的国民代表资格,善后会议代表除了孙中山,其余全是军阀、官僚、政客和御用学者。段祺瑞欲借善后会议炮制出一个国民代表会议条例,从而为其合法化出任国家元首扫清障碍。后由于国民党抵制且军阀内部矛盾重重,善后会议并没有达成实质性成果。之后,段祺瑞又欲借召开关税会议打开内政困局。段祺瑞以接受法国"金佛郎案"为前提,化解了执政府迫在眉睫的财政危机,获得了列强对召开关税会议的支持。但随着段政府的垮台,关税会议所达成的协议也不了了之。

天津蔡园"群英会"

赤壁大战前夕,周瑜和诸葛亮在吴地上演了一出破曹"群英会";南北大战前夕,直奉在天津蔡园也谋划了一出反赤"群英会"。不同的是,前一出大获全胜,后一出却铩羽而归,落了个千夫指的下场。天津蔡园的"群英会"因何而起?还得从段祺瑞执政时谈起。

段祺瑞当上临时执政后,各派间虽不时爆发局部冲突,但在老段的苦心调停下,总体上还能勉强维持着局面。不过,段祺瑞是当执政,不是当和事佬。他要乘机扩军,重振皖系昔日雄风。段祺瑞安排"硕果仅存"的卢永祥空降江苏,以夺江浙一带军政大权,结果引发江苏军民激烈反对。

张作霖借口援助卢永祥,派张宗昌南下控制津浦路和长江流域。随着张作霖向南不断扩张,浙江孙传芳坐不住了。1925年8、9月,杨宇霆和姜登选先后直降江苏和安徽,孙传芳决定联合冯玉祥以示反击。曾经的直系"战友"义结金兰,订下"新直系同盟",打算以南北夹击之势合围张作霖,再由冯军直捣奉军老巢。不过,孙传芳觉得靠他们两个人的力量不够,为保万无一失,他又走了两步棋。

一步棋是联合各地反奉势力。安徽、江苏等地深受奉张南下之害,首当其冲是各省反奉力量。孙传芳还把吴佩孚拉了进来,给了吴一个"讨贼联军总司令"封号。另一步棋是煽动地方士绅组织抗议奉军暴行游行示威,制造"正大光明"的起兵借口。孙传芳的功夫没有白费,上海、南京各地立马掀起了反奉浪潮。

1925年10月，孙传芳联合浙闽苏皖赣五省军阀，向奉军发出总攻令，浙奉战争正式开战。驻守两湖的吴佩孚也伺机而动，斥责张作霖"贪天之功"并称应孙传芳电邀，欲假道河南，会攻徐州。吴佩孚借道河南可不是给孙传芳当后援，而是有自己的目的。攻打河南的冯玉祥，以报倒戈之仇，"明修栈道，暗度陈仓"——明为进攻徐州，实则夺取河南，并趁机东山再起。可惜，河南督军并未给他这个机会。

段祺瑞起初还幻想能够借机扩军，掌握中央实权。所以段祺瑞提出要和平解决双方争端，反对奉军武力扩张。谁知在海外的徐树铮知道了段祺瑞的想法，立马拍电报劝谏段祺瑞勿生此念。对于小徐的意见，段祺瑞向来是言听计从的。

小徐先生给他出了个主意：拉奉打冯。当时，冯玉祥控制北京，倾向革命，主张委员制，如果不赶走冯玉祥，段祺瑞想重掌实权恐怕不太现实，况且现在北方各势力也视冯玉祥为眼中钉。为瓦解新直系同盟，徐树铮下了一步好棋，力促南下奉军撤回东北，保存实力对付冯玉祥的国民军，同时避免奉军一字长蛇首尾难顾之困局，以破孙、冯合围之计。

小徐的这一计简直是釜底抽薪。奉军依计撤出江苏和安徽，随后孙传芳拿下上海、安徽和江苏等地，尤其是徐州的收复，标志着孙传芳取得了浙奉大战的胜利，一时间孙成了直系最有势力的军阀。

孙传芳的地盘不仅保住了，而且苏浙皖赣闽五省也被孙传芳收入囊中。目的既然已实现，孙冯联盟也就没有了存在的必要。11月8日，冯玉祥要求孙传芳继续北上，支援国民军攻打山东，孙传芳却以组建联军为由顿兵不进，昔日兄弟情分破碎，徐树铮的计谋得逞了。冯玉祥气得顿足大骂："狡猾的胡子，可恶的小徐！"[①]

孙传芳的人生似乎开了挂，他的"功业"似乎也登峰造极了。11月23日，孙传芳正式宣布成立五省联军，自任联军总司令兼江苏总司令。

---

① 曹心宝：《徐树铮与皖系兴亡研究》，广西师范大学出版社，2016，第272页。

孙还派人到北京向段祺瑞表忠心，明确表示不与吴佩孚合作。此时的孙传芳已有取代吴佩孚、成为新的直系领袖之势。

孙传芳高兴了两天，烦恼马上就来了。表面上他拿下南方诸省，风光无限，但时局是，北有张作霖、冯玉祥虎视眈眈，南有羽翼日渐丰满的广东国民军，他夹在中间，进不得、退不得，犹如风箱里的老鼠——两头受气。

1926年7月，广东国民革命军誓师北伐。本来联合吴佩孚尚能对抗南方的北伐军，孙传芳却作壁上观。吴佩孚一败，大大小小的军阀又上演了同样的戏码，投靠了国民革命军。等孙传芳醒过神来，北伐军已经打到了家门口。有人欢喜有人愁。11月初，孙传芳在江西战场一败涂地。张作霖高兴了，因为北伐军替他消灭了两个强大的对手，奉系成了北洋最大的实力派。但他也害怕北伐军最后"伐"到他头上。

张作霖决定先行一步对付北伐军。11月14日，张作霖在天津召集奉军、直鲁联军将领及吴佩孚等人的代表商讨应对时局之策。各路人马各怀鬼胎，讨论许久也没能商量出个子丑寅卯。曾有一趣事：张、吴二人晚宴，席间偶发叮咚响，双方卫队竟拔枪相对，谁知却是外交总长顾维钧帽子掉到了地上。

11月19日，被北伐军打得无处可逃的孙传芳决定乔装北上，到蔡园请求奉鲁联军南下进攻北伐军。20日，张作霖还在继续主持会议，这时一个卫兵拿着一张名刺走了进来，说是孙传芳求见。张作霖先是一愣，随即大喜，忙请人进来。片刻，孙传芳和随从二人一身便衣来到会议室，孙传芳姿态放得很低，完全没有"五省联军"总司令的架子，反而更像是张作霖的一名扈从。

孙传芳见了张作霖，没有说话，而是恭恭敬敬地行了一个90度的大礼。为了表明自己投诚实意，孙传芳还把辞呈和兵力部署图一并献给了张作霖。张作霖看到孙传芳如此低姿态，也颇为大度地将过去的事一带而过。

杨宇霆可不干了，当初被孙传芳打得差点丢了性命，此仇岂能不报。他极力劝张作霖杀了孙传芳，张作霖却反劝他气量要大，还说历史上的大人物多半是利用降兵降将来图谋大业，现在杀了孙传芳容易，将来谁还会来投靠我们呢。

接下来的会议进展得非常顺利。张作霖表示自己不坐总统，当前最主要的是团结北洋各派，对付南方的进攻。孙传芳献上一计，他提出既然要"反赤"，就必须成立一个统一的军事组织，方能同心"讨赤"。

谁来坐这个讨赤总司令呢？当然是张作霖了。孙传芳为表忠心，进一步提议成立"讨赤军"，推举张作霖为全国"讨赤"总司令；再由张宗昌的鲁军接管他的地盘，并在南京设前线指挥部；他本人则听从张大帅指挥，全力"讨赤"。后来，杨宇霆把"讨赤军"改为"安国军"，试图为军阀混战盖上一层遮羞布。

孙传芳的一番"赤诚"演说打动了在座的各位军阀。张宗昌捞到了南京地盘，立马和孙传芳结拜为异姓兄弟；杨宇霆占了"安国军"总参谋长一席，暂时也不提报仇之事了；孙传芳也得到了自己想要的军事援助；张作霖当然是最大的赢家，虽不坐总统，但成了号令北洋各路军的总盟主。

张作霖得到的还不止这些。各路人马在蔡园众说纷纭、争执不下时，兵败的吴佩孚并没有接受张作霖的邀请进津会商。尽管张作霖当上了所谓的"总司令"，吴佩孚也没去捧张的臭脚，这一点与孙传芳不同。既然吴佩孚不出马，张作霖顺势也就独揽了军政大权。

11月30日，盘旋津门多日的孙传芳放了个大招，他和张宗昌以直鲁豫等15个省区首脑名义劝张作霖为"安国军"总司令。12月1日，张作霖在天津蔡园就任"安国军"总司令。蔡园会议后，北洋的当家人换成了张姓人。

大事年表

1925年	10月,孙传芳联合直系旧部,号称五省联军,通电反奉。
	11月,吴佩孚自称十四省联军总司令,进攻河南国民军。
1926年	6月4日,国民党中央执行委员会临时全体会议通过出师北伐案,5日,任命蒋介石为国民革命军总司令。
	7月,国民政府发布《北伐宣言》,进行北伐动员。
	11月,北伐军消灭孙传芳部主力。
	11月14日至29日,张作霖在天津蔡园联合奉系、直鲁联军及军阀代表召开军事会议。
	12月1日,张作霖在天津正式就任安国军总司令。

小常识:北伐战争

为完成国民革命,实现国家的独立和统一,由中国共产党人和革命的国民党人在国共合作的旗帜下发动的统一战争。1926年7月,在"打倒列强,除军阀"的旗帜下北伐战争正式开始。1927年4月12日,蒋介石代表的国民党新军阀发动反革命政变,北伐战争中途夭折。

相关链接:奉直"护法""护宪"之争

在吴佩孚和张作霖的围攻下,国民军被迫退出北京,段祺瑞下台。进驻北京的吴佩孚即着手"恢复法统"和组织政府。吴佩孚要恢复曹锟时期颁行的"中华民国宪法"及颜惠庆内阁。奉系则主张恢复民国初年的《中华民国临时约法》，组织由奉系控制的新内阁。为争夺北京政权，双方各派代表就"护法""护宪"和组织政府进行谈判，后因分歧过大，不欢而散。后在王士珍等人的调停下，直奉搁置"护法""护宪"问题，达成由颜惠庆组阁后再任命新总理的协议。颜惠庆虽然组阁，但奉系采取不合作态度。后迫于奉系压力，颜惠庆辞职，吴佩孚的摄政计划也变为泡影。

刘海粟的一封公开信

1926年5月17日,孙传芳乘火车从南京启程到杭州检阅部队。途经上海时,上海知事危道丰将一份当天的《申报》递给了孙传芳,指着其中一篇文章《刘海粟为模特儿事致孙陈函》请孙阅览。

在这封公开信中,刘海粟斥责上海当局遏绝真理、罪不容赦。上海闸北市议员姜怀素因否定人体写生,而被刘海粟斥之为信口雌黄;知事危道丰也难逃口伐,刘海粟斥之为"谬妄不伦,腼颜为邑宰,贻害地方"。最后,刘海粟希望学有渊源、励精图治的孙司令能够严加申斥姜、危二人,而彰真理。

刘海粟何许人也?刘海粟生于1896年3月16日,江苏常州人。其父参加过太平天国农民起义,后回到家乡以经商为生,终生以前朝遗民自居。其母是清代著名学者洪亮吉的小孙女,家学渊源深厚。幼年时期的刘海粟天资聪颖,但也比较叛逆,曾因目无师长而从私塾辍学。母亲去世后,刘海粟来到上海学画。17岁时,学有所成的刘海粟参与创办了上海图画美术院,并担任副校长,立志"要在极残酷无情、干燥枯寂的社会里尽宣传艺术的责任"[1]。

以17岁初出茅庐的年纪参与创办美术学校,一下子引发了上海美术圈地震。各种声音不绝于耳,更多人说刘海粟以微末技艺办学校,还大言不惭要拯救中国民众,简直是天方夜谭,痴人说梦一般。自幼胆大出

---

[1] 赵红芳、刘世斌:《美术教育家刘海粟》,山西人民出版社,2019,第12页。

挑的刘海粟并没有退缩，反而写下了"不佞以沧海之粟，效测海之蠡"的雄心壮志。他甚至自诩"艺术叛徒"，呼吁大家革传统艺术的命。果不其然，在那个山呼海啸、西潮东卷的时代，刘海粟在美术界掀起了一股人体写生的惊涛骇浪，令世人瞠目结舌。

1912年，上海图画美术院初建，刘海粟就将人体模特儿写生列入高年级必修课。因为在他看来，人体的微妙曲线完全能够表达一种顺从"生"的法则，蕴含着生的顺畅和不息，具有极高的美学价值。根据刘海粟的回忆，一年后，上海图画美术院率先引进一名男孩模特儿，倡导人体写生。

紧接着，刘海粟开启了近代美术史上数个"第一次"。1916年，更名为私立上海图画美术学校，引进男性人体写生模特儿；1917年，创设野外写生课；1918年，举办个人画展，创办《美术》杂志；1919年，主张男女同校；1920年，有了第一个女性模特儿。

刘海粟的诸多破冰之举可谓是毁誉参半。有赞许的，著名教育家沈恩孚曾公开支持人体写生，《申报》还以"活人模型绘画之创举"赞美学校的人体写生课；有拍砖的，城东女学校长杨白民斥责刘海粟"公然陈列裸画，大伤风化"[①]；海关监督也以陈列裸画为由，要求工部局查禁画展。但不管怎样，刘海粟并没有因为投诉和警告而却步，"人体美"开始为人们所注意。

事情的发展总是充满着戏剧性。1920年以后，人体写生渐为人们所接受，许多美术学校的老师开始创作各种人体画册，报刊也不断刊登介绍人体美的文章。怎奈还是让一些不良之徒钻了空子，市面上开始不断出现挂羊头卖狗肉的"人体画"，甚至还贴上了图画美术学校的标签。

本来就对刘海粟"人体写生"腹诽的名教人士，这下抓住了机会。他们不断呈请江苏省教育厅，说明这些裸画有伤风化，要求官厅严禁裸

---

① 刘海粟美术馆编《不息的变动——时代中的美专》，西泠印社出版社，2015，第65页。

画发售。让官厅短时间内禁掉市面上所有的裸画，这本身就是强人所难的事情，可想而知效果并不理想，于是这些人士又把矛头指向了刘海粟。

先是姜怀素指责上海美术专门学校（1921年更名）利诱少女，称沪埠风化由裸体淫画败坏，裸体淫画又是以上海美专学校模特儿风行，因此必须严惩作俑祸首——上海美专校长刘海粟。姜的论调得到了社会其他人士的支持，上海正俗社社长直接称刘海粟实则名教叛徒。一时间，关于模特儿的论争已由艺术上的争执，变成了社会伦理纲常的辩论。

对这些陈词滥调，刘海粟认为姜怀素等人混淆视听。美专既没有模特儿专业，也没向路人兜售过任何裸体画，姜等人的污蔑简直是无中生有。况且姜的污蔑本就是以愚昧对抗文明，根本就不值得一提：人体模特儿西洋固有之，为何对美专大惊小怪？至于名教叛徒一节，礼教与艺术不能混为一谈，况且美专设模特儿一事已经立案批准，何来叛徒一说？

双方争执不下，江苏省教育厅厅长也出马劝告刘海粟，说人体写生虽是光大艺术精神，但现如今人们思想和习惯与欧美艺术相距甚远，如果实有必要设立人体写生，希望他能慎重行事，以免落人口实。其实这位厅长的潜台词就是，你该怎么搞就怎么搞，别再弄得满城尽人皆知就行。

但刘海粟没有屈服，因为他认为艺术应该是大众化的，艺术要面向社会，面向生活，面向整个群众；如果束之高阁，只供象牙塔里的人娱乐，艺术就失去了存在的意义。

刘海粟的不合作态度激化了双方的矛盾。1926年5月4日，姜怀素具呈孙传芳，请禁模特儿，控诉刘海粟我行我素、变本加厉。5月13日，危道丰加入论战，声称经派人实地察看，确有其事且种种秽恶情形不堪入目，并宣布严禁上海美专人体写生画。于是，刘海粟一封公开信寄到了《申报》，官司打到了五省联军总司令孙传芳那里。

也许刘海粟认为孙传芳尚属新派人物。在南京成立五省联军时，孙传芳能够启用洋派学者管理上海；也乐意高薪聘用留洋学生参与地方管理,整顿财政;也能拉上一票学者搞联省自治,选举省议会。怎么看,孙传芳也不会跟一个小小的"模特儿"过不去。

1926年6月3日,孙传芳终于回信了。与刘海粟的咄咄逼人相比,孙传芳堆砌了华丽的辞藻开场,"展诵来书,备承雅意。敝饰过情,抚循惭荷"。接着孙氏语气委婉地表达了自己对模特儿的态度,他承认模特儿是西洋画的必修之课,也不存在对模特儿的任何褒贬之意。他还劝刘海粟:不搞模特儿,还可以教授其他科目,何必非要宁为玉碎不为瓦全呢?所以希望刘海粟撤去模特儿,双方皆大欢喜。如果刘非要"怙过强辩,窃为贤者不取也"[①]。

从当时的社会风气看,孙传芳的这封异常客气的回函占领了道德的制高点。按孙的意思,如果刘海粟能够接受,就主动撤掉模特儿;反之,如果刘海粟一意孤行,就后果自负。换了寻常人,也许顺坡下驴,此事也就了了,刘海粟却不吃这一套。

6月10日,刘海粟又在《申报》发了一篇回函。虽然语气有所缓和,但字里行间透露出对设立模特儿的执着。刘海粟在回函中提到,孙传芳要废止人体模特儿课程,应该遍邀学术界之宏达人士相商,而非一己之意;如果大家认为此事不妥,那就自请处分,甚至于刀锯鼎镬不敢辞。

对刘海粟的如此"不识抬举",孙传芳不再理会。有传言道,孙传芳盛怒之下命令关闭上海美专、缉拿刘海粟。不管该消息是否真实,1926年6月23日,法领事在交涉四次无果的情况下,通知上海美专,请其撤去西洋画系所用人体模特儿。6月30日,刘海粟发表声明,撤去该校所用人体模特儿。

7月15日,刘海粟在《申报》撰文《美专停止裸体画之函牍》,至此模特儿事件好像告一段落了。但事情并没有结束,8月19日,上海美专董事会发表宣言,声称对查禁一事保留意见。此时,孙传芳在北伐军的

[①] 上海市卢湾区志编纂委员会编《卢湾区志》,上海社会科学院出版社,1998,第1127页。

进逼之下，已是全线溃败，根本无暇顾及美专一事。9月21日，一则招生广告里，西洋画人体写生课赫然在列，并且明确教授者为刘海粟。

大事年表

1912年	刘海粟与乌始光、张聿光等人创办上海图画美术院，后改为上海美术专门学校。
1916年	私立上海美术图画学校率先使用男性人体写生模特儿。
1917年	私立上海美术图画学校公开展出人体写生画。
1920年	私立上海美术图画学校引进第一例女性人体写生模特儿，开国内美术界先河。
1925年	8月24日，江苏省教育会通过禁止模特儿提案。
1926年	5月4日，姜怀素具呈孙传芳请禁模特儿，11日，危道丰发令严禁上海美专裸体画。 7月9日，上海地检厅判决刘海粟罚款50元。 9月21日，刘海粟西洋画人体写生课公开广告招生。

小常识：上海图画美术院

是刘海粟在上海创办的一所美术专科学校。该校首次提出男女同校，首次引进裸体女模特儿，也是首创写生课程的学校。该校的创立掀开了中国现代艺术教育史的新篇章，也是海派美术教育的先河。

相关链接：刘海粟与"美术革命"

1918年1月，陈独秀在《新青年》发表了《美术革命》一文。该文以"美术革命"为口号，主张用"洋画写实的精神"改良中国画，矛头直指清代延续下来的画学正宗——"四王传统"（倪瓒、黄公望、文徵明、沈周）。后来蔡元培提倡科学美育，认为中国应以研究科学的精神来关注美术创作，也就是"实物写生论"。在蔡元培的影响下，刘海粟秉持"科学方法以入美术"的思想，大力推动"石膏物像及田野风景"写生教学。同时受英国画家风景、人体写生和肖像作品创作启发，刘海粟认为人体写生是西洋画的基础，国人应予以提倡并加以系统训练。因此，刘海粟以写生作为突破口，尤其将人体写生作为学院美术教育体系改革的突破口。为此，刘海粟始终坚持信念，成为"实物写生论"的一面旗帜。

铁肩辣手　寸管如戈

1926年4月24日，一辆车驶出了北京《京报》报馆。当车行至魏染胡同南口时，数十名身着便衣的侦缉队员突然包围这辆车，瞬间车里人被挟持着消失在巷口。第二天，一个震惊新闻界的消息传了出来，《京报》主编邵飘萍被捕了。

邵飘萍是谁？

在新闻界，邵飘萍（1886—1926）是与"报界奇才"黄远生齐名的新闻人。他14岁中秀才，21岁入浙江省立高等学堂师范科学习，1912年以"振青"为笔名担任《汉民日报》主笔，正式进入新闻界。风华正茂的邵飘萍意欲以笔为刀，实现新闻救国之志。

很快，邵飘萍因笔锋犀利、言语辛辣招致袁世凯当局不满。尤其是他对袁世凯政府的嬉笑怒骂，更是招致了牢狱之灾，《汉民日报》因此被封。牢狱之灾，浇不灭舆论之力；报馆被封，封不住记者之笔。他日，邵飘萍远走东瀛，继续为推翻袁政府奔走呼号。

在知识界，他是令人敬仰的马克思主义推动者。东瀛一行，邵飘萍结识了李大钊，接触到了社会主义思想。他在日本的寓所，书架上几乎排满了各种介绍社会主义思潮和马克思学说的书籍，他写的《综合研究各国社会思潮》一书也成为早期共产党人的普及读物。

回国后，受蔡元培委托，邵飘萍在北大开设新闻讲演会，亲任研究会导师。当时，毛泽东也是讲演会的常客，他曾对美国记者斯诺回忆说："他是新闻学会的讲师，是一个自由主义者，一个具有热情理想和优良品质的人。"①

邵飘萍是公认的新闻全才。他既是优秀的记者，1920年《京报》复刊后，邵飘萍自云："余百无一嗜，唯对新闻事业乃有非常趣味，愿终生以之。"并希望《京报》能成为"供改良我国新闻之试验，为社会发表意见之机关。"他也是出色的报业经营家，复刊后的《京报》不仅成立了北京城第一个专门送报人组织，而且还设立了自有昭信印刷公司，扩大了《京报》发行量。

有了自己舆论阵地的邵飘萍如虎添翼。他利用记者身份出入各国驻华报馆，为中共提供重要情报；他利用自有印刷厂，协助中共北方局出版进步书籍；他利用手中之笔，将《京报》变成了反帝反军阀的利器。

郭松龄起义后，邵飘萍在报纸上登文赞扬郭之行为是警醒军阀，使"中国发生一种新机运之有益的行为"；直书张作霖为地方之障碍；刊发张学良照片，上书"忠孝两难之张学良"②；登载"东三省救主"郭松龄、"红胡子军阀"张作霖等标语，散发到前线以支持反奉战争。

邵飘萍一支笔抵得上千军万马，舆论的转向让张作霖不得不花钱消灾。张作霖派人汇去了30万元，想堵住邵飘萍的嘴。结果事与愿违，邵飘萍不但把钱退了回去，甚至在报纸上直接披露郭松龄之死乃是张作霖勾结日本所为。一时间《京报》洛阳纸贵，"铁肩辣手"世人称颂。

声名远播的邵飘萍成了军阀的眼中钉。《京报》报馆的电话和家里的电话受到了监听，屋前屋后也多了便衣的监视，大街小巷上开始不断散发捉拿"卢布党记者邵飘萍"的传单，期间还传出捕杀邵飘萍的消息，危机无时无刻不在如影随形。熟悉邵飘萍的朋友开始为他感到不安，亲朋好友劝说他离开，老父亲亲笔写信劝他"急流勇退"。邵飘萍没有退缩，反而告诉老父亲，自己就是要做一个"危言危行以图苟存尔"的人。

---

① 中共天津市委党校等编著：《京津冀红色故事会》上册，天津人民出版社，2021，第100页。
② 邵飘萍：《日军阀之干涉中国内政》，《京报》1925年12月19日。

他甚至对家人说，他已经下了与军阀大决裂的心，即使现在别人不敢讲话，他也要继续说，就是死了，也要讲；他要舍生取义，死不择音为人民，这样才不会抱憾终生。

随着北洋当局搜捕日甚，邵飘萍转移至六国饭店。六国饭店位于东交民巷核心区，有着治外法权的特权。邵飘萍藏身于此，亲朋好友暂时松了一口气。没想到，意外还是发生了。

奉军一时间无法找到闯进使馆区实施抓捕的理由，于是决定从邵飘萍的周围入手。很快，奉军发现了一个合适人选，这个人就是与邵飘萍有过交往的《大陆报》社长张翰举。在造币厂厂长和2万大洋的诱惑下，张翰举被收买了，决定卖友求荣。

张翰举，人称夜壶张。收受贿赂后的张翰举打电话给邵飘萍，诡称已经和张学良疏通好了，张学良也同意保证其人身安全。对张翰举的一番话，邵飘萍是怀疑的，也让邵飘萍更加清楚局势的紧张。于是他给夫人打电话，让她刊发早已写好的《飘萍启示》，以揭露张氏政权滥杀无辜之本质。

4月24日，邵飘萍被埋伏已久的侦缉队员拘捕。25日，北京各界人士闻悉飘萍被捕，积极奔走，或是通过社会舆论施救，或是通过私人情谊打探，怎奈当局坚称邵飘萍"宣传赤化，罪在不赦"，无功而返。

26日凌晨1时，邵飘萍被带到督战执法处继续接受拷问。严刑逼供下，邵飘萍胫骨断裂，视死如归。4时20分，邵飘萍被押赴天桥东刑场。临刑前，邵飘萍面色从容，迎着凌晨的曙光慷慨赴死。为掩人耳目，第二天警厅给出了所谓罪名："勾结赤俄，宣传赤化。"

"人生如断梗飘萍，有何不可？"当初邵飘萍以"飘萍"为笔名，也许早已有了一世如萍逐浪浮的准备，也许早已有了为国捐躯的准备。他的牺牲实践了他一生的最高理想：铁肩担道义，辣手著文章。

大事年表

1918年	邵飘萍在北京创办《京报》，以"铁肩辣手"为办报宗旨。
1920年	《京报》复刊。
1926年	4月24日，因张翰举告密，邵飘萍被捕。
	4月26日，邵飘萍被押赴天桥东刑场，从容就义。

小常识：《京报》

《京报》创刊于1918年，终刊于1937年全面抗战爆发。在邵飘萍的主持下，《京报》因揭露军阀反动统治、支持群众革命活动、倡导新文学运动而成为20世纪二三十年代北方极具影响力的报纸之一。

相关链接："萍水相逢"

国民军撤出北京后，奉系以取缔"宣传赤化"为名，残杀进步人士。以"铁肩担道义，辣手著文章"闻名的《京报》社长邵飘萍先生，因揭露北京政府镇压群众运动、抨击奉系张作霖而被捕，牺牲于4月26日。同年8月6日，另一位报人，北京《社会日报》主编林白水因挞伐直奉军阀，讽刺张宗昌及其总参议潘复，且拒不"更正请罪"被张宗昌枪杀。百日间，邵、林两人先后遇害，时人将这两位著名报人遇难事件称为"萍水相逢百日间"。

奉张"反赤"

众所周知,孙中山有个"三民主义":民族主义、民权主义和民生主义。但大家有所不知的是,东北的张作霖还曾提出个"四民主义",就是在"三民主义"之外加上个"民德主义"。张作霖何故出此言呢?

当年,孙中山为分化北洋各系,派汪兆铭北上联络拉拢张作霖。席间,汪兆铭大谈孙中山三民主义,张作霖不以为意,反而认为应加上"民德主义"。按张作霖的说法是,现在人心不古,道德沦丧,军人倒戈频仍,加上"民德",可维国本。张作霖所说的道德,其实就是礼义廉耻及让与仁。如果再文雅一些,就是吴秀才佩孚所说的正心修身,示人以万姓率由之轨范。

表面上看,吴、张推崇"民德"顺应了民国以来知识界对高尚道德的追求。但究其根本,张作霖是想借此"民德"来反共产学说,是想用此"民德"攻击"贫富不均乃酿生国家变乱者"之说,所以张作霖坚决反对苏俄和共产主义。他曾当面对孙中山说:"我可以今天捧姓段的,明天也可以捧别人,我只反对共产,如实行共产,虽流血亦不辞。"[1]

没想到的是,张作霖的"反赤"言论竟成了与国民政府谈判的筹码。

国民政府北伐以来,面对势如破竹的北伐军,安国军总司令张作霖并无十足胜算。是妥协还是决战,张作霖犹豫不决。张作霖的心腹杨宇霆等人却有另一番计较。在他们看来,如今南北双方谁也没有吃掉对方

---

[1] 李勇、张仲田编著:《统一战线大事记·大革命时期卷》,群言出版社,2014,第100页。

的实力,与其鹬蚌相争,不如先妥协再计较。但妥协有个条件:"非俟南军排除俄国赤党,决无议和之望。"这样,既可堵住列强提出的划江而治要求,又可凭反共条件获得列强支持。

此时的蒋介石也早有了反共的想法。当年大谈"吾为三民主义而死,亦即为共产主义而死也"①的黄埔校长,先是策划了"中山舰事件""整理党务案",250多名共产党员被迫退出黄埔军校和国民革命军第一军,国共合作开始分裂;而后因疑心汪精卫勾结苏联架空他,彻底与苏俄翻脸。于是,"违背了总理遗嘱"的蒋介石出现了。

张作霖反赤决心如此之大,列强当然不会放过这个反共的绝佳机会。列强马上行动起来。1926年年底,英国撤换驻华公使,宣称"不干涉中国革命态度";1927年年初,日本外相表示"尊重"中国领土完整,不干涉中国内政;随后,美国也发表类似论调,并视蒋介石为"稳健派"领袖。一时间各国代表如走马灯,纷纷跑到南昌鼓动蒋介石与"极端派"决裂,与张作霖妥协。有了列强的撑腰,张作霖不妥协的目的达到了。

在各国"牵线搭桥"下,"中国南北妥协之机运,渐呈浓厚之状,双方尝有代表往来"②。1927年3月7日,《顺天时报》直接称:蒋介石对共产党"久已蓄意排斥",他"正与国民党旧人及中立各派密商反赤,即以反赤名义与北方携手"。

有了列强的推波助澜,张、蒋二人迅速就反赤达成一致。1927年4月6日,张作霖兵围苏联驻华大使馆,逮捕杀害了李大钊等;蒋介石发动"四一二"反革命政变,大肆捕杀共产党员,与苏联决裂。南北方"妥协"已现"曙光",列强非常满意。

列强认为重新找到了瓜分中国的"代理人",没想到反赤的默契根本无法阻挡双方潜在的暗流,"共同的敌人"也未能让双方放下问鼎中原的

---

① 中国人民解放军政治学院党史教研室编《中共党史参考资料》第三册,第493页。
② 中国人民解放军政治学院党史教研室编《中共党史参考资料》第四册,第215页。

野心,而"携手共进"。过后,双方开始重新洗牌、布局。

紧接着蒋介石以汪精卫的武汉政府受苏俄控制为由,假借孙中山遗志,鼓噪一帮墨客大肆宣扬民生主义"救国论""救世界论",污蔑共产主义为"病理现象"。为表示与武汉政府的势不两立,1927年4月18日,蒋介石成立南京国民政府,发表告民众书,宣布继续北伐。

蒋介石的北伐宣言,让坊间关于张作霖蒋介石妥协之说凉凉。看来张蒋二人各打各的算盘,奉系张作霖认为蒋介石反共不彻底,与"民德"相差甚远;而蒋介石则说反共与北伐是两回事,反共是为了打击扰乱南方政权的"反革命派",与北伐不是一回事。

1927年5月,蒋介石开始调兵遣将并迅速占领了蚌埠、徐州。冯玉祥与武汉政府的联合,又将奉军赶出了开封和郑州。奉系被迫退至河北境内。屋漏偏逢连夜雨,山西的阎锡山一看国民军形势一片大好,立马改投"三民主义",以国民革命军的身份从娘子关出兵,张作霖腹背受敌。看来张作霖的"民德"主张根本就是痴人说梦,利益面前,军阀哪里会有"德"而言!

1927年的5—6月是奉系最艰难的日子。是和还是战,奉系上下再度出现分歧。主和派赞成在三民主义的范围内更换名号,与南京合作。这不是打张作霖的脸吗?当初得势时不屑一顾,如今失势却要信守三民主义?况且蒋介石开出的条件,要求张作霖下野、安国军改组,信守三民主义,悬挂国民党党旗。

形势所逼,张作霖该如何下这一步棋呢?张宗昌、孙传芳的回京让事情有了转圜。这二人是极力反对议和的,而且这两个人还游说其他奉系将领反对议和,没想到效果奇好,原来一些态度摇摆的也开始倾向于主战。

6月14日,张作霖借《大阪每日新闻》对外痛陈:蒋介石既然反共,为什么不废掉青天白日旗;只要他挂一天青天白日旗,我就认定他是红的。张作霖的这番话,很有深意。一是告诉列强,张作霖是反共的;二是提醒列强,如果支持蒋介石,那下一个被"赤化"的有可能就是他们了；三是为奉军拉拢外国干涉力量，以图扭转局势。

6月16日，奉系再次在顺承郡王府召开军事会议。这次会议大家论调一致——坚决反对议和，同时决定要成立"安国军政府"，与南京、武汉政府对峙，完成"反赤"大业。在众将的推戴下，张作霖就任安国军政府的陆海军大元帅，正式成为北洋政府国家"元首"。

大事年表

1926年	3月，蒋介石策划"中山舰事件"。
1927年	4月6日，奉军兵围苏联驻华大使馆，逮捕苏联外交人员和包括李大钊在内的共产党、国民党左派人士60余人。
	4月12日，蒋介石发动"四一二"反革命政变。
	4月18日，南京国民政府成立，宁汉对峙正式形成。
	5月1日，冯玉祥与北伐军联合作战，将奉军驱逐出河南。
	6月20日，冯玉祥与蒋介石举行徐州会议，商讨反共和北伐奉军等事宜。

小常识："中山舰事件"

1926年3月18日，海军局代理局长兼中山舰舰长、共产党员李之龙奉命派中山舰驶往黄埔。19日，得知消息的蒋介石认为，这是一起由中共、汪精卫及苏联顾问季山嘉联合策划的反蒋阴谋。20日，蒋介石下令广州紧急戒严，逮捕李之龙，监视和软禁大批共产党人，包围苏联领事馆，解除省港罢工委员会的工人纠察队武装。22日，国民党中央政治会议通过了在黄埔军校和国民革命军第一军中排除共产党人等决议。

相关链接：1927年蒋介石"清党"运动

北伐开始后，蒋介石为夺取国民革命最高领导权，不断采取手段排斥和迫害共产党和国民党左派人士。1927年春，蒋介石及其代表的南京国民党人发起大规模"清党"运动。该运动以"四一二"反革命政变为标志分为前后两个阶段，前一个阶段蒋介石认为苏联顾问鲍罗廷联合武汉汪精卫政权，欲利用国民党二届三中全会阻止其掌控党政大权，于是借口"护党救国"，清除国民党内部共产党人。4月12日，蒋介石在上海发动反革命政变，屠杀共产党人和革命群众，利用帮会势力夺取所占地区的党政大权，否认武汉国民政府，成立南京国民政府。5月21日，蒋介石组建"清党委员会"，并公布《清党条例》11条，此举标志着蒋介石全面"清党"运动的开始。与前一段以夺权为目的不同，此阶段的"清党"运动公开动用军队和军警力量，取缔共产党及其影响下的机关团体，明令通缉逮捕杀害共产党人、国民党左派和其他社会活动家。国民党在武力清共的同时，也造成了地方权力的重新洗牌，南京国民党中央党争愈演愈烈，最终成为蒋介石下野的原因之一。

"钊实当负全责"

1927年4月6日,北京东交民巷使馆区嘈杂一片,安国军某头目率领300余名全副武装的军警包围了苏联大使馆及周边的远东银行、庚款委员会、中东铁路办事处等地。安国军包围的地方,那可是有着治外法权的使馆区,打大清咸丰开始,那里的外国人就是横着走!

张作霖的安国军为何有如此胆量,敢闯外国人的领地?难道张作霖就不怕西方列强的抗议和干涉吗?

张作霖确实不怕,因为他要抓的是一个以李大钊为首的"赤化"组织。李大钊是中国共产党的主要创始人之一。孙中山总理逝世时,李大钊作为治丧委员会的重要成员引起了北洋政府的"高度重视"。不久,北洋政府便对当时北京的主要革命领袖进行了密拘。李大钊因未在北京而逃过一劫,但军阀口中的"李胡子"成了北洋政府的通缉要犯。

冯玉祥进北京后,革命形势有所好转。这时,李大钊也从苏联回到北京继续从事革命活动,先后组织了抗议"五卅惨案"的示威游行,领导了反对北洋执政府的"三一八"运动。待国民军撤出北京,直、奉联手控制北京政权,北京城内到处是"宣传赤化,主张共产,不论首从,一律死刑"的告示,到处是抓人的宪兵和警察,北京城的恐怖气氛让党组织开始考虑撤退转移。

李大钊并没有撤出北京,而是转移到东交民巷苏联使馆区继续战斗。当时,李大钊一家四口住在俄使馆的西院,除一间卧室外,其余的房间都改为革命党人的会客厅。在镰刀斧头的党旗下,李大钊和同人们继续推动着反奉反军阀革命运动。

对李大钊，张作霖早就欲除掉而后快。第二次直奉大战后，冯玉祥的思想逐渐倾向于孙中山的"联俄、联共、扶助农工"三大政策，这时从苏联归国的李大钊根据中央指示，采取了联合国民军打击皖、奉的斗争策略。在李大钊的推动下，国民军不仅同苏联建立了联系，而且还得到了苏联无偿的军事援助，直至誓师参加北伐。

李大钊给张作霖树了个强敌，怎能不招致张作霖的忌恨呢？更让张作霖愤恨的是，李大钊还策反了郭松龄。郭松龄起义失败后，李大钊专门发表纪念文章，称郭松霖是反奉战争中的一名勇敢战士。

1927年后，张作霖的日子越发不好过了。前方，有北伐军相继占领了长江以南地区，打垮了吴佩孚和孙传芳两大劲旅，歼敌数十万；后方，总司令部所在地，国共两党不断掀起反奉反军阀运动。后方不稳如何指挥前线作战，北洋政权岌岌可危，张作霖决定对北京城的革命党下手。

起先，张作霖还有些忌惮外交公使团会干涉，但他发现在这个问题上，公使团和自己的利益是一致的。据公使团首席公使欧登科回忆，当时警察厅掌握了有力证据，证明苏联大使馆周边藏匿着一大批有武装的共产党人。为侨民安全计，欧登科便以首席身份签署了搜查令。

对苏联大使馆，张作霖丝毫不客气，甚至可以说双方关系恶劣。从张作霖任蒙疆经略使开始，到1926年1月苏联拒绝张作霖借道中东铁路运兵，双方关系逐渐交恶，最后到苏联支持冯玉祥、郭松龄的反奉活动时，双方已经到了势同水火的地步。

有了外交使团的认可和支持，4月6日上午，张作霖命令150多名警察、100多名宪兵包围苏联使馆区。其实在前一天晚上，已经是中国共产党党员的杨度就把消息传递了出去。李大钊也得到了张作霖包围苏联大使馆的消息，然而李大钊并没有撤离。他对身旁的同志说："中国有句俗话叫老将催后阵。我算是一个老将了，怎么能闻风先动呢？"①

---

① 王朝柱：《李大钊》，中国青年出版社，1989，第813页。

没有选择撤退的李大钊，最终落在了张作霖的手中。那天正是清明节，穿着灰制服、脚蹬长筒皮靴的宪兵和穿着黑制服的警察及便衣们冲进使馆区。面对蜂拥而至的匪徒，李大钊显得异常冷静，也没有争辩什么，只是轻蔑看着匪徒任由枷锁上身。

李大钊被捕后，各界人士纷纷寻找各种方法试图营救。各大学校校长联合发表书面声明，要求"移交法庭处理"；国民军拍来电报，抗议张作霖迫害李大钊；京津各大报纸也不断发表时评，为营救李大钊呼吁；中共北方党组织和铁路工人甚至要劫狱营救。一时间整个社会群情激愤。

狱中的李大钊始终保持着一贯的平和，这种平和甚至一直保持到了他走向绞刑架的那一刻。李大钊虽受尽酷刑折磨，却始终以国民党党员自称，李大钊不曾吐露半点共产党的机密。张作霖想知道国共两党的具体组织情况，李大钊对于北方的情况只字未提；张作霖想知道国共两党的具体任务，李大钊却大谈孙中山"三大政策"和中国共产主义青年团的性质和任务。

张作霖一看硬的不行，就来软的。李大钊的同乡杨宇霆出面了，他劝李大钊，说了一堆只要肯为张大帅效劳、将来前程似锦等陈词滥调。这套说辞如果有效的话，那李大钊早就抛弃了乡下的小脚夫人，利用他的名声去享福了。

不过李大钊还是说出了他的条件，那就是："倘若以此而应获罪戾，则钊实当负全责，惟望当局对于此等爱国青年，宽大处理，不事株连，则钊感且不尽矣。"[①]"钊实当负全责"，这是何等一种视死如归、大无畏的共产主义精神！

张作霖失望了，但他还有些犹豫，杀还是不杀。

南方的蒋介石给了他一剂强心针。

1927年1月，因容共问题，蒋介石同武汉的汪精卫分道扬镳。蒋介

[①] 范春荣等：《共产主义先驱》，福建教育出版社，1993，第27页。

石已决心反共,公开宣称,他作为中国革命的领袖,对共产党员不对的地方都有干涉和制裁的责任和权力。4月12日,蒋介石在上海公然制造了"四一二"反革命政变。

蒋介石的反共行为无疑刺激了张作霖。蒋介石密电张作霖,主张立即处决李大钊等人,以免后患。张宗昌、孙传芳等军阀也密电张作霖,称不除李大钊,北京终究危险。甚至还有人建议,要处以李大钊极刑,以儆效尤。

1927年4月28日,本应在普通法庭接受判决的李大钊等人却被带到了军事法庭,短短70分钟,法庭就直接判决李大钊等20人死刑,罪名是"意图扰乱公安,颠覆政府,内乱、叛乱"。随后,李大钊被押赴西交民巷京师看守所刑场实施绞刑,终年39岁。

大事年表

1907 年	李大钊考入天津北洋法政专门学堂。
1913 年	12月底,李大钊留学于日本早稻田大学,就读政治经济学本科。
1914 年	李大钊组织神州学会,进行反袁秘密活动。
1918 年	1月,李大钊任北京大学图书馆主任,并参与《新青年》编辑部工作。
1920 年	2月,李大钊护送陈独秀离京回上海,路上二人商讨了建立无产阶级政党的问题。 3月,李大钊在北京大学组织马克思学说研究会。
1921 年	8月,中国劳动组合书记部成立,李大钊任北方区分部主任。
1922 年	7月,李大钊在中国共产党第二次代表大会上当选为中共中

	央委员，随后多次领导罢工运动。
1924年	6月，李大钊出席共产国际第五次代表大会。

小常识：《新青年》

《新青年》自1915年9月创刊至1922年7月终刊，共计九卷五十四号。由陈独秀在上海创刊，初名为《青年杂志》，1916年9月1日改名《新青年》。该杂志倡导民主、科学和新文学，掀起了新文化运动的高潮和思想解放的狂飙。俄国十月革命后，《新青年》成为宣传共产主义的刊物之一。

相关链接：李大钊与马克思主义在中国的传播

20世纪初，中国先进的知识分子为探索救国之道，努力吸收学习各种西方学说。俄国十月革命后，马克思主义开始在中国得到广泛传播。1918年，李大钊先后发表《庶民的胜利》《布尔什维主义的胜利》《法俄革命之比较观》等文章，大力宣传马克思学说，号召人民进行革命。1919年，李大钊撰写《我的马克思主义观》一文，该文是中国第一篇系统介绍马克思学说的文章，也标志着李大钊成为一名马克思主义者。之后，李大钊相继协助《晨报》开辟《马克思主义研究》专栏，在北京大学组建"马克思学说研究会"，与胡适展开"问题与主义"辩论。1921年成立中国共产党后，李大钊利用北大图书馆成立共产主义小组，同时协助北方各地建立党组织，继续宣传马克思主义基本理论。

第八章 北伐

"外交史上第一人"

1928年的蒋介石"踌躇满志"：虽然在1927年宣布"隐退"，却与宋美龄结为秦晋之好；曾经的政敌汪精卫，自以为稳坐国民政府头把交椅，结果反被桂系李宗仁孤立，无奈转而示好蒋介石；中国共产党领导的工农革命，在"清党反共"的冲击下暂时走向低潮。1928年2月，重掌国民党党政军大权的蒋介石，以国民党中央政治会议主席、军事委员会主席及国民革命军总司令身份决定继续北伐，以"完成国民革命"。

1928年4月5日，蒋介石在徐州誓师北伐。按照他的部署，国民党各军编成四个集团军，蒋介石的嫡系第一集团军沿津浦线北上，第二集团军沿正太线攻取石家庄，第三集团军进攻京汉铁路沿线，而第四集团军则沿京汉路展开攻击。

面对北伐军的攻势，北京的安国军政府制定的战略是，京汉、津浦线以防御为主，正太线及鲁西一带则以攻势为主。双方展开激战，不过很快北伐军就兵临济南城下。北伐军如果攻下济南，便可继续沿津浦路平稳北上，直取京津，那么，一统南北指日可待。然而，战局并没有想象中那么乐观，因为日本出兵干涉了。

日本出兵干涉，蒋介石是有心理准备的。蒋介石第一次下野后，即到日本寻求支持北伐的助力。日本方面却认为南方的共产党才是蒋介石的心腹大患，希望蒋介石不要插手北方张作霖、阎锡山、冯玉祥的争斗。尽管未能获得日本支持，蒋介石仍抱有一丝侥幸，希望日本能够保持中立态度，不干涉国民政府的北伐。

日本并没有给蒋介石一丝幻想。就在蒋介石下达总攻击令后，日本内阁便通过了《第二次出兵山东案》，陆续派遣日军从青岛登陆，并沿胶济铁路运兵至济南，同时令天津日本驻屯军三个中队沿津浦路南下增援。5月1日，国民革命军的第一、二集团军赶跑张宗昌，克复济南，兵临城下，双方进入紧张备战状态。这个时候，到达济南的蒋介石仍不愿与日本正面冲突，仍寄希望于谈判解决济南问题。

1928年5月1日，蔡公时临危受命，担任国民政府外交部山东特派交涉员，与日驻济南领事署联系交涉。蔡公时（1881—1928），同盟会元老，曾在孙中山的资助下赴日学习，后追随孙中山，参加过二次革命、护法运动，毕生以建立共和为革命信念。

蔡公时颇具外交能力。1912年，蔡公时担任九江关监督兼江西交涉员时，协助当时的江西都督李烈钧监管外贸、协调战区对外关系。1927年，蔡公时任金陵关监督兼交涉员，期间因处理日本南洋丸肇事案而得到国民政府嘉奖。与日交涉，蔡公时当仁不让。

临行前，蔡公时就已预料到，济南一行必将艰难。他向蒋介石表态，"将以坚强不屈之决心毫不退让，誓以革命精神同日人周旋"。此时的济南城街道，到处是日本人的铁网，荷枪实弹的日本兵紧盯着过往的行人，警戒线附近也禁止华人出入。济南城笼罩在战争恐怖的阴云之下。

5月3日早8时，临危受命的蔡公时率领18名署员，来到济南市经四路山东交涉署，欲以外交裨益军事。9时，山东交涉署全体职员到署，并在蔡公时署长的指挥下开始正式工作。蔡公时带领大家校点了前任人员遗留下来的各种文卷，然后取出孙中山遗像、党旗和"革命尚未成功，同志仍需努力"遗嘱，悬挂于公署墙上。

就在蔡公时准备工作的时候，中日冲突突然升级。国民革命军与日军就过路问题产生争执，日军率先开枪打死来往兵士，随即用机枪向国民军部队扫射。刚刚整理完公署的蔡公时听到了接连不断的枪炮声，而且公署门前出现了荷枪实弹的日本兵和行动诡异的日本浪人、便衣。

10时左右，公署门前的日兵越聚越多，街上伏尸渐多。蔡公时意识到局势已十分严重，迅速与日领事馆通电话询问冲突起因。日领事绝口不提包围和封锁公署一事，仅含糊告知：华军已陆续就范缴械，很快就可以解除战斗。

这时，枪声越发密集，电话线也随之被切断。蔡公时急忙手书三封书信分别转呈蒋总司令、外交部长和战地委员会主席，嘱咐亲信送出署外，结果被门口日兵拦下，信一直未能送出。

一直到下午4时，拘禁在公署的蔡公时和各位职员与外界丧失了一切联系。正当公署人员焦急万分之时，忽然听见撞门声，一队日本兵突然闯入公署，盛气凌人地要借公署大楼第三层架设大炮，轰击马路对面基督医院的国军，蔡公时严词拒绝。随后，署内人员全部被集中在一楼，公署内的电灯线也全部被剪断。

晚上9时左右，又有一队日兵闯入公署，污蔑门口的两名日兵尸体是公署所为，叫嚷着让公署长官出来问讯，并要搜查公署的枪支弹药。这时，蔡公时站了出来，用日语同日本兵据理力争：外面的两具日兵尸体为流弹所伤，非公署所为；这里是中国政府的外交机关，我等皆是外交人员，非军事单位，贵军不应搜查；等等。

日军置若罔闻，直接俘去10余人为日军运送枪支弹药，蔡公时和其余17人全部被剥光衣服捆绑至院内。日军强行搜查整个公署，未发现枪弹，只把公牍捆成5个大包强夺而去。署内文件、地图弃置满地，青天白日旗和孙中山的画像也被统统撕毁，狼藉一片。

面对日兵暴行，蔡公时忠愤填胸，不断用日语呵斥日本兵不明外交手续，不识国家体统。据当事人回忆，日本司令官命令蔡公时下跪，蔡公时誓死不跪："杀我可以，但绝不能让我对你们日本侵略者下跪。"暴怒之下，日军敲断了蔡公时的两条腿骨。

倒下的蔡公时仍然大骂日本兵，一个日本兵拿起刺刀，将蔡公时的耳朵割掉，蔡公时大骂日本兵不休。其他人员无一不被割鼻削耳，在昏暗的手电下，血肉模糊，其状惨不忍睹。日本兵又削掉了蔡公时的鼻子，挖去了双目，蔡公时整个头部和胸前都被鲜血浸透。

痛楚之下，蔡公时仍大声怒斥敌寇："日本强盗禽兽不如，唯此国耻，何时能雪？野兽们，中国人可杀不可辱！"[①]站在一边的日本兵见状，直接拿起刺刀插进蔡公时的嘴里，剜掉了蔡公时的舌头，然后当场将蔡公时枪杀。除了2人逃了出来，其余之人随后全部被乱枪射死，公署也被日兵付之一炬。

蔡公时上任当天即被日兵杀害，壮烈殉国。可恨一代英杰未能浴血战场，反而牺牲在一帮暴徒之手。闻之此消息，国民党人于右任以《十七字诗》祭奠蔡公时："此鼻此耳，此仇此耻！呜呼！泰山之下血未止！"李烈钧题词称赞蔡公时为"外交史上第一人"。与此同时，各界团体民众纷纷举行示威抗议，海外华人华侨也通过媒体向世界揭露日本军国主义暴行，全国掀起反日高潮。

日本人并没有作罢，反而炮击北伐军并向蒋介石下了最后通牒，要求蒋介石惩办"挑衅"的中国军官，要求北伐军撤离济南城，退至胶济路两侧20里以外。是战还是和？蒋介石选择了绕道济南继续北伐，仅留下两个团善后。

由于国民政府在12小时之内未能答应日方条件，1928年5月11日，日军血洗济南城，制造了震惊中外的"济南惨案"，造成济南死伤军民1.1万有余，财产损失达2957万元。"济南惨案"发端于1928年5月3日，又称"五三惨案"。

绕道北伐的国民军却接连取得胜利，对奉系的北京政府形成了巨大压力。1928年5月28日，北伐军迫近保定，安国军政府岌岌可危。5月30日，张作霖召集奉系将领，决定下总退却令。6月15日，国民政府宣

[①] 山东省地方史志编纂委员会编《山东省志·人物志》下册，山东人民出版社，2004，第1906页。

告北伐成功。北洋时代就此画上了句号,中国开启了所谓的"南京政府时代"。

大事年表

1928年	2月,冯玉祥与蒋介石在开封换帖,结拜为兄弟。 4月5日,蒋介石在徐州誓师北伐。 4月19日,日本内阁召集临时会议,通过第二次出兵山东的决议。 4月24日,国民党中常会通过《告世界民众书》《告日本国民书》,呼吁世界民众援助中国。 5月1日,蔡公时临危受命国民政府外交部山东特派交涉员,与日交涉北伐事宜。 5月3日,日军残杀蔡公时等。 5月4日,蒋介石与第一集团军前敌总指挥等人会商,决定绕道黄河北伐。 5月11日,日军血洗济南城,制造了震惊中外的"济南惨案"。 6月2日,张作霖发表出关通电,奉系军队陆续向关外撤退。

小常识:冯玉祥联蒋

"北京政变"后,中国共产党和苏联共产党大力帮助下,冯玉祥重建国民军，并以"国民革命军第二集团军"总司令身份参加了北伐战争。后因对工农运动的不理解，以及受其国民政府某些上层分子对共产党的诬蔑所煽动，冯玉祥从对共产党的不满变为反对共产党，最终追随蒋介石进行"清党"反共。

相关链接：日本三次出兵山东

1927年5月，北伐军北上伐奉。5月底，接连失败的张作霖部退守山东和直隶。27日，日本内阁会议决定，以保护在华日侨为借口出兵山东，同时日本还声明除向青岛派遣2000名关东军外，京津地区也纳入出兵范围。对日本人出兵山东，列强驻华公使表示肯定，同时各国也相继增兵华北，列强共同防卫华北局面形成。后北伐因南方政局变化而中止，日本虽声明撤兵山东，但也言将来出兵之必要。1928年蒋介石重掌政权后继续北伐，田中内阁又以护侨为借口，通过日本第二次出兵山东决议。5月3日，日军蓄意挑起衅端，杀害中国外交官员和中国军民。5月4日，日本内阁再次决议派遣一个旅团增援济南日军，是为日本第三次出兵山东。5月11日，日军占领内城，抢劫财物，焚毁建筑，强奸妇女，枪杀战俘，屠戮百姓，罪恶令人发指。济南惨案（五三惨案）发生后，国民政府通过外交方式向各国解释惨案发生之缘由。然而，英美等国认为惨案是蒋介石无力约束部下后的咎由自取。中国共产党连续发表《五三惨案告山东民众书》等重要文章，揭露日军暴行，争取世界舆论支持。

张作霖命丧皇姑屯

1928年6月4日凌晨时分，一辆专列沿着京奉铁路呼啸而过。当列车行驶至奉天三洞桥，也就是京奉铁路与日人所经营南满铁路的交叉点时，突然发生爆炸。专列的主人——陆海军大元帅张作霖被炸身亡。这就是震惊中外的"皇姑屯事件"。

皇姑屯位于沈阳旧城以西约10里，如果不是因为90多年前的那场大爆炸，皇姑屯也许至今仍是一个籍籍无名的地方。90年后再次回忆起当年那场大爆炸，还是那样触目惊心。

震耳欲聋的爆炸声此起彼伏，火光刺破了黎明前的黑暗，剧烈的震动连奉天车站都感受了颤抖。据说，车站旁边奉天纺纱厂机器上的棉线条都被震断了，断口处如同刀子割过一般。厚达6尺的钢骨水泥桥板压在列车中段，中段车身被压得粉碎，其余车身则翻出三四丈远。张作霖身受重伤，当晚不治身亡。

是谁想要炸死张作霖？有说是日本人所为，有说是苏联人策划的，还有说是南方国民政府派人暗杀的。直到1945年日本宣布无条件投降后，原关东军高级参谋河本大作才承认是他策划了皇姑屯事件。日本人为什么一定要炸死张作霖呢？这得从日本的满蒙政策说起。

日本人长期觊觎满蒙。二战期间随便找一个日本小孩问问，都知道"满蒙是帝国的生命线"。既然是生命线，怎么能假借他人之手控制呢？日本人需要的是管理满蒙的傀儡代理人。日本人找到了张作霖，也正是有了日本人的支持，张作霖和奉系集团才有了走出东北一隅的资本。

张作霖被炸

然而双方的蜜月期，随着张作霖问鼎北京很快就结束了。张作霖并不想完全成为日本人的傀儡，他的眼界也不止东北这一小旮旯地，他想要的是东北统治权，甚至是中国统治权。为了摆脱日本控制，张作霖开始向英美靠拢，这让日本人很恼火。更让日本人恼火的是，张作霖开始敷衍，甚至对抗日本人提出的关于满蒙的诸多要求。

彼时北伐战起，日本国内在是否支持国民政府的问题上分歧不断。若槻礼次郎内阁认为这是一个拉拢蒋介石的大好时机，也是一个打击英国在长江流域势力的大好时机。于是为了扶植蒋介石，日本拒绝了英国武力干涉北伐军的要求，采取"消极静观"之策。与若槻内阁相反，日本军部却在暗中采取了积极干涉政策，出动了1400余名海军陆战队。

1927年上台的田中内阁，完全舍弃若槻拉拢蒋介石的"不干涉政策"，推行"积极的对华政策"，实施"强硬外交"。在"东方会议"上，田中内阁通过了《对支政策纲领》，制定了侵略中国满蒙的详细步骤与方法，日本侵华野心昭然可视。

按照田中内阁的政策，新的满蒙代理人应该是认真谋求该地政情稳定的东三省实力人物，且该"实力人物"在治理东三省方面"符合我原则、方针"。显然，这个"实力人物"不是指蒋介石。以当时的局势而言，标榜"打倒一切帝国主义和军阀"的南京国民政府，势必要将北伐战争进行到底，直至一统南北，这显然与日本独霸东北的野心大相径庭。

于是田中内阁先后派驻奉总领事、驻华公使等人与张作霖交涉。田中内阁认为，没有日本人的支持，张作霖恐怕难保东三省老底。如果乘机以此要挟张作霖，不仅可以实现筑路权，而且也可以解决"满蒙土地商租"和"对华投资"等满蒙遗留问题。

田中内阁原有十足把握让张作霖低头。日本驻华公使芳泽谦吉直接找到张作霖，提出"满蒙觉书"，要他出让满蒙新铁路铺设权，以换取日本的支持。没想到，张作霖通过杨宇霆向新闻界透露了"觉书"内容，借全国反日情绪中止了"满蒙交涉"。为强迫张作霖屈服，田中内阁以出兵东北为要挟，并通过官方与民间两个通道与张作霖谈判。张作霖屈服了，只得重启满蒙谈判，订立"满蒙新五路条约"。不过，张作霖还是留了一手：只是在合同书上签"阅""准行"等字，反正就是不签名字和日期。

当然，田中内阁也没打算维护张作霖。随着北伐军的节节胜利，北京失守只是时间问题。这时候，日本只是想着不要让战火波及东三省，危害日本的在华利益，至于张作霖是否垮台，并非关键问题。

1928年5月18日，日本驻华公使芳泽分别向张作霖和南京政府递交"致支那南北两军之备忘录"（即《五一八觉书》）。备忘录明确提出：如果战乱向京津地区进展，并波及满洲时，帝国将不得不采取适当有效之措施。芳泽甚至还劝张作霖及早撤回满洲，否则将来溃败而回，日军将解除其武装。

张作霖原打算依靠日本最后一搏的算盘也落空了，在日本不断施压逼其撤回东北的时候，他断然拒绝："我这个臭皮囊不要了，也不能做叫我子子孙孙抬不起头来的事情。"①

张作霖说这番话时，蒋介石的北伐军已经打到了家门口，京津陷入了三面包围之中。张作霖一度想利用"济南惨案"的反日情绪达到缓兵目的，甚至还将津浦、京汉沿线的安国军撤至沧州、保定一带，发表"息争"通电以示主和诚意。

对张作霖以退为进、试图东山再起的缓兵之计，但凡有点战争经验和历史常识的人都会明白他的用意，何况蒋介石。至于张作霖还要与国民政府联合"讨赤"，蒋介石更是洞悉其深意，那就是分化蒋介石与冯玉祥的关系，瓦解北伐军。

蒋介石不会愚蠢到掉进张作霖的陷阱，他走了两步棋来对付奉军。一步棋是要求张作霖交出北京政权，退至关外，以表爱国诚意；二是继续北伐，速占北京。张作霖无计可施了，而日本这边除了不断催促他撤回关外，还命令关东军各地驻军集中于奉天，在锦州、榆关一带布防。

日军的步步紧逼令张作霖非常恼火！5月25日，张作霖命北京政府外交部照会日本："于战乱及于京津地区，影响波及满洲地区时，日本将来取机宜措施一节，中国政府断难承认。满洲及京津地区，主权不能默认。"

张作霖的强横态度，对满蒙新五路交涉的敷衍态度，以及不主动撤回关外的态度，让关东军的少壮派恨之入骨，就连一向以拉拢为主的田中内阁也认为张乃忘恩负义之徒，日本舆论皆希望奉张垮台。此时的日本仿佛已经看到，张作霖败退关外、南京政府实现了对满蒙的实际控制、

---

① 中国人民政治协商会议辽宁省委员会文史资料委员会编《辽宁文史资料》第一辑，辽宁人民出版社，1988，第13页。

日本丧失了满蒙控制权的前景。日本决定准备抛弃奉张，亲自掌握满蒙话语权。

1928年6月1日，张作霖在京召开辞行会，决意撤出北京。此时的张作霖还想着他日卷土重来，再现当年直奉大战之辉煌。他安排心腹许兰洲将"安国军大元帅"印、旗及国务院的印信、外交部重要档案提前运回奉天；安排国务总理潘复电复各部院，将在奉天组织流亡政府。

6月2日，芳泽向田中报告，张作霖将于次日晚乘坐专列回奉。早已做好准备的河本大作，在三洞桥的桥梁上埋放了30麻袋、200公斤的烈性黄色炸药，并在铁轨上安置了脱轨机，埋伏了一排关东军冲锋队。暗杀的大网已经为张作霖张开。

6月4日凌晨，列车通过新民站，驶进陆桥时，河本命令东宫大尉按下电气开关，随着几声巨响，张作霖所乘车厢被炸飞。当天上午张作霖经抢救无效死亡。张作霖身亡，标志着统治民国16年的北洋军阀政府结束。

"皇姑屯事件"后，日本为掩饰罪行，枪杀两名无辜老百姓，伪造"北伐军东北招抚使"信件以污蔑南方北伐军；同时还不断派出特务打探张作霖的伤情，试图进一步谋杀张学良。军方和日本浪人不断在沈阳等地挑起事端，试图进一步扩大事态，以便火中取栗。日本人没料到的是，张学良选择了"改旗易帜"，从而挫败了日本试图借机占领东北的阴谋。

大事年表

1927年　　4月，日本组成以田中义一为首的新内阁，田中内阁以鼓吹征服中国作为主要政策。

8月，日本驻华公使芳泽谦吉提出"满蒙觉书"，要求解决"满蒙悬案"。

1928年　5月13日，日奉双方代表签署"满蒙新五路"承建合同。
　　　　5月18日，日驻华公使芳泽和驻沪总领事矢田分别致电北京、南京政府，表明日本之中立态度。
　　　　6月1日，张作霖在京召开辞行会，宣布出关。
　　　　6月4日，日本阴谋制造"皇姑屯事件"，炸死张作霖。

小常识：满蒙新五路条约

满蒙新五路是指敦化—图们江岸、长春—大赉、吉林—五常、洮南—索伦、延吉—海林等五条铁路。日本自田中内阁始就开始提出关于新五路路权的问题，由于张作霖的不合作态度，中日铁路交涉失败，之后日本由"扩大铁路权益为核心"的侵略东北战略，转变为武装侵略东北战略，进而发动了侵略中国的"九一八"事变。

相关链接：《五一八觉书》

日本为控制张作霖和奉军，达到强占满蒙地区目的，早在1927年4月28日就起草了"五一八觉书"原始方案，提出如果奉军主动撤回关外，日军将出兵阻止北伐军入关；如果北伐军与奉军交战，奉军溃逃关外，日军将阻止任何一方进入满洲。之后在正式的《五一八觉书》中，日本再次重申其立场，即奉张不战可允其退回关内，不再出关；如果奉张战败，则不准其出关。此声明无疑是对中国内政的粗暴干涉，引发奉军和北伐军的强烈不满。同时，英美等国基于本国利益也表示，满洲是中国的领土，不承认日本在满洲拥有特殊势力范围。于是，日本关东军决定抛弃张作霖，并制造了"皇姑屯事件"。日、奉关系破裂后，张学良东北易帜，国民政府和平解决南北统一问题，日本关东军欲乘乱占领东三省的阴谋落空，田中内阁利用外交手段制定的"满蒙新五路计划"也戛然而止。

中交两行移沪

1928年6月4日凌晨，几声巨响后，北洋最后一位掌门人殒命皇姑屯，张作霖的退场意味着北洋时代也合上了帷幕。登上中央权力舞台的南京国民政府，尚未来得及享受权力带来的满足感，就陷入了与北洋政府一样的财政窘境。

兵法云：兵马未动，粮草先行。手中无粮，心里发慌。尽快控制全国经济命脉，方能巩固南京政府的政治军事统治，方能为蒋介石下一步的军阀大战筹措巨额军费。这个重任落在了宋子文的头上。

宋子文是一个金融高手。他1912年赴美留学，获哈佛大学经济学硕士学位和哥伦比亚大学经济学博士学位。回国后，他先后参与筹备广州中央银行、中央银行武汉分行，并在担任广州中央银行行长期间，以不到三个月的时间为广东国民政府增加了近4倍的财政收入，为此还受到了广东国民政府的嘉奖令。

当然，宋子文能够出任财政部长，仅仅靠自身能力是不够的，蒋介石大舅子的身份也未必能加分多少，关键是宋子文能够为国民党中央决策层及不同派系所接受。以宋子文的学识、地位、人际关系看，他确实适合出任财政部长一职。

1928年6月，以南京国民政府财政部长的身份，宋子文在上海举行全国经济会议。此次会议召集包括银行界和实业界在内的60多位商界精英，着重讨论了筹建中央银行、建立国家金融体系的议题。有的代表说应该成立联合准备银行，中央银行不应受制于南京政府，应该有一定的独立地位。也有的说，中央银行应成为中国强有力的国家银行。

显然，后一种说法深得宋子文之意，因为国民政府和宋子文都需要控制一家银行作为国库，以应付国民政府的财政支出问题，于是建立国家银行提案很快获得通过。宋子文是留洋经济学博士，中央银行应承担什么样的职能，他心知肚明。他赋予中央银行全国财政、经济领袖地位，以为政府服务。

既然是为政府服务，按照世界各国中央银行业务规范，中央银行不能经营普通商业银行业务。但是在宋子文主持起草的《中央银行条例》里，以给息吸收存款的业务赫然在列。作为现代金融家的宋子文，怎么会让这种自我矛盾的逻辑，出现在自己拟定的条例中呢？

因为宋子文清楚，白手起家建立的中央银行，既无充足的资金储备，银行成立之初只有公债2000万元的预约券，一分钱现金都没有；也没有信用——人们更愿意相信历史悠久而且实际发挥中央银行作用的中、交两行。如果短期内无法充实中央银行实力，最后的结果只能是被中、交两行挤出市场，至于控制全国金融命脉更是天方夜谭。这个难题如何解决？

当时，中国最大的银行当属中国银行和交通银行，而且这两家银行一直行使着国家银行的作用。中国银行具有代理国库、经理募集公债、发行钞票和铸造银币等职权；交通银行则除了商业银行的一般业务外，主要以经营轮、路、邮、电政收支款项。两行历史悠久且信用俱佳，是北洋政府的两大财政支柱。

宋子文想控制全国金融大权，如果能顺利接手两行无疑事半功倍。于是他找到两家银行，希望两行代行国家银行职责，但前提条件是政府股份要多于商股。中、交两行自然不会放弃控制权，先后拒绝了宋子文的提议。

对宋子文的提议，中行的张嘉璈心里极为不满。早在北伐期间，蒋介石为筹措军费，就不断向江浙财团的头脑们伸手要钱，甚至一下子就向中行要走了1/3的资金，张嘉璈称之为"南京政府压迫中行之第一次"，还批评蒋介石是"军人不明财政，而处处干涉财政，前途悲观在此"，认为蒋介石的做法是"非所以对赤诚拥护国民革命军之金融之道"。①

北伐成功了，国民政府打算把中国银行变为中央银行，无异于直接将中国银行变成蒋介石的私人"钱袋"。经过一番深思熟虑，张嘉璈婉拒了宋子文的提议。他提出了几条拒绝的理由：中国银行的影响力和号召力早已名声在外，突然改组换名会有损银行信誉；官股超过商股，无法向股东交代；改组仓促，制度未立，恐将中国银行原有基础摧残无遗，于民于国均不利。

张嘉璈是聪明人。今日蒋介石用他去牵线搭桥，取得英美人对国民政府的认可；他日蒋介石政权稳定了，难保不会秋后算账。心里虽不乐意，但他也得作出点让步。他建议宋子文，将中国银行改为"特许之国际汇兑银行"，交通银行为"特许之实业银行"，表明中国银行不但不会与中央银行争权，还会以之为马首是瞻。

张嘉璈还表示，如果政府需要现款充作中央银行资本，中国银行将尽力分担；如果政府能够归还中国银行先前所垫款项，中国银行将放弃钞票发行权，而归权于中央银行。张嘉璈后来回忆说，他看重的是经营独立性及银行人员的完整性不受政府干涉。

张嘉璈虽说愿意让出钞票发行权，宋子文却不敢接。一来当时国民政府的财政支出还需借中国银行周转，二来贸然取消中国银行钞票发行权，恐引发民众恐慌、市面挤兑等不利影响。宋子文和蒋介石的国民政府虽早已对中国银行垂涎三尺，但由于政权不稳，也不敢立刻下手去抢夺。

---

① 全国政协文史资料委员会编《文史资料精华丛书·旧中国的工商金融》，安徽人民出版社，2000，第590页。

宋子文只好放弃改组中、交两行的计划，成立中央银行。那么，中央银行的行址是设在南京，还是设在上海？设在南京，有首府之便利，但不利之处也很明显。因南北战事尚未完全解决，交通阻滞，银根枯窘，导致市面各业均受影响，歇业频仍。

相比较之下，上海虽也受战事影响，但到1928年夏天，战事已逐渐平息，交通也已经恢复，商业日渐发达，金融业发展自然强劲。十里洋场吸引了宋子文的目光，他决定将中央银行设在上海。1928年11月1日，南京国民政府的中央银行正式在沪开业，财政部长宋子文兼任央行行长。

宋子文改组中交两行为中央银行的目的没实现，但为了控制两行，中央银行营业前后，他还是对两行进行了第一次改组。10月26日，中国银行改为"政府特许之国际汇兑银行"，实行总经理制；11月16日，交通银行改组为"发展全国实业之银行"，实行董事制。同时增加两行官股比例以稀释商股比重，且总行移至沪行。

不过，宋子文的第一次改组并没有触及两行核心领导层。中行依旧是张嘉璈掌舵，交行董事长也是按照股东意愿选举而成。业务上，由于国民政府亦需两行融通资金，挹注财政，所以政府的特许权经营项目对两行经营影响也不大。一位交行上层曾说，业务一如商业银行，可以自由经营。结果，这次改组非但没有形成宋子文所设想的主辅关系，反而形成三家鼎足之势。

这显然不是国民政府乐见的结果，奈何羽翼未丰，他们期待着更为彻底的改组，彻底将全国的金融控制权掌握在手中。不过，由于中、交两行是当时中国实力最强、辐射范围最广且最具影响力的两大银行，这两行总行的迁沪迅速在国内金融界引起连锁反应，各大银行总行也纷纷南迁，从而成就了日后上海的全国金融中心地位。

大事年表

1928年　6月20日至30日，宋子文在上海召开全国经济会议，内容涉及裁兵、统一财政及实行裁厘等三大问题。
10月6日，国民政府公布修正《中央银行条例》20条，26日颁布《中央银行章程》45条。
11月1日，中央银行正式在沪开业，财政部长宋子文兼任央行行长。

小常识：江浙财团

以上海为中心，以江浙籍金融资本为核心，以中国银行、交通银行、浙江兴业银行、中国通商银行、浙江实业银行等为代表的金融财团，又称"江浙财阀"。代表人物有上海总商会会长虞洽卿、中国银行总经理张嘉璈、交通银行董事长钱新之及上海商业储蓄银行总经理陈光甫等。

相关链接：江浙财团与蒋介石

1926年北伐开始后，为筹措军费，蒋介石派黄郛与时任中国银行副总裁张嘉璈商借款项。张嘉璈与总裁商量后，派人对广东进行实地考察，认为北伐军胜利的可能性极大，同意拨款30万元以示接济。与庞大的军费支出相比，30万元无疑是杯水车薪。为取得整个江浙集团的支持，蒋介石先后派人与陈光甫和钱新之取得联系，并获得50万元的款项支持。

北伐军占领上海后，蒋介石视江浙财团为国民政府的"钱袋子"。短短一年，蒋介石在上海金融界借款数目达到1000万元，同时还发行1.36亿元公债和库券。如此频繁且数目庞大的借款，让一度支持蒋介石的江浙财团叫苦连连。更让这些银行家吃不消的是，蒋介石不再商借而是直接明抢。蒋介石曾对属下放话："办不到（借款），可以一直坐下去，直至银行关门。"背负着巨额公债的江浙财团无可奈何，双方矛盾冲突不断。直到1935年，蒋介石利用强权吞并了中国银行和交通银行，江浙财团彻底沦为四大家族的附庸。

美国人的算计

1928年7月25日，宋子文代表南京国民政府与美国政府正式订立《整理中美两国关税关系之条约》。得知条约签订，蒋介石在日记中写道："以言平等待我之民族，当以美国为嚆矢也。"[1]时任外交部长王正廷也称，此事件堪称开两国外交之新纪元。

之所以将中美新关税条约的签订称之为"嚆矢""新纪元"，最大的意义在于国际社会认可了中国关税自主权，也认可了国民政府的合法地位。但如果视该条约为"平等待我之民族"之嚆矢则有点言过其实，美国在中国关税问题上所扮演的角色也绝非如条约所言，维持两国间所幸有之睦谊及发展。

中国关税问题由来已久。鸦片战争，英国以坚船利炮轰开了清政府的大门，随之而来涌入国门的还有中英《南京条约》、《五口通商章程》和《五口通商附粘善后条款》等一系列不平等条约。尤以享受着片面协定关税，享受着关税议定权的英国商人获利颇丰。

在攫取利益方面，美国不甘人后，甚至有过之而无不及。1844年，美国政府紧跟英国后尘，派出三艘战舰趁火打劫，强迫软弱的清政府签订中美《望厦条约》。在这个条约中，美国人获得了更多关税方面的特权，比如条约规定，倘中国日后欲将税例变更，须与合众国领事等官议允。

然而美国人并没有满足。第二次鸦片战争后，美国与清廷又签订了

---
[1] 李良玉：《李良玉史学文选》，合肥工业大学出版社，2007，第149页。

《南京条约》签订现场（杨艳丽拍摄于嘉兴南湖革命纪念馆）

《天津条约》《海关税则》等条约。通过这些条约，美国人不仅将"值百抽五"进口税则写进条约，还将免税范围从金银等国际惯例之物扩展到一般民用日常消费商品。甚至到后来，连中国的海关行政管理权也一并"帮办"，中国关税大门彻底向美国人敞开。英国驻华公使说得很明白："哪个国家有像中国这样低的对外贸易税则呢？"[1]

既然美国人从片面协定关税中尝到了甜头，自然会百般阻挠中国争取关税自主权的行动。到1925年，北洋政府曾三次提出中国关税自主问题，要求各国尊重中国主权完整和承认中国关税自主。虽然美国对中国要求关税自主原则表示认可，也同意中国推行"国定关税定率条例"，但要求指定附加税用途，审查裁厘收入，这无疑是干涉中国内政了。之后，美国更是借口中国内乱，借口中国尚无可为"友邦"承认的中央政府，拒绝承认该条例。

蒋介石攻下北京，控制了中国关内22个省中的16个省，美国对蒋介石单方面提出关税自主、要求"改订新约"等宣言也不置可否。美国不

---

[1] 严中平主编《中国近代经济史（1840—1894）》，人民出版社，2001，第222页。

仅拒绝了国民政府要求使馆迁往南京的要求，其驻华公使还主张，不惜与各国合作对中国采取武力干涉。

不可思议的是，几个月后美国的态度出现了变化。1928年7月7日，美国准备同其他列强一道或单独同中国谈判关税问题。发生了什么事情让美国一反常态，而且还是在列强不甘心放弃特权的情况下，愿意第一个同中国签订关税新约？是因为美国政府对"中国的发展备受鼓舞，对中国的困难倍感同情"而到了废除管理中国关税的程度吗？还是因为要"对华政策先占一着之胜利"呢？恐怕是后者。

当时，英、日是在华利益最多的两个国家。日本对华投资总额的3/4在东北；英国则控制着长江流域，尤其是上海的对外贸易，其对华贸易额几乎占到各国贸易总额的31%。与英、日相比，美国在华投资总额仅占其海外投资的1.5%，对华贸易也只占到了海外贸易的3.5%。因此，寻找新的代理人，排挤英、日两国在华势力，谋求远东霸权，是美国人对华政策的核心。

华盛顿会议后，为镇压中国反英爱国运动，英国人一度欲与美国联手，组织国际警察维持上海等地"秩序"。美国人很精明：既不愿充当英国人的打手，也不愿直接对抗中国政府，为英国人火中取栗。恰好国民政府为纾解财政困难，树立"独立国家"形象，捞取政治资本，在全国展开了以关税自主和废除领事裁判权为主的"改定新约"活动，美国人认为，到了拉拢国民政府对抗英、日的最好时机。

美国决定先走一着。美国率先支持中国收回关税主权，承认蒋介石政权。美国人的这一步赢得了蒋介石的信任，而且自中美签订关税条约后，英、法、德、日等国也相继同国民政府签订关税条约，国民政府的收入从1928年的1.3亿元猛增至1930年的2.8亿元，这让国民政府进一步向美国靠拢。

之后，美国人又以提供金钱援助和派遣顾问的办法，进一步密切与国民政府的关系。到1929年9月，蒋介石的国民政府里，美国专家人数就占了全部外国专家的半数以上。美国人的政策调整成功了。

然而,美国人打的算盘不止这一招。美国人支持中国关税自主,其意旨在打击英国、日本在华经济利益。根据关税新约,不久的将来中国必将取消协定关税,必将调整关税税率,必将提高某些进口货物的关税税额。美国人就是利用这一点。

按照规定,包括原材料、车辆、珠宝、机器等进口货物将不受调整关税的影响,这些货物则是以美国和英国为大宗;相反,像纺织品、烟酒等轻工业品则将面临大幅度关税上升的影响,而这些货物则是以日本为大宗。新的关税政策影响的主要是日本,而非美国。到1937年,美国的对华贸易额达到了英、日总和。美国这个顺水人情,可谓是一石二鸟。

当然,促使美国决定取消在华协定关税权,还在于中国蓬勃发展的国内革命运动。1926年北京关税特别会议中断后,北京30余团体,2万多人聚集在天安门广场发起"关税自主国民示威运动大会",要求无条件收回关税自主权。当时美国国务卿凯洛格就曾告诉马慕瑞:我们从一开始就意识到,不久的将来我们将不得不让中国摆脱协定关税的束缚。①

美国费尽心思在远东布局、在中国谋划,说到底是为了美国在华利益。中美关税新约虽然承认了中国关税自主权,但也完全暴露了美国所谓的"门户开放"政策。

通过与中国达成"在彼此领土内享受之待遇,应与其他国家享受之待遇毫无区别"等协议,美国可继续凭借最惠国待遇享受关税方面的特权;通过与中国签订新约,迫使中国放弃对领事裁判权和其他不平等条约的要求,也借此对其他国家签订新约设立上限。

有了美国的前车,其他国家也开始改变态度,决定与中国签订新约。但被各国承认的关税自主权,却因日美英矛盾而一改再改。说到底,中国国定税率的增减,并不完全是在国民政府独立自主下进行的。

---

① 印少云:《清末民初的国民外交运动研究》,吉林人民出版社,2004,第295页。

大事年表

1844 年　美国与清政府签订《中美望厦条约》。
1925 年　在北京特别关税会议上,北洋政府交涉中国关税自主问题。
1926 年　9、10 月间,国民政府在广州等地开征华盛顿会议所允诺之附加税。
1927 年　7 月 20 日,国民政府宣布当年 9 月 1 日实行新税率,加征附加税并取消内地厘金及货物税。
1928 年　7 月 7 日,南京政府发表关于重订条约宣言,提出重订办法。
　　　　7 月 25 日,宋子文代表南京国民政府与美国政府正式订立《整理中美两国关税关系之条约》。
　　　　12 月 7 日,国民政府公布《中华民国海关新税则》,各国一致接受。

小常识：值百抽五进口税则

第一次鸦片战争后,按照中英《南京条约》规定：除香料、木材、金属等物外,所有进口货物均按百分之五税率征收,即"值百抽五进口税"。第二次鸦片战争后,英法等国要求除外人日常所需外,一切进出口货物均按"值百抽五"纳税,至此"值百抽五进口税"正式确立。但在列强操纵下的中国海关,外货实际所缴税率通常还不到3%。

相关链接：英日关于《整理中美两国关税关系之条约》之反应

英、日对《整理中美两国关税关系之条约》签订反应各不相同。英国因为美国单独与中国签订新关税条约而不满，不过在看清了美国签订条约的真实意图后，也派公使与中国协商关税具体方案，并称"本国政府对于中国修约之要求，认为根本合理。英国政府对于中国素常维持之友谊与同情态度作进一步之表示起见，准备依相当程度，依法委派之代表与贵国商议修订条约"。与英国的态度不同，日本坚决反对中国关税自主，认为这是"蔑视国际信义之暴举"。日本还利用舆论攻击中美新关税条约，称该条约导致了"列强对华协调政策的破产"。经过长期谈判，1930年5月终于签订《中日关税协定》，但是规定日本的棉货、海产品及麦粉三类货物三年内维持5%税率不变，中国出口的丝织品也在三年内保持税率不变。

张学良"老虎厅"杀杨、常

1929年1月10日下午,东三省兵工厂督办杨宇霆和黑龙江省省长常荫槐相伴来到帅府会客厅。这个会客厅本是奉系高级将领的议事厅,后来热河省政府主席汤玉麟送给张作霖两只老虎标本,张作霖就把这两只老虎标本摆放其间,"老虎厅"因此而得名。

杨、常二人结伴而行找张学良所为何事?他们是为常荫槐而来,要求张学良立刻批准常荫槐的东北铁路督办任命。张学良推辞说要从长计议,但杨、常态度坚决,张学良只好借口说晚饭后再议。晚上8点左右,当杨、常二人来到老虎厅刚刚就座,一队卫兵破门而入,以"反对易帜,阻扰国家统一"为名,枪杀杨、常于座席之上。

杨、常二人均是奉系军政要人,也是老帅张作霖眼中的"干才"。杨宇霆自称邻葛,以诸葛亮自喻,历任奉军参谋长、总参议和兵工厂督办等职;因会日语,且对东北政治与日本问题分析透彻,奉系与日军的重大交涉事件几乎都有杨出谋划策,他也深得张作霖信任。

常荫槐自奉天法政专门学校毕业后,以参谋长行走奉军。常荫槐办事雷厉风行,素鄙"尸位素餐"之辈;后任京奉铁路局局长期间,不但肃清了铁路交通运输秩序,而且在张学良的支持下,无视日本人的恫吓威胁,迅速打通了打(虎山)通(辽)铁路,可以说是奉张"包围满铁计划"的功臣之一。

既然杨、常二人立有如此大功,张学良为什么还要自毁长城,非杀了二人不可呢?是否真如张学良所言,"江山还汉室,敢因家事罪淮阴"

呢？这一切的根源还得从张作霖在皇姑屯被炸说起。

张作霖命丧皇姑屯后，奉系群龙无首。外有日本人虎视眈眈，唯恐天下不乱。田中内阁不断增兵，安奉南满一带触目皆为日兵，日兵甚至还安置大炮十数架，对准奉天。奉天城内人心浮动，战争好似一触即发。内则军心无主，险象环生。张作霖死后，奉系内部问题甚多，老派新派各有主张。张作相、杨宇霆和张学良各有拥戴，谁来继承张作霖之位？奉系内部谣言四起，飞短流长。

尽快确定新的奉系继承人，迫在眉睫。皇姑屯事件后，为防日本人有所进一步动作，奉天军政高层决定对张作霖之死"秘不发丧"，等待北京张学良回奉后，军民有主后再行定夺。其间，张作相因"德高望重"代理东三省保安总司令一职。

张作相与张作霖结识于微时，之后20年里二人两次结拜，关系斐然。张作相政治上野心不大，张作霖曾想升其做黑龙江督军，他却说：论资历我不如兴权（吴俊升），论年龄也没有他大；先让兴权升，对我们的前途和事业有好处。可以说，张作相在奉军高层，尤其是在老派中享有极高的威望。而他对张作霖的忠诚，也成为日后支持张学良的一个主要原因。

在张作相的鼎力支持下，奉系老派转而支持张学良。当然，对于老派张作相而言，拥戴张学良也有试探国民政府之意。北伐后，国民政府内部对东三省问题持两种意见，一是蒋介石主张的和平解决，二是冯玉祥等人主张的武力解决。

囿于社会舆论的影响及国内形势，和平解决东三省问题已成定局。接下来，对奉军而言，关键的问题是如何同国民政府谈判，如何争取最大的利益。显然，倾向于与国民政府合作的张学良是最佳人选。

事实也证明，国民政府比较赞同这一点，提出了对"三省新旧派兼容并顾"的解决原则。老派疑虑打消了，杨宇霆一派便被孤立了，张学良也就顺理成章成为奉系新首领，奉系顺利完成了政权的过渡。

张学良和东北改旗易帜的电文（部分）

坐上东三省保安总司令位置的张学良，开始了他在东北的筹划。他要建设新东北，要完成追赶日本和实现东北现代化这两个目标，要将东北变成"振兴中华的根据地"。但要想实现这些雄伟目标，当务之急是要为东北选择一条路。

临危受命的张学良有两条路可选：一条是"自治"的路，另一条是"易帜"的路。日本人对张学良说，为使满洲新政权基础日趋稳固，日本政府准备尽十二分的努力提供援助。国民政府因担心出兵东北招致中日战争，也向张学良表达了和平解决东北问题的决心，希望张学良等人能够爱国革命，维护国家统一、民族团结，能够觉悟，欣然而来归也。

何去何从，张学良需要作出选择。皇姑屯事件后，日奉关系破裂。国仇家恨下，张学良表示："学良爱乡爱国，不甘后人，决无妨害统一之意。"[1]何况，在和平统一的大趋势下，只有改旗易帜才能巩固自己的

---

[1] 《张学良来电》,《国闻周报》1928年第5卷第26期。

政权。

杨宇霆和常荫槐反对改旗易帜，杨宇霆曾对张学良说：你走中央路线，我和地方派联络。他主张拉拢桂系李宗仁、白崇禧联合倒蒋。其实杨走的还是以前地方军阀那一套。就是1928年12月29日张学良宣布改旗易帜后，二人仍拒参加有南京代表出席的仪式，也不参加典礼当天的集体留影，而且整个沈阳城也只有他们两家不悬挂青天白日旗。

张与杨、常关于东三省道路选择的差异，势必引发两派间的争斗。而张学良要想有所作为，只得清除杨宇霆一派。杨宇霆、常荫槐的刚愎自用，以及欲分权张学良则加速了二人的杀身之祸。

与张学良不同，杨宇霆政界根基较深，而于军界根基浅，很少有机会染指军队。不过为了在东三省军队内扶植自己的势力，杨宇霆也是绞尽脑汁。1927年年末，奉军第四方面军军团长韩麟春因病去职后，杨宇霆曾一度出任该团团长。但张学良主政后，取消军师番号，实行"军旅制"，杨宇霆的兵权也就被顺势拿走了。

失去兵权的杨宇霆，对张学良安排的兵工厂督办和东北政务委员会委员一职坚辞不就。他还经常在背后对人说，张学良每天注射毒针甚多，将来必会自毙。在杨宇霆看来，体弱多病的张学良不堪久于任事，到时，老派老矣，新派无首，瓜熟蒂落，手到擒来。

也许是高兴得有点早，杨宇霆等人渐渐不再把张学良放在眼里。他开始公开招揽新上任的县、局以上官员；他无视张学良的主张，每当张学良要过问时，杨宇霆还辄加制止，说张学良不知道，不要张学良管。有一次，张学良甚至当面对杨宇霆说，"我干不了，还是你来干好了。"

尽管如此，杨宇霆仍不自知。1929年1月6日，杨宇霆借为父祝寿之际大摆宴席。张学良也封了金条30根、光洋2万元的重礼以表心意。结果在宴会上，张学良不仅没得到杨宇霆的盛情款待，甚至连在场的高级军官对他也不屑一顾。张学良忍无可忍，只待了不到一刻钟便率队回府了。杀杨之心已起。

此时的杨宇霆还打算与常荫槐联合，以统一东三省交通为名，将交通进项收入囊中，对财政机关也欲以整理财政为由，拟控制管理权。没想到蒋介石的一封加急电报，直接送了杨宇霆和常荫槐的命。电报中声称，桂系白崇禧正在策动杨宇霆取张而代之，并怂恿张学良先下手为强。

张学良要重建东三省政权，杨宇霆等人多番掣肘，最终命丧老虎厅。所以说，杨、常二人的殒命，与其说是因为阻碍国家统一，倒不如说是因为阻挡了张学良改革东北的决心。

大事年表

1928年	7月1日，张学良致电蒋介石等南京政府军政要人，明确表示支持以政治手段促南北统一的建议。 7月18日，田中内阁命令日本驻奉天总领事坚决阻止东三省政府同南方合作。 12月29日，张学良等人联名通电全国，宣布东三省及热河改旗易帜。
1929年	1月10日，杨宇霆、常荫槐命丧老虎厅。

小常识：东北易帜

皇姑屯事件后，张学良主政东北，力主改旗易帜。但在具体实施过程中，由于日本干涉、东北内部政局不稳，以及国民政府始终未能满足奉系政治要求，张学良不得不审慎进行。在与国民政府经过多次谈判后，1928年12月29日，张学良通电全国，宣布遵守三民主义、服从国民政府并由北洋五色旗改为国民政府的青天白日旗。北洋军阀在中国的统治到此结束。

相关链接：张学良的内政改革

皇姑屯事件后，张学良在张作相等人的支持下取得了奉军最高统治权。为巩固政权，张学良积极推行政治体制改革，放弃了张作霖时代的军政合一的政治体制，开始向政务与军务分离的民主集中化政治体制转化，其中东北政委会是张学良主政东北时期的最高行政机关。政委会会议采取委员合议制和主席决策制相结合，体现了民主原则。同时，张学良为了避免军人干涉，政委会在对下级单位的管理和控制上采取垂直管理体制，而这体现了集中原则。但由于权力过于集中，一旦张学良失去了对各机关长官的控制，就会形成尾大不掉之势，威胁到张学良的权力。而这恰恰是杨宇霆、常荫槐被杀的原因之一。

"都是钱闹的"

1929年6月10日的早晨，在天津海关监督葛敬猷等人的陪同下，一个叫辛博森的外国人来到天津海关税务司，说是奉阎锡山之命来接管津海关，接替刚调任津海关税务司不久的贝泖。[①]

阎锡山，字伯川，山西五台人。在日本陆军士官学校学习期间加入同盟会，1909年毕业后任山西新军标统，并参加了山西新军起义。之后背靠段祺瑞、张作霖及蒋介石，一直在山西经略扩张，阎锡山统治山西长达38年之久，人称"晋系"或"晋阎"。

阎锡山为什么直接越过国民政府，甚至无视列强各国的反弹而强行接管津海关？而且，津海关自天津开埠后就处于洋人的控制之下，当时总税务司的一句话比财政部长的一支笔都管事。虽然1927年国民政府设立关务署，从名义上统一了全国海关，但海关实际上仍控制在外国人手中。所以无论从哪方面看，海关税务司的任命也轮不到一个地方官员来做主。阎锡山的反常行为，颇令外人吃惊。其实，阎锡山敢于抗命国民中央政府，敢于和蒋介石叫板，根源于蒋介石的裁兵编遣，根源于蒋、阎的财税之争。

奉张退出北京政权后，蒋介石名义上统一了全国。甫入建设时期的国民政府，亟待要解决两件大事：裁兵额利财政，统财政促裁兵。无论是统一财政，还是裁兵，国民政府的最终目标都是要削夺各地方实力派

---

① 陈诗启：《中国近代海关史（民国部分）》，人民出版社，1999，第288页。

的财权和军权，尤其是冯玉祥、李宗仁和阎锡山部。因此，时任财政部长的宋子文，多次在全国经济会议上强调，统一财政是裁兵的关键，否则只能缘木求鱼。

1928年8月，蒋介石宣布国民政府结束"军政"，进入"训政"阶段。他借用孙中山的解释，"党在国上"，一切权力要向党集中。所以，蒋介石要借全国编遣军队为名削弱地方势力。裁兵编遣不是简简单单就地解散，那是需要真金白银的。中央政府的意思是先统一财政，然后由中央发放饷银，以供编遣。而地方各派系图谋的是更多的编遣经费，以满足私下扩军的军费支出。

南辕北辙的想法注定中央和地方的决裂，蒋介石不禁哀叹："各省分离分子所控制的军队多抗不奉命，仍为新政府未能解决之严重问题！"[1]中央和地方开始由最初的消极抵抗演变为公开对抗，蒋介石决定各个击破。1929年3月蒋桂战争爆发，随即5月蒋冯大战爆发。

阎锡山选择了作壁上观，因为他要趁机扩充自己的力量。蒋介石为了稳住阎锡山，此时非但不再提裁军一事，而且还任由阎截留河北省和平津两地税款，甚至还以各种临时性的拨款安抚阎锡山，借此维持双方的政治合作关系。

阎锡山明白，蒋介石消灭了李宗仁和冯玉祥后，下一个就轮到自己了。果然，1929年8月第二次编遣会议上，缺少了李、冯二人的会议，一方独大的蒋介石开始发号施令，强势宣布全国裁兵，规制为68个步兵师，由中央统一拨付款项，并以团为单位编遣，消除师长之权，同时还规定军政不得兼任。

未出席会议的阎锡山，8月6日投石问路，请辞山西省府委员兼主席一职。蒋介石一反常态，很快就批准了阎锡山的请辞，随后商震的山西

---

[1] 徐建生：《民国时期经济政策的沿袭与变异（1912—1937）》，福建人民出版社，2006，第167页。

省主席任命也到了。但蒋介石并未就此打住，11月，宋子文提出要收拢平津地区税收机关，蒋、阎矛盾激化。

当年蒋介石为合围奉张，承诺北伐成功后，将河北、平津的人事任免权交与阎锡山安排，并委任阎为平津卫戍总司令。所以，平津税收一直是控制在阎手中。正因为有了税收这块肥肉，阎锡山才有资本收编直鲁10万余大军，才能从山西的"土皇帝"一跃为掌握华北六省市军政大权、拥有20万余大军的"豪强派"。

如今中央要拿走这块蛋糕，那是直接动了阎锡山的"钱袋子"。阎老西一算账，除了中央的特税补充外，山西一年的收入竟少了27%。少了的这部分自然都到了中央口袋。阎锡山提出了以权换利的办法。既然中央要拿走平津国税税收，那么就允许山西发行省公债3000万元，以补北伐时期山西银行垫付的军费。蒋介石也没同意，答应的欠饷成了泡影。

面对蒋介石的种种刁难，后来据阎锡山的亲信周玳回忆：某一天，阎锡山怒气冲冲拍桌子大骂蒋介石，说后悔为北伐垫付巨款，现在蒋介石不承认不发还，还要用经济手段把自己困死。对蒋派来的代表，阎也是这个态度，声称只要解决了欠饷、公债等问题，一切事情都好商量。

蒋介石并未满足阎锡山的要求。既然双方都无妥协之意，那只好兵戎相见了。1930年1月，阎锡山就"整个的党、统一的国"和"尚治不尚兵"两个问题发表演讲，举反蒋旗帜。4月1日，阎锡山通电就任中华民国陆海空军总司令，冯玉祥、李宗仁为副司令。5月11日，蒋介石发表讨阎、冯誓师词，中原大战爆发。

也许就像阎锡山后来反思自己失败的原因，称自己错在不当与人分利的地位与人分利，不当与人争名的地位与人争名，不当与人辩理的地位与人辩理。阎锡山的这个错误，也就是他本身的弱点，那就是缺乏强大的经济后盾，而蒋的背后却是势力雄厚的江浙财团和中枢权力。

中原大战之前，比如1929年，阎锡山政权已经是入不敷出了。山西每月收入不及120万元，而支出却需要160万元。尤其是到下半年，每月亏损70万元左右。中原大战爆发后，阎锡山手里的钱也只能维持军费一两个月。阎锡山想到了求助外债，结果在蒋介石的外交攻势下，各国公使公开表态，称冯、阎借外款事全属子虚。

既无法开源，也无法节流，怎么才能维持庞大的军费支出？津海关监督葛敬猷提出，要不就截留津海关税收。当时津海关每年征收关税和各种税费就有1528万余关平两，如果接管了津海关，不但防止了北方税收流往南方，更关键的是满足了阎锡山的军费支出。

葛敬猷最初是想和平接管津海关，英领事以违背条约、破坏海关完整和制度为借口，拒绝商讨此事。随着中原战局的迅速发展，阎锡山要求葛敬猷强行占领津海关。于是就出现了6月10日早晨辛博森一行人强占津海关的场面。

阎锡山是占了津海关，他可以使用武力强迫海关正常营业，也可强迫行员正常办公，但他扭不过总税务司和南京政府的大腿。在列强的经济制裁下，国外船只改走上海，津海关货运量锐减，商界不断抗议。本以为每月可以多收入500万关平两，结果却只有区区100万关平两。而这为阎锡山的败北埋下了伏笔。

随着张学良的参战，李宗仁退出长沙，阎、冯节节败退，南北胜负已分。中原大战的结束，意味着蒋介石的政权暂时稳定了。

张学良宣布东北易帜，标志北洋军阀时代结束；蒋介石政权暂时稳定，标志中国进入蒋统时代。

大事年表

1927年　10月，南京国民政府设立关务署，负责管理全国关务行政。
1928年　7月，蒋介石在北平召开编遣会议，遭到冯玉祥等人的强烈反对。
　　　　8月，国民党二届五中全会通过《整理军事案》和《政治问题决议案》，决定加强中央集权。
1929年　1月1日，全国编遣会议在南京召开，通过《国民革命军编遣进行程序大纲》。
1930年　5月6日，阎锡山派外交处长交涉接收津海关事宜，因税务司反对未果。
　　　　6月10日，阎锡山下令接收津海关。

小常识：津海关

1860年《北京条约》签订后，天津辟为通商口岸，1861年设津海关，税务司署，称为"津海新关"，简称"津海关"。津海关实行外籍税务司制度，聘任外国人为税务司，主要承担进出天津商埠的货船监管、课征关税、查缉私货、贸易统计、港务航务等业务。1942年津海关由日本人掌管，改为"天津税关"。抗战结束后，国民政府收回津海关，并恢复称谓和建制。

相关链接：中原大战

北伐胜利后，蒋介石提出编遣军队。经过多次讨论，最终通过了有利于蒋介石的《国民革命军编遣进行程序大纲》。1929年以来，各派反蒋活动不仅未能缓和蒋矛盾，反而导致了矛盾的激化。1930年5月，阎锡山、冯玉祥、李宗仁、汪精卫和西山会议派等反蒋力量联合反蒋，中原大战爆发。初期联军势如破竹，晋军占领了济南，西北军横扫河南，桂军将长沙、岳州收入囊中。中原逐鹿，蒋军节节败退。此时东北的张学良，在得到了蒋介石财政和军事独立的许诺下，宣布拥蒋，占领天津。晋军腹背受敌，撤退至黄河以北，致使蒋介石有了喘息时间进行反攻。很快联军兵败如山倒，冯军全部瓦解，晋军撤回山西，桂军也从湖南退回广西。中原大战后，蒋介石确立了政治军事上的优势地位，开始公开鼓吹法西斯主义，并展开了对红军的"围剿"。

参考文献

[1] 来新夏主编《北洋军阀》第一册，上海：上海人民出版社，1988年版。

[2] 来新夏主编《北洋军阀》第二册，上海：上海人民出版社，1993年版。

[3] 来新夏主编《北洋军阀》第三册，上海：上海人民出版社，1993年版。

[4] 来新夏主编《北洋军阀》第四册，上海：上海人民出版社，1993年版。

[5] 来新夏主编《北洋军阀》第五册，上海：上海人民出版社，1993年版。

[6] 陈旭麓、李华兴主编《中华民国史辞典》，上海：上海人民出版社，1991年版。

[7] 王新生、孙启泰主编《中国军阀史词典》，北京：国防大学出版社，1992年版。

[8] 山东省地方史志编纂委员会编《山东省志·外事志》，济南：山东人民出版社，1998年版。

[9] 中国社会科学院近代史研究所：《20世纪的中国·政坛风云卷》，兰州：甘肃人民出版社，1999年版。

[10] 李学智：《民国史论稿》，天津：天津社会科学院出版社，1999年版。

[11] 全国政协文史资料委员会编《文史资料精华丛书·从辛亥革命到北伐战争》,合肥:安徽人民出版社,2000年版。

[12] 汪朝光主编《20世纪中华学术经典文库·历史学·中国近代史卷》,兰州:兰州大学出版社,2000年版。

[13] 陈志凌主编《中共党史人物传精选本》第二卷,北京:人民日报出版社、中央文献出版社,2001年版。

[14] 陈谦平主编《中华民国史新论》政治·中外关系·人物卷,北京:生活·读书·新知三联书店,2003年版。

[15] 骆宝善评点:《骆宝善评点袁世凯函牍》,长沙:岳麓书社,2005年版。

[16] 刘景泉:《北京民国政府议会政治研究》,天津:天津教育出版社,2006年版。

[17] 金光耀、王建朗主编《北洋时期的中国外交》,上海:复旦大学出版社,2006年版。

[18] 朱汉国、杨群主编《中华民国史》第六册,成都:四川人民出版社,2006年版。

[19] 南海胤子、温世霖:《安福祸国记·段氏卖国记》,北京:中华书局,2007年版。

[20] 张华腾:《北洋集团崛起研究(1895—1911)》,北京:中华书局,2009年版。

[21] 马建标:《冲破旧秩序——中国对帝国主义国际体系的反应（1912—1922）》，北京：社会科学文献出版社，2013年版。

[22] 袁世凯:《尺素江湖——袁世凯家书》，北京：九州出版社，2013年版。

[23] 马忠文:《晚清人物与史事》，北京：北京师范大学出版社，2015年版。

[24] 陈红民等:《南京国民政府五院制度研究》，杭州：浙江人民出版社，2016年版。

[25] 魏宏运:《中国近代历史的进程》，南开大学历史学院编，天津：天津人民出版社，2017年版。

[26] 李剑农:《最近三十年中国政治史》，郑州：河南人民出版社，2017年版。

[27] 张华腾:《袁世凯与清末民初社会变革研究》，北京：中国社会科学出版社，2017年版。

[28] 万新平主编《天津近代历史人物传略》第三卷，天津：天津人民出版社，2017年版。

[29] 尚小明:《宋案重审》，北京：社会科学文献出版社，2018年版。

[30] 杨天宏:《法政纠结——北洋政府时期"罗文干案"的告诉与审断》，桂林：广西师范大学出版社，2018年版。

[31] 汪朝光:《北京政治的常态和异态——关于黎元洪与段祺瑞府院之争的研究》,《近代史研究》2007 年第 3 期。

[32] 马勇:《袁世凯"开缺回籍养疴"诸问题》,《华东师范大学学报（哲学社会科学版）》2017 年第 1 期。

[33] 杨天宏:《北洋时期军阀形象的"另类"书写》,《四川大学学报（哲学社会科学版）》2018 年第 3 期。

[34] 张华腾:《北洋军阀史研究百年：历程、特点及展望——以大陆学者的研究为中心》,《河北学刊》2020 年第 6 期。